隠されたトモダチ作戦

ミナト／ヨコスカ／サンディエゴ

エィミ・ツジモト

えにし書房

序　言

2016年5月15日朝、私は関係者と共にサンディエゴ国際空港に降り立った。

そのとき、私は5年前の「あの日」のことを思い出していた。

当時、安全性をコンコンと説かれ、「原発」を推進した私だったが、福島第一原子力発電所1号機の「水素爆発」には度肝を抜かれた。総理時代に聞かされていたことはすべてデタラメだったのだ。だが、もはや遅かった。福島原発は次々と爆発している。安穏と寝ている場合じゃなかった。テレビに釘付けになって情報を収集していた。

そんななか、アメリカ海軍の原子力空母「ロナルド・レーガン」が日本の救援に向かったという情報がとびこんできた。ありがたいが、同時に複雑な思いがよぎった。彼らがかけつけようとしてくれる東日本は、放射能被ばくの危険性のため、周辺住民の避難が始まっていたのだ。

それは、原発を推進してきた元総理大臣として、悔恨と贖罪の道の始まりであった。同時に、「安全神話」の呪縛から解き放たれた瞬間でもあった。

そして、日本人避難者たちの受難に思いを寄せつつ、エィミ・ツジモト氏からの情報で知った「空母レーガン打撃群」で「被ばく」した乗組員たちの声に耳を傾けるべく渡米したのだった。

はりつめた空気がつづいたが、日本人みんながトモダチ作戦による救援活動に感謝していることを伝えると、面会の最後には兵士たち全員が「自分たちは東京電力に医療費を求めて提訴したが、日本が嫌いなのではないし、憎んでもいない。日本も日本人も大好きなんだ」と、恨みごと一つ言わない彼らに目頭が熱くなった。

そうしたアメリカ兵の心情や日米両政府の「欺瞞」を、日系アメリカ人の筆者が実に明確にしてくれた。その勇気に感謝したい。

元内閣総理大臣　　　小泉純一郎

兵士との面会後の小泉元首相の
会見動画はこちらから

プロローグ

一九七〇年代の後半だったと記憶する。

映画『原子力戦争――Lost Love』を見たときの衝撃を、今も思い出す。

当時、筆者は「ジャーナリスト」のインターンとして世界各地を駆けめぐっていた。ふと立ち寄った東京でタイトルに釘付けとなり、映画館に飛び込んだ。

登場する新聞記者の「セリフ」に打ちのめされるばかりで、なかなか頭に入らず、二度ばかりか三度も観てしまった。メモを取れるような場所でもなく、やむなく必死で暗記しようとブツブツ言っていると、「黙って見れや」と隣席のおじさんに叱られ、暗記したはずのセリフが吹っ飛んでしまった苦い思い出がある。浜に打ち上げられたカップルの遺体、二人は原発エンジニアと地元有力者の娘だった。その「闇」に迫ろうと、「ヤクザ」と左遷された「新聞記者」が真相を追究するなか、原子力発電所の事故を隠蔽する巨大な勢力の存在を知らされる。

振り返るとそのときにはすでに福島第一原発が建てられ、一号機から三号機が稼働していたことになる。

「事故の原因を配管のひび割れにしようじゃないか。沸騰水型原子炉の事故が世に明るみにされると、自分たちの新聞社が原発メーカーを告発していると思われかねない」と上司から圧力をかけられる記者。

まさにそのシーンは、現在の日本政府・東京電力・メディアの関係そのものである。「日本のチベット」と揶揄された福島県の浜通りに原発が建った当時、東京電力はまさに「救世主」だと思った人たちも多くいたはずだ。映画では、主人公の「よそ者ヤクザ」と、事故を隠蔽するために「地元のヤクザ」が対立したシーンも印象的だった。いうまでもなく、二〇一一年のフクシマでの事故の末端処理に、そのような人たちが駆り出されていたのは知られているところだ。

しかし、フクシマの原子炉を設計したジェネラル・エレクトリック社（以下、ＧＥ）が寿命三十年と限定したまさにその年、大惨事が起きたことに驚愕した。しかも、日米両国には様々な「隠蔽」が横たわる。事故当時に放出された「放射性物質」のなかで、セシウム一三七は（恐るべし）広島原爆の百六十八発分だったと日本政府は発表した。メルトダウンした一号機から三号機には、広島原爆の七千八百発分が入っていたといわれ、空気中に排出されたのはわずかに二％とされる。それらが風によって海に向かった。人道支援のために急遽派遣されたアメリカ海軍「空母レーガン」は、その真っ只中を航行し「被ばく」したとされる。だが、それさえも調査されないまま、十二年目を迎えようとしている。

残り九八％は、今なお「炉心」に残存。空気中に放出されないよう、今も日夜四千人以上が必死で作業にあたっている。いうまでもなく「被ばく」の危険を冒しながらである。それでもなお、加害者東京電力は、事故の真相を語ろうともしないし、詫びることもない。もっと言えば「被ばく」で命を落とした兵士たちの生命が蘇ることはない。

ならば、せめて加害の事実を明白にし、フクシマの犠牲者をはじめ、兵士たちの証言を開示し、すでに命を落とした兵士たちや「死」に向かっている彼らが「炭鉱のカナリア」となって福島の被害者たちの声を代弁したいと望む声を届けるべく二〇一八年初頭に『漂流するトモダチ』（朝日新聞出版）を共著で出版、翌一九年の夏には「真相」を演劇「悲しみの星条旗」として上演し、明らかにした。

放射能の危険性を知るひとりとして、さらに言えば日米開戦後も母国日本に残り、広島で被爆し、敗戦後はアメリカに帰国後、終生その後遺症と戦った生母の気強さに想いを馳せながら、せめて知る限りの事実を「証明」したいと、彼女の晩年に歩調を合わせ、進めていくなかで本書を書き上げることを決意した。

二〇二二年二月二十四日以後、ロシアとウクライナの戦いが繰り広げられる報道を前にして、あらためて思うことがある。母国日本は「戦争放棄」を世界に誓った。その後七十八年もの歳月、ただの一度も戦争をしてこなかった。

だが、今や故人となった安倍元首相の台頭によって、世界を相手に戦いを続けるアメリカと同盟を強化させ、現岸田政権は、フクシマの復興予算まで「防衛費」に回し、世界で第三位の国防力を持つ国へと転換させようとしている。「戦争」は、国民一人ひとりの人生を破壊する。未来に輝くはずの若者たちを、愚かしい為政者たちによって戦場へと送り出すようなことは二度とあってはならないはずだ。だが、どうだろう。今の日本政府は北朝鮮や中国を筆頭に「仮想敵国」の脅威を報道させては国民を煽り、政権への支持を取り付けようと躍起になっている。さらには、ロシアの「核兵器」使用の可能性についてマスコミを通じて喧伝するなどは、日本国民に対する「脅迫」以外の何物でもない。情報操作による世論誘導まで画策する政権であることを忘れてはならない。

先の戦争では、日本は加害国なのだ。世界を震撼させた恐怖の人体実験七三一部隊や南京虐殺を筆頭に、日本人の残虐さを今も世界は忘れていない。だが同時に、世界で初めて戦争による「被爆者」を出した国でもあるのだ。

「原発」イコール「原爆」そのことだけは「二つの母国」に生きる私には言える。「母国」日本の人々には、「専守防衛」も「核抑止力」、「防衛＝軍事力」を前提としていることを忘れてほしくない。同時にそれは、すでに様々な形で国民一人ひとりに強制されていることなのだ、ということも。

二〇二三年三月一日

エィミ・ツジモト

〈隠されたトモダチ作戦　目次〉

〈アメリカ　各省部門〉　本書で使用の略称一覧

国防総省太平洋軍司令部（ＰＡＣＯＭ）
国防長官官房（ＯＳＤ）
統合参謀本部・海軍・海軍原子炉機関（Naval Reactors）
アメリカ疫病予防管理センター（ＣＤＣ）
アメリカ国際開発庁（ＵＳＡＩＤ）
放射能危機管理チーム（ＲＣＭＴ）
太平洋空軍（ＰＡＣＡＦ）
ＮＲＣエネルギー省（ＤＯＥ）
国家安全保障会議（ＮＳＣ）
アメリカ原子力規制委員会（ＮＲＣ）
国際開発庁（ＴＵＳＡＩＯ）
国防脅威削減局（ＤＴＲＡ）

第1章　Operation Tomodachi――トモダチ作戦に向かって

二〇一一年三月十一日の東日本大震災および東京電力福島第一原子力発電所事故は、日本のみならず世界に未曾有の衝撃をもたらした。人々が委ねた「安全神話」が一瞬のうちに崩壊し、放射能汚染に世界は慄《おのの》いた。連続する水素爆発に、関係者の対応は後手に回りながら「想定外の事故」という言葉で弁解したままである。今、あらためて原子力政策決定の背景に潜む政治や報道のあり方を、日米の体質を通して見つめ直し、原発のリスクといかに向き合っていかなければならないのか問いかけてみたい。日本において、「原子力緊急事態宣言」（日本時間二〇一一年三月十一日午後七時三分発令）はいまだに解除されていないのだ。

二〇一一年三月十一日　東京――ワシントン

この日、駐日アメリカ大使ジョン・ルースは、虎ノ門の大使館にいた。

〈午後二時四十六分〉突然の激しい揺れに驚愕し、揺れがわずかに収まると直ちにワシントンのオバマ大統領、そして横田基地に総司令部がある在日米軍司令官バートン・フィールドに連絡をとった。彼は在日米軍司令官兼第五空軍司令官（空軍中将）である。

地震発生から四十分後、午後三時二十七分、高さ四メートルの「ツナミ」が東京電力福島第一原子力発電所（以下、フクシマと称す）を襲った。八分後の午後三時三十五分には一五メートルにも達する「ツナミ」がやってきた。東電が建てたコンクリートの防波堤の高さは一〇メートル、あっという間に木っ端微塵にされてしまう。フクシマが想定した津波の高さは、わずかに五・七メートル。だが現実にはその三倍弱の津波が襲来したのだ。

六基の原子炉のうち四～六号機は定期点検中であったが、一～三号機は稼働していた。しかし、地震によりこれらの原子炉は自動停止。停電によって外部の電源を失ったが、設置されていた非常用ディーゼル発電機がいったんは起動。しかし、五十分後に一四～一五メートルの津波が発電所に襲いかかり、非常用発電機は海水に浸かって停止。同時に、発電所内にあるほとんどの電気設備が損傷し「全電源喪失」に陥ったのである。

このとき、六号機以外の電源ランプは一斉に消滅した。警告音も非常用電源も使用不可能になったが、この時点では中央制御室の関係者には事態が飲み込めていなかったという。操作員のひとりが「海水が入ってきている」と叫びながら飛び込んできて初めて「ツナミ」に襲われたことを知ったのだ。緊急用の機器が津波によって機能を失い、フクシマは原子炉を冷却するすべを失っていく……所長の吉田昌郎は想像を超える事態を前に絶句したという。「想定外」の事故に、総責任者の彼ですら、どう対処すべきか「混乱」していた（そのときの状況は、後のいわゆる「吉田調書」に詳しい）。

しかしながら、原発は「止める・冷やす・閉じ込める」これが鉄則のはず。一号機から三号機は十一日の地震で自動停止。外部からの送電も停止したことから、急遽稼働した非常用電源も、一時間ほどで止まってしまったという。

「揺れが大きかったのか、津波の影響で非常用電源が止まったのか、検証してみたい」

このように三月十二日早朝、経済産業省原子力安全・保安院の寺坂院長が記者会見上で述べている。だが、ここで忘れてはならないのは二人の若い東電社員が命を落としたことである。

大震災による巨大なツナミ発生の被害は、すでにアメリカ国内においても早々と報道され始めていた。ワシントンでは、現地時間の午前五時過ぎにはひっきりなしにニュースが流れ、東部の人々はその激しさに度肝を抜かれた。筆者もこの日、オハイオ州の自宅でテレビの画面に映し出される光景に目を奪われると同時に、迫り来るツナミの「映像」には、思わず後ずさりしたほどである。

お隣の韓国は日本人観光客であふれていた。だが、反日感情の強い韓国人でさえ日本からの（被害）報道に驚き、さすがにこの日は「反日集会」が開かれる場においても「黙祷」が捧げられていた。そのような彼らの目に、旅行を楽しむ日本人旅行者の姿は異様に映ったという。

同じころ（アメリカ東部時間午前一時四十六分）、ワシントンはホワイトハウスにあるシチュエーションルームから、国家安全保障会議（以下ＮＳＣ）アジア部長ジェフリー・ベーダーに連絡が入る。同盟国の日本において未曾有の大震災が起きたことを知らされ、驚愕する。彼は直ちに危機管理チームと電話会議を進める準備に入った。以下は、会議に臨んだメンバーである。
ジョン・ブレナン　大統領補佐官
ジェフリー・ベーダー　アジア部長
ダニエル・ラッセル　日本・朝鮮半島部長
リチャード・リード　大統領補佐官
トーマス・ドニロン　大統領補佐官（国家安全保障担当）
デニス・マクドナー　大統領副補佐官
ウイリアム・ディリー　大統領首席補佐官
ジェームス・スタインバーグ　国務副長官
マイケル・シーファァー　国防次官補
ジェームズ・ズムワルド　駐日アメリカ大使館首席公使

アメリカは、二〇〇九年一月のオバマ政権発足時から「危機管理」を最重要課題としてきただけに、錚々《そうそう》たるメンバーである。

アメリカ東部時間午前三時三十分、最初の会議が始まった。まずはジョン・ブレナン大統領補佐官（国土安全保障担当）を中心に、ベーダー、ラッセル、リードの四名で、厳重保秘のもと電話会談が行われた。

まず国防総省は、太平洋軍司令部（以下ＰＡＣＯＭ）を中心に支援活動を展開させることに決定。だが、ここでひとつ問題があった。国家予算の「人道支援関連予算」が少額になっていたことである。そこで彼らは、アフガニスタン・パキスタン関係の予算を流用する以外ないと判断し、決定したうえで、国防長官官房

（以下ＯＳＤ）・統合参謀本部・海軍・海軍原子炉機関（Naval Reactors）・太平洋軍・在日米軍が一丸となって「タスク・フォース」を編成していった。指揮官トップは、マイケル・シーファー国防次官補である。

また国務省は、国務次官補代理のジョセフ・ドノバンがオペレーションセンターからの電話で「東日本大震災」の報告を受け、直ちに駐日アメリカ大使館の首席公使ジェームズ・ズムワルドに連絡。そしてドノバンを「長」にフクシマ（担当）班および人道支援班の「タスク・フォース」の編成を報告している。以後、ホワイトハウスは「危機対応チーム」を編成し、三月末日まで会議を進めていくことになる。

両国のきしみ　ケビン・メア発言

だが日米間では、この時点で思わぬ事件がネックとなっていた。

それは、一週間前の三月六日、ワシントンにあるアメリカン大学の学生を前に行われた「沖縄での米軍基地とその影響（Military Bases and Their Impacts on Okinawa）」と題する国務省日本部長ケビン・メアの講演のなかに、「the Okinawan people are lazy and masters of extortion（沖縄県民は怠惰で、ゆすりの名人）」というくだりがあったことに発する。この発言が沖縄県議会・那覇市議会において強く批判され、同時にこの発言の撤回と「謝罪」を要求した。この発言にはアメリカも、日米の関係がデリケートになっている時期に起きたことで憂慮していた。それは、海兵隊飛行場「普天間基地」の辺野古への移設を、多くの県民の反対のなかで強硬に実行しようとしていた矢先のことだったからである。ルース駐日アメリカ大使も沖縄に出向き、仲井真沖縄県知事に謝罪している。

メア発言に対し、社民党をはじめ沖縄の反基地団体を中心に激しい抗議活動が展開され、東京のアメリカ大使館前でもデモが繰り返されていた。メア自身はその発言を否定していたが、結果として辞任に追い込まれ、三月十一日の時点では依願退職を申し出ていた。ところが、想像だにしない大震災によって、国務省は彼をフクシマ班のメンバーに起用する。こうして、メアの退職期限は延期された。

先のドノバンは、アメリカ大使館のズムワルドに電話をした際、受話器の向こうからけたたましく響いてくるデモ隊のシュプレヒコールに驚いていた。声の主はメアの発言を断じて許さないと叫んでいた。ドノバンは、ワシントンから日本の大惨事のために電話しているにもかかわらず、日本人が叫ぶシュプレヒコールに唖然とするばかりか、日米の温度差に驚いた。

ここであらためて、大震災前に起きていた日米両国の「きしみ」について少し触れておきたい。それは、自民党政権時代に、沖縄の海兵隊飛行場「普天間基地」の移設に関して問題が拡大化したことに発端がある。一九九五年に起こったアメリカ兵による少女暴行事件をきっかけに、沖縄県ではアメリカ軍基地への「反基地運動」が一挙に高まっていった。そのなかで、「普天間基地」から建設予定地「辺野古」への移設は県民の基地負担を軽減させるのではなく、むしろ沖縄にアメリカ軍基地が半永久的に存在するという証であり、結果として運動はさらに高まっていく。メア発言は火に油を注ぐことになったのである。

こうしたなかで起こった大震災は、東日本の人々には歴史上壊滅的な大惨事となったが、アメリカ軍にとっては「反基地感情」を和らげる二度とないチャンスとなっていくと同時に、解任されたばかりのメアにとって「自ら」招いた不祥事から「名誉回復」をはかる舞台ともなっていった。

日米間のミス・コミュニケーション

ワシントン時間の三月十二日午前九時、リード大統領補佐官は、オバマに「大震災」の詳細を報告。大統領は直ちに指示を出した。

アメリカ東部時間午前九時三十分のテレビ会談の席上では、アメリカ原子力規制委員会（以下ＮＲＣ）が招聘され、ドノバンとズムワルドを中心に、国防総省・アメリカ疾病予防管理センター（以下ＣＤＣ）・アメリカ国際開発庁（以下ＵＳＡＩＤ）列席のもと、「タスク・フォース」の実務実践を進める準備に入った。

一方の日本政府は、十一日午後四時三十六分「原子力緊急事態」を東京電力から受け、午後七時三分「原子力緊急事態宣言」を国民に向け発令。このときの政府の見解は、放射性物質による施設の外部への影響は確認されていないとした。加えて放射性物質が施設外には漏れていないことを強調している。日本のみならず世界が震撼した「地震・津波・フクシマ事故」であるにもかかわらず、日本政府は、世界どころか自国民に向けても正確な「情報」を敏速に伝えようとはしなかったのである。

しかし、アメリカ大使館には外務省北米局から意外な支援要請が舞い込んでいた。放水車・電源車を送り込んでほしいというのだ。この責任部署は「日米地位協定室」。フィールド在日米軍司令官は、この要請に「なぜ放水車・電源車なのか」と疑問を呈している。しかし、要請通りに放水車・電源車の二台を福島へと運搬し、自衛隊に引き渡している（後に判明するが、この二台は使用されていない。なぜなら、取扱説明書《マニュアル》が英語だったことで使用に「難」をきたしていたのだ）。

夜、ルース駐日アメリカ大使は松本剛明外務大臣（三月九日就任）に電話を入れた。言うまでもなく原子炉の事故状況に関してである。相手は「コントロールされている」と繰り返すばかりだったが、ルースは引き下がらない。ワシントンから事故状況の報告をせっつかれていたからだ。

「専門家たちはメルトダウンし始めていると言っているが、実際は?」

だが松本は「日本政府の見解では〝ない〟」と断言した。その返答にますますルースは苛立った。なぜなら日本政府は、電源車・予備ディーゼルを早急に運んでほしいと、在日米軍に支援を依頼しているのだ。埒のあかないコミュニケーションに苛立ちつつ、彼はアメリカ本土からまもなく「支援チーム」が到着することを伝え、同盟国として全面支援に当たる用意があるというオバマの胸中を伝えて、この夜の電話会談を終えている。

深夜になると、スタインバーグ国務副長官およびエネルギー省副長官ダニエル・ポネマンの両人は、外務省の佐々江賢一郎事務次官に電話をかけた。その際、原子力安全・保安院の西山英彦審議官が同席し、「事故」に関する討議が行われた。それによってアメリカ側は全面支援を確約した。

このころ首相官邸には原子力災害対策本部が設置された。同時にフクシマ原発から五㎞のところに現地対策本部を設置した。

日本政府は十一日の夜、東京電力福島第一原子力発電所二号機の半径三㎞圏内にある大熊町と双葉町の一部住民に、原子力災害対策特別措置法に基づく避難指示を出す。三〜一〇㎞圏内の住民にも屋内退避を指示した。

この夜、枝野幸男官房長官は午後十時前の記者会見で「念のため」と説明する一方で「炉の一つが冷却できない状態になっている。放射能は炉の外に漏れていない」と語った(『日本経済新聞』二〇一一年三月十二日付朝刊)。

原子力空母ロナルド・レーガン派遣

同じころ（ワシントン時間十二日午前六時）アメリカ政府は日本政府に対し、急遽「原子力空母ロナルド・レーガン（Ronald Regan Carrier Strike Group　以下レーガン打撃群）」派遣の決定を通達する。

三月九日、韓国軍との軍事合同演習のためにサンディエゴから韓国に向かっていたレーガンを旗艦とするレーガン打撃群は、アメリカ海軍第七艦隊の作戦管轄海域である日本の周辺海域に入ろうとしていた。レーガン打撃群は、イージス巡洋艦チャンセラービル・イージス駆逐艦プレブルによる編成であり、海軍戦闘機部隊・海兵隊攻撃機部隊・対潜ヘリコプター部隊など八グループの航空部隊を搭載する大隊である。これが急遽日本へと舵を切ったのである。

後に合流することになる強襲揚陸艦エセックスは、カンボジアでの医療支援を終えた第三十一回海兵遠征部隊隊員を乗船させ、マレーシアへと向かっていたが、急遽こちらも準備体制へと入る。

また第七艦隊旗艦である揚陸指揮艦ブルーリッジは、親善訪問を目的としてシンガポールへと向かっていた。三月十一日、予定通り入港した同艦には第七艦隊兵そして海兵隊、さらにはテロに対する保安部隊までも乗り込んでいた。当初は七日間の滞在予定だったため、上陸を許可された兵士たちの多くが街に繰り出していたが、日本の大惨事を受け、艦橋には「全員帰艦」の旗が掲げられた。兵士たちは艦に呼び戻され、急遽日本に向かって出港した。

すでに述べたが、首都ワシントンでは直ちに「救援体制」を発布。ルース大使を筆頭にアメリカ大使館と連携し、在日米軍は司令部のある横田基地を中心に救援活動の準備態勢に入っていた。また日本政府では、自衛隊に「原子力災害派遣」命令が北澤俊美防衛大臣により発令された。それによって、自衛隊は住民たちの避難誘導にあたると同時に、情報収集などの任務に奔走することになる。

では、東電トップは、この事態が発生したときどうしていたか。勝俣恒久会長は中国・北京にいた。「視察出張」の名目で東京にはいなかった。世界中が震撼した空前絶後の「原発大事故」がまさに起きようとしていたそのときに、である。そしてこの日、菅直人首相は「在日韓国人から違法献金の疑いあり」とのぶち抜き記事が朝日新聞朝刊に掲載され、「進退」問題に発展するところだった。野党自民党からの追及が始まろうとした矢先に地震速報がもたらされたのである。さらに政府参考人が答弁に立った瞬間に国会内は激しい揺れに襲われ、一気にざわめきが広がっていった。それによって国会は一時休会となり、菅首相は窮地から逃れている。政権の奪還を目指す自民党は好機を逃し、国会議員たちは未曾有の「大震災」発生に対し、与野党一丸となって災害救助に当たらなければならない事態が目の前に迫っていたのである。

三月十二日　原子炉建屋爆発

ルースアメリカ大使は、この日の朝、原子力安全・保安院審議官のひとりである根井寿規と電話で話した際、一号機にメルトダウンが始まったことを聞かされ、仰天した。傍らの通訳に確認させせようとしたが、相手の反応にさらに驚愕する。今撤退の準備を始めているところだ、と聞かされたのだ。撤退？　誰が？　どこへ？　そのわけは？　矢継ぎ早に聞きただそうとしたが、相手は「忙しいので申し訳ない」と言って電話を切ったという。

ルースはすぐさま、枝野官房長官に連絡をとろうとした。だが、彼は捕まらない（ようやくつながったのは翌十三日午前十一時三十分のことであった）。

午後三時三十六分、一号機の原子炉建屋が吹っ飛んだ。水素爆発を起こしたのだ。この日の早朝午前五時二十二分・二十三分には、一号機・二号機の圧力抑制室内の水が沸点に達する深刻な事態となっていた。格納容器から、もはや熱を逃すことができなくなって、沸騰した水が燃料棒の被覆管に触れ、水素が発生していたのだ。これが、圧力抑制室から破壊されたパイプを通り、原子炉建屋に漏れようとしていた。水素は空気中の濃度が四％足らずで爆発する危険性をはらんでいる。一〜三号機はまさにこの危機に直面しようとしていた。

原子炉爆発を避けるべく、放射性物質を含む蒸気を大気中に放出するという事態に迫られていた。この状況をベントという。

フクシマでは、一号機を午前九時四十三分、二号機を午前十時三十三分、三号機を午後十二時八分にベントする準備に入っていったである。しかしながら、実際には東京電力ではベント作業に難色を示していたと言われる。いうまでもなく吉田所長とはぶつかっている。ベント以外方法はないと譲らぬ吉田に対し、武藤副社長はベントを実施すれば近隣の大気が汚染されるのは明らかである。そのような事態を引き起こせば東京電力の信頼は失墜するというのが彼の考えであった。吉田は食い下がった。原子炉の爆発によって放出される放射能の量はそのようなレベルではすまない、と。

その刻々の状況を、世界中が固唾を飲んで注視していた。爆発が起こる直前とも言える午後二時、保安院会見において原子力保安院中村幸一郎審議官から次のような発言が飛び出している。

「炉心溶解の可能性があるというか、炉心溶解が進んでいるのではないだろうか」（発言ママ）と。このときフクシマが重大な局面を迎えていることを「炉心溶解が進んでいるのではないだろうか」という曖昧なコメントで匂わせた中村であるが、これは極めて重大な発言であった。フクシマでは全電源喪失によって核燃料収納管の制御が不可能となり、すでに核燃料ペレットが溶融して原子炉格納容器の底に落ちる「炉心溶融（メルトダウン）」を引き起こしていたのだ。そしてこの発言からわずか一時間後の午後三時三十六分、一号機の建屋が水素爆発したのである。

東電の武藤副社長は、原子力部門のトップにいた。フクシマ事故の知らせを受け、三月十一日にヘリコプターで現地に向かう彼の胸中は耐え難いものがあったはずだ。なぜなら、彼にはわかっていたのだ……。

武藤は大震災が起こるわずか四日前（三月七日の夕刻）に経産省を訪問し、原子力安全・保安院の耐震安全審査室長の小林勝に対し、自分たちの想定を超える「大ツナミ」がやってくる可能性を報告していた。

彼は知っていた。明治三陸沖地震そして貞観《じょうがん》地震による津波シミュレーションの結果、やがて一〇メートルを超える「ツナミ」が襲ってくることを。それなのに、費用を惜しみ対策を怠ってきた。フクシマの事故はその怠慢により、起こるべくして起こったのだ。

なおこの時点では、アメリカ当局によるフクシマ事故への積極的な対応策はなされていない。

後日談として、アメリカ政府機関はいち早く専門家を日本に送り込んだと報道されているが、正確な日付はなく、彼らは「三月十三日までに」と曖昧な記述に終始している。確かに十三日まではNRCエネルギー省（DOE）・国防脅威削減局（以下DTRA）から専門家六名を日本に派遣した。言うまでもなく、メルトダウンから派生したベントおよび水素爆発によって放出された「放射性物質」の人体的影響の危険性を測定するためだ。

この日のワシントンは、フクシマ事故に関する「現状」を明確に把握してはいない。アメリカのスリーマイルなのか、チェルノブイリのスケールなのかという次元であった。フクシマの水素爆発には警戒を強めながらも、先の二つの事故とは全く違ったものであることへの認識は甘かったようだ。だが「最悪のシナリオ」に備えなければならないという点だけは一致していた。

しかしながら、一号機の爆発は認識していても「格納容器」には問題なしとしていた。

GE技術員ケイ・スガオカによる告発

フクシマ（いうまでもないが福島第一原発）にある六基の原子炉は、アメリカのジェネラル・エレクトリック社（GE）が設計した沸騰水型原子炉である。さらに一・二・六号機はGEが建設した。三・五号機は日本の東芝・日立が建設している。また、各原子炉建屋の屋根には使用済み燃料を貯蔵するプールが設置されていた。さらに四号機の側にもあった。合計七つの貯蔵プールである。

なかでも真っ先に水素爆発を起こした一号機は一九七一年に運転が開始され、緊急の際には炉心を冷却するシステムが他の四機とは違っていた。ここでは非常用復水器という冷却装置が、午後二時五十二分自動的に起動した。ところが午後三時三分、ひとりの運転員によって止められてしまったという。原子炉圧力低下の速度が急速だったことで、保安規定に定められた一時間あたり五十五度未満の冷却温度下降率が守れなくなると判断したのだ。

この一号機は、かねてからGE・東電による「隠蔽」の経緯をもつ、いわくつきのものだった。その典型がGEの技術者日系アメリカ人のケイ・スガオカによる「検査報告書」の隠蔽事件である。

一九八九年、スガオカはフクシマ一号機を定期点検した際に「蒸気乾燥器」にひび割れを見つけ、報告書を提出した。報告書には検査報告のデータシートが同封され、そこには原子炉の圧力容器の中にある蒸気乾燥器が描かれ「ひび割れが観測」と英語でメモが書き込まれている。スガオカの指摘箇所は六カ所もあり、場所や長さまでも明確に記されていた。「私は、たくさんの沸騰水型炉を検査してきたが、ここまで傷ついた蒸気乾燥器はかつて見たことがない」というGE社の技術者であった彼による「内部告発」であった。彼は同時に、蒸気乾燥器が一八〇度反対向きに設置されているのを見つけ、上司に進言するが、二件とも黙殺された。「日系人は変わり者」と一笑され「日本側が望むなら、自分たちは何だってするのだ」とまで言われた。

その間、同僚からは「命」の危険にさらされているとたえず警告されていた。技術者として二十年以上の実績をもつ彼は、それにもめげずに食い下がるが、一九九八年にGE社は彼を解雇する。

二〇〇〇年七月二日、彼から「不正」を告発する英文の手紙が当時の通商産業省に届く。しかし、通産省はそれを公表しないばかりか、東電に対し彼の実名を伝えることまでしている。一方、同封されたデータを示して事実を確かめる省に対し、東電は「そのような事実はない」「当社は承知していない」と回答する。

二〇〇一年、原子力安全・保安院が発足しＧＥに「調査」への協力を依頼する。これに応じたＧＥの調査で二〇〇二年、一号機だけでなく十三の原発で二十九件のトラブルが見つかり、それが東電により「隠蔽」されていた疑惑へとつながる。これが大事件となり、東電は二〇〇三年四月十五日をもって福島・新潟両県に設置した十七基の原発すべての停止に追い込まれることになった。

ちなみに三月十二日の一号機水素爆発事故を契機に、四月二十六日付『ニューヨーク・タイムズ』紙は、この一連の事件について次のような記事を掲載している。「Culture of Complicity Tied to Stricken Nuclear Plant ―― 原子力発電所を襲った事故と共謀の文化」という衝撃的な見出しである。そこでは、いかに日本の原子力産業が閉鎖的であるかということから始まり、外部の人間が隠蔽工作を告発したことは歴史的なことであると位置付けた。そして日本のメディアが、原子力をめぐる関係者間における「癒着」のレベルで考えていることを批判する。また、ケイ・スガオカによる告発を中心に、これだけの「大惨事」を引き起こした根本を追いながら「原発ムラ」の共犯性をずばりと突く。さらにタイムズ紙は指摘する。内部告発を受けた原子力安全・保安院は、ケイ・スガオカを保護するどころか、彼の実名を東電に通報し、彼は身の危険にさらされるまでになっている現状を。さらには東電とＧＥ社が彼を解雇したことの無責任さを。そして次のように告発する。ひとりの実直な技術者の報告を棚上げにした挙句、東日本一帯に大量の放射性物質を放出し、人々と自然界を破壊せんばかりである。これはもはや単に「原発事故」で終わらせるわけにはいかない。「犯罪」なのだ、と。原子力関係者たちと政府高官、彼らこそが「原発ムラ」の張本人であり「犯罪者」なのだ、と厳しく言及している。

二〇一五年、兵士たちとの面会に立ち会った弁護団のひとりが著者に言った。

「東京電力はGE幹部の指示で、ひび割れがバレないように編集したビデオを通産省宛に製作した。ここで明らかになったのは、一号機を製造したGEと東電（TEPCO）が隠蔽工作を共謀したことだ」

二〇〇二年八月二十九日、原子力安全・保安院は厳密な調査によって出された結果を受け、スガオカの告発による「ひび割れ」隠しが事実であったことを認めた。当然ながら福島県は怒りに震え、以後は政府の原子力政策には一切協力しないと強い姿勢で言明している。

話を元に戻そう。

三月十二日、日本海域に入った空母レーガンは、午後八時ごろには千葉県・勝浦沖を通過している。

このとき、レーガン艦内では各部門士官クラスの一部にバーク艦長の声が響いていた。

「フクシマで、原発事故が起きたようだ‼」

艦隊機のスティーブ・シモンズ統括部門士官にもその声は届いた。

慄然とするシモンズ。だが、瞬時に心のどこかで安堵した。乗員たちの耳には入っていないようだ……。

確かにこのとき、兵士たちには伝えられてはいない。

全員が事故の真相を知るのは、三日後の十五日である。「水を飲むな」の一声で、全員が震え上がった。

だがすでに兵士たちは水を飲み、飲んではならない水で調理された食事をとっていたのだ。

空母レーガンは、深夜には水素爆発を起こしたフクシマ沖一〇〇海里《カイリ》の海上を通過していた。このとき、艦内で作業にあたっていたウイリアム・ゼラー兵士の証言。

「みんなで、艦内中を走り回ってミネラルウォーターを集めていたよ。到着早々、まずは陸地に運びたかったから、箱の中に放り込むようにして詰め込む作業に追われていたんだ」
一方外務省は、松本大臣を中心に、アメリカ軍受け入れ態勢準備に総務省・警察庁・消防庁を駆け回っていた。当初これらの各省庁は、受け入れに対して慎重姿勢をとっていたからである。だが、枝野官房長官は受け入れには積極的だった。

〈外務省による記録〉
三月十一日（金）
午後四時五分　ルース駐日大使よりメッセージ
午後八時二十五分　松本外務大臣がルース大使と電話会談
午後十一時六分　米国に救助犬を含むレスキューチームの派遣を要請
三月十二日（土）
午前〇時十五分　菅総理、オバマ米国大統領と電話会談
午前七時四十五分　松本外務大臣、クリントン米国務長官と電話会談

トモダチ作戦――展開と被ばく

日本時間三月十三日午前五時四十五分、空母レーガン打撃群が宮城沖に到着。乗組員は日の出を待っていた。

このときの状況について、ウイリアム・ゼラー兵士の言葉が印象的である。

「空が白んでくるにつれ、海上の様子が目に入ってきたんだ……。信じられないほどたくさんの家屋、車や船、そして子どもたちのおもちゃもあった。まるで悪い夢を見ているような、本当にこんなことが起きているんだと、とても暗くて苦しい気持ちになった。それは、言葉に尽くせないほどの衝撃で……。自分と同じ光景を目にした仲間たちも、同じように思ったはずだ」

彼らは、「異変」が待ち受けているなどとおよそ想像することもなく、目の前の大惨事に驚愕し、涙していた。


レーガンが宮城県沖に停泊すると同時に、海上自衛隊の護衛艦「きりしま」、そして「ひゅうが」において日米合同の作戦会議が開かれることになった。会議終了後、直ちに空母から二機のヘリコプターが飛び立った。「きりしま」には、海軍航空基地からSH－60シーホーク・ヘリコプター二機によって一五〇〇ポンド（約六八〇kg）の米とパンが被災地に届けられるべく用意されていた。時刻は三月十三日午前八時、日米共同による「トモダチ作戦」の開始である。

三月十三日フクシマ三号機

そのころフクシマ三号機では一回目のベントが行われていた。

地震と津波によって、一号機から三号機は自動的に停止したうえに全電源喪失という事態に陥った。それによって核燃料収納管の制御が不可能となり、核燃料ペレットが溶融して原子炉格納容器の底に落ちる「炉心溶融（メルトダウン）」を引き起こす惨劇に至った。一号機ではそれによって「水素ガス」が大量に発生して充満し、ガス爆発を引き起こす非常事態が起こった。三号機でも爆発を防ぐべく原子炉の圧力を引き下げるための排気操作、つまりベントが繰り返し行われた。それにより大量の放射性物質が大気中に放出されていたのだ。

ベントは、二号機でもなんども試みられた。だが、人為的操作は失敗し、原子炉が高圧により自壊する。それによって放射能は「ダダ漏れ」状態になったのだった。

このような危険事態が発生するなかで、不幸にして空母レーガン群は、水素爆発による放射性物質の飛散以前から、これらのベントによって発生した「放射性プルーム」に取り込まれていたのだ。

一方日本政府は十三日午前中、首相官邸で原子力災害対策本部閣僚会議を開いていた。その最中、大使館から防衛省本部に電話が入る。エネルギー省のボネマン副長官からの苦情であった。それは、日本側と連絡がとれないという危惧である。会議において北澤防衛大臣は、緊急に適任者とつないでほしいと要請するが、誰も反応しない。

結局焦ったアメリカは、グーグルで原子力委員会の電話番号を調べ、原子力委員会の近藤駿介委員長とつなぎ、やっと連絡をとっている。

同じころ、ルースはようやく通じた枝野官房長官との電話で、日本在住のアメリカ人のために正確な情報を知りたい旨を告げた。それに対し枝野は、自衛隊とアメリカ軍の間で連携がとれており、原発の安全性に関しても最善を尽くしていると答えたに過ぎない。

だが、ルースは食い下がる。日本は二〇km圏内の住民の避難を指示したが、二〇km圏外は果たして安全なのかどうか。このときルースの胸中はいかばかりであっただろう。枝野との会話はあまりにも表面的過ぎたのだ。思考をめぐらした彼は次の手を打った。それは、松本剛明外務大臣と話すことだった。そして松本の見解は、枝野とは対極にある「深刻」なものであった。

放射性物質の拡散

三月十三日、アメリカ政府はアメリカ海軍予備役一〇五分遣隊の合流によって、放射能危機管理チーム(RCMT)を編成した。以後二日間にわたりエネルギー省と共同で、空中から「放射性物質」放出状況のデータを作成している。

これによって、「フクシマ原発事故」で放射性物質が風にのって「拡散」されたことは明確になった。そのデータが横田の在日米軍司令官フィールドに提出されたのは三月十七日夜半のことである(それを受けてようやく専門家会議が開かれたのは翌十八日)。だがこの間、三月十二日と十四日にはメルトダウンし、後のベントと相次ぐ水素爆発によって、十五日には放射性物質が南関東一帯にまで流れていった。なかでも恐るべきは、その大半が海上の上空に流れていったことである。救援に向かった空母レーガンはその真下を航行していたことになる。

またこの日、防衛省の発表によると、三月十三日午前四時に宮城県沖に到着した空母レーガンの艦載ヘリコプター二機が、海上自衛隊のヘリコプター一機とともに、近くの海域にいる海自補給艦「ときわ」に積んだ非常用缶詰三万食を宮城県気仙沼市の運動場など三カ所に輸送。作業は昼ごろから始まり、午後四時半過ぎに終了した。米軍は海上での捜索活動も開始したという。

＊

日本時間十三日午後三時二十二分、ＵＳＡＩＤの救助隊百四十四名が三沢基地に到着。すでに二十四時間体制でオペレーションセンターを開設していたＮＲＣは、グレゴリー・ヤッコ委員長により「沸騰水型炉」の専門家二名の派遣を決定し、そのうち一名トニー・ユリシーズをこの一行に同行させて、十四日午後七時、岩手県大船渡市に到着している。

＊

国防総省は、米軍を日本に派遣。国防長官ロバート・ゲーツは、人道支援開始後七十二時間はＰＡＣＯＭに託すことを決定。それによって在日米軍司令官バートン・フィルードは、閉鎖を余儀なくされているため、成田・羽田両空港から離陸できないアメリカ民間機を横田空軍基地へ移動着陸させて、本国へと離陸させた。次に、沖縄の各基地からヘリコプターや飛行機を横田基地へと移動させた。また海軍では、シンガポールにいた第七艦隊「ブルーリッジ」艦長スコット・バスカークに対し、直ちに日本に入国するよう命令を出した。本来であれば空軍司令官が海軍に命令することはない。だが、パートナーとしての任務を果たそうとした。それだけ「ことは深刻だ」とアメリカ側は受け止めていた。バスカーク艦長は即刻、上陸中の兵士たちを緊急招集し、夕刻には日本へと向かっていった。最後は「ハワイ」の司令官たちだ。ハワイにいた太平洋軍司令官ロバート・ウィラード海軍大将、そして太平洋空軍（ＰＡＣＡＦ）のゲアリー・ノース司令官への連絡である。そして、問題のレーガン。本来なら横須賀海軍基地を母港とする原子力空母「ジョージ・ワシントン」（以下ＧＷ）が稼働するはずであったが、基地において定期点検中のため、レーガンの派遣が決定したのだ。

同時に発令された各在日アメリカ軍基地での展開活動は次のようになる。

空軍三沢基地：フェアファックス、ロサンジェルスから捜索救援隊百四十七名および捜索救助犬十二頭が到着。以後、アメリカから輸送機とともに到着する機材・物資の搬出活動の拠点となっていく。

海兵隊岩国航空基地：沖縄から飛来する航空機の中継所となって救援物資を搭載する。

米大統領「国際的な悲劇」

【ワシントン＝伊藤宏】オバマ米大統領は14日、東日本大震災について「これは国際的な悲劇だ。日本は先進国であり、復興に必要な技術も備えているが、我々が一体となってできる限りの支援をしていくことが大切だ」と述べ、国際社会が結束して支援にあたる姿勢を強調した。

デンマークのラスムセン首相との会談後、ホワイトハウスで記者団に語った。

オバマ氏は同日、この会談に先立って米バージニア州の学校で講演した際にも、「日本の惨状に、胸が張り裂けるような思いを持ち続けている」と述べ、米政府として、あらゆる支援を惜しまない考えを改めて表明。「我々は、この先の困難な日々も、日本の皆さんと共にある」と強調した。

米艦が救援再開

【ワシントン＝望月洋嗣】米海軍は14日、東日本大震災の被災者救援などにあたる艦船が、仙台の北方沖で活動を再開したと発表した。ただ、放射能漏れ事故があった福島第一原発の風下を避ける形で艦船を配置させるなど、慎重な活動を強いられている。

東北沖には空母ロナルド・レーガンなどの艦船が展開しており、米軍は計14隻態勢で救援活動を本格化させる方針だ。だが、福島第一原発の放射能漏れ事故を受けて、日本時間の14日までには近海から退避ていた。米海軍は「今後数日、艦船や航空機を福島からの風を避けるように運用していく」とコメントしている。

朝日新聞３月15日付夕刊

海兵隊普天間基地：救援物資および救援に向かう兵士たちの、岩国基地および厚木基地へのピストン輸送を担う。

海軍厚木基地：震災発生直後より、軍関係者やその家族が被災者たちのために募った救援物資を、被災地に届けるヘリコプターを用意して運んだ。

海軍横須賀基地：カーティス・ウィルバー、ジョン・マッケーン、マッキャンベルの三艦はジョージ・ワシントンと行動をともにする駆逐艦である。宮城沖で海上自衛隊とともに海上の捜索救援を開始した。レーガン打撃群との共同活動ではこれらの駆逐艦から高速ゴ

トモダチ作戦におけるロナルド・レーガンの航跡図（2011年3月12～18日）

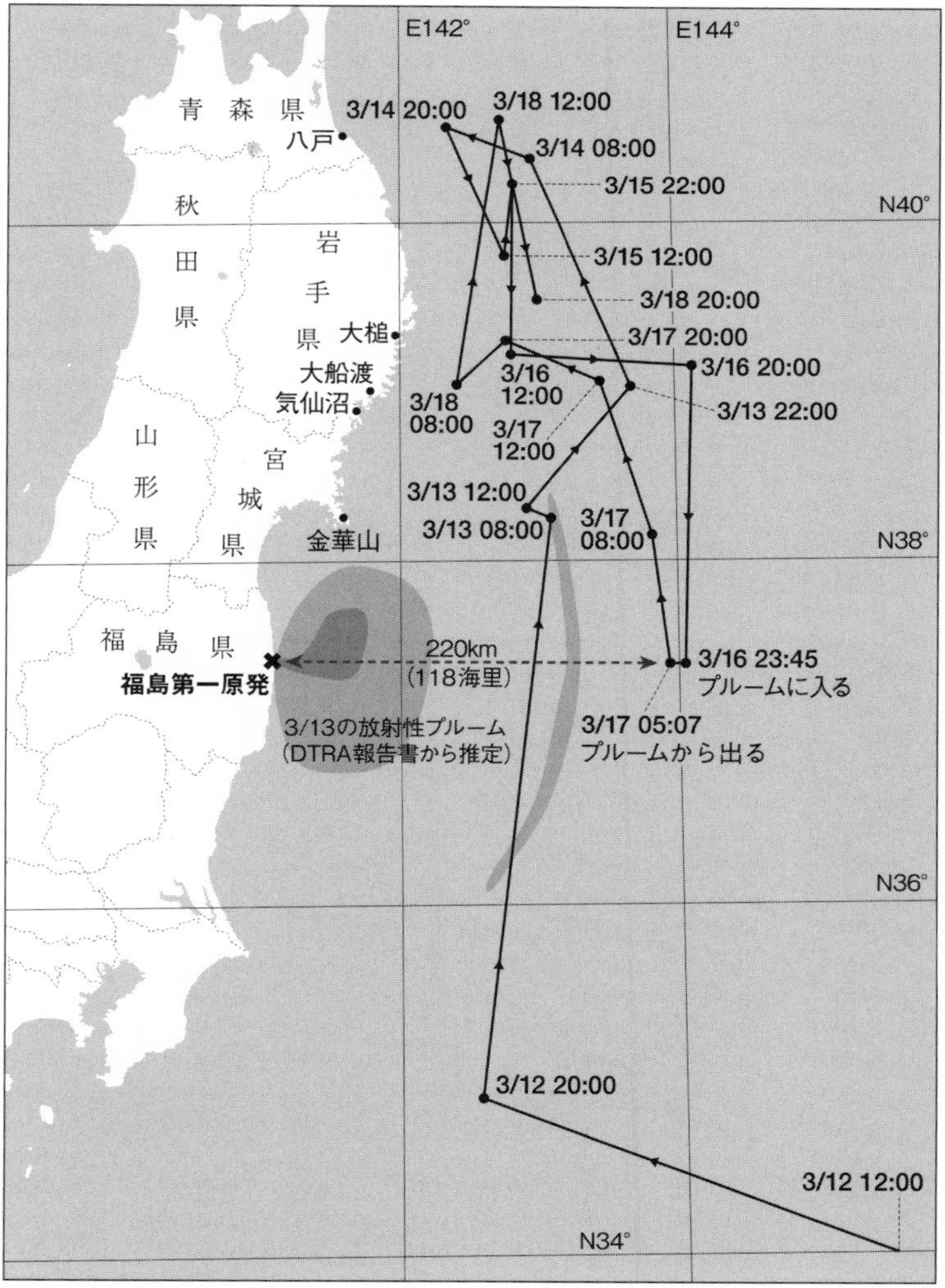

原子力空母ロナルドレーガンの航海日誌をもとにNPOピースデポが作成
横須賀市民弁護士事務所呉東正彦氏提供

3月13日の原子力空母ロナルドレーガン（R）とイージス駆逐艦ジョン・S・マケイン（M）の1時間ごとの位置を記した。

背景の濃淡は福島第一原発からの放射性プルームの拡散推測図。レーガンで検知した放射線量データなどをもとにした。

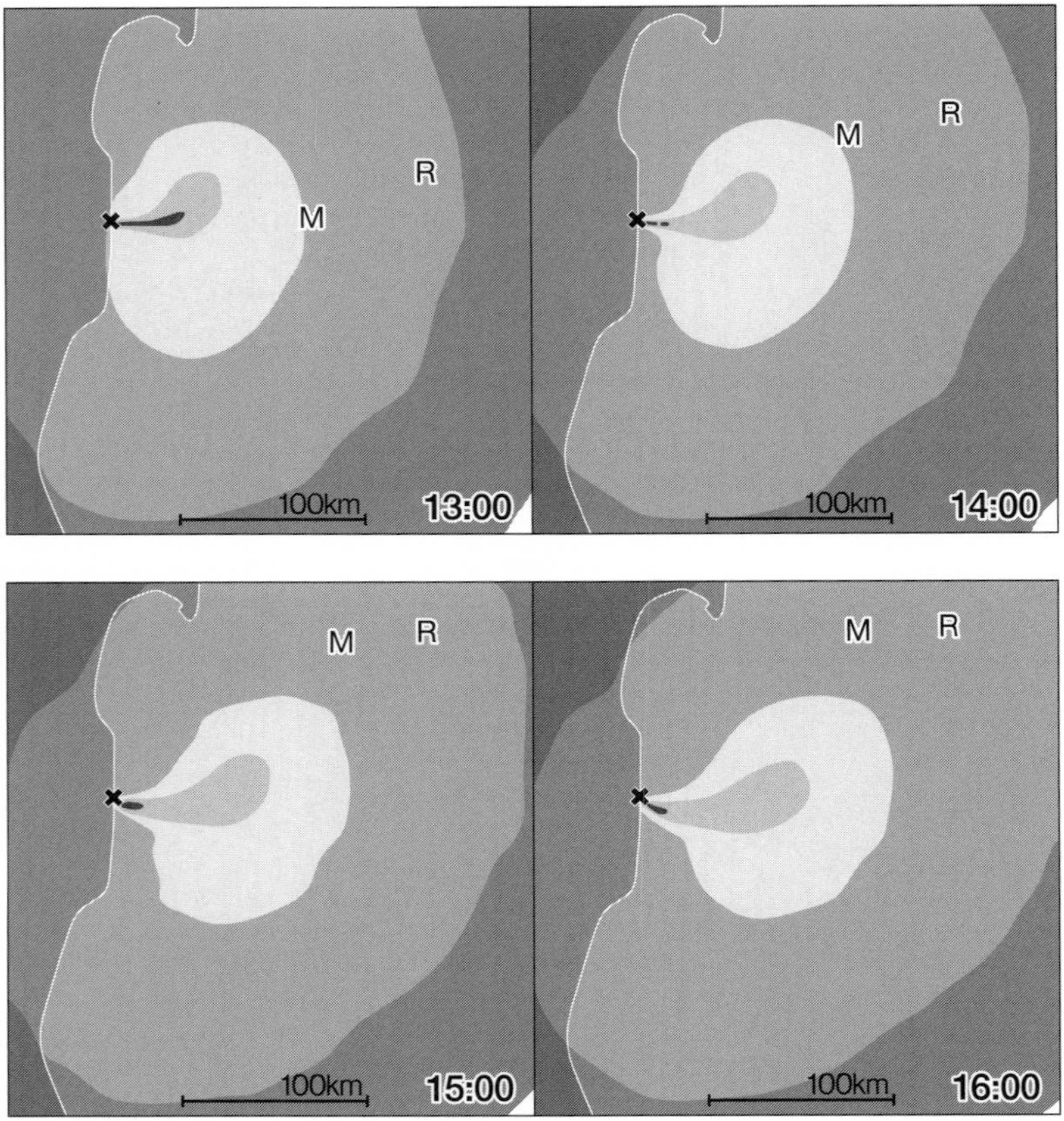

「Radiation Dose Assessments for Fleet-Based Individuals in operation tomodachi, Revision1」より

アメリカ国防脅威削減局（DTRA）の報告書が示した
レーガンとマケインの航跡図と放射性プルームの広がり（2011年3月13日）

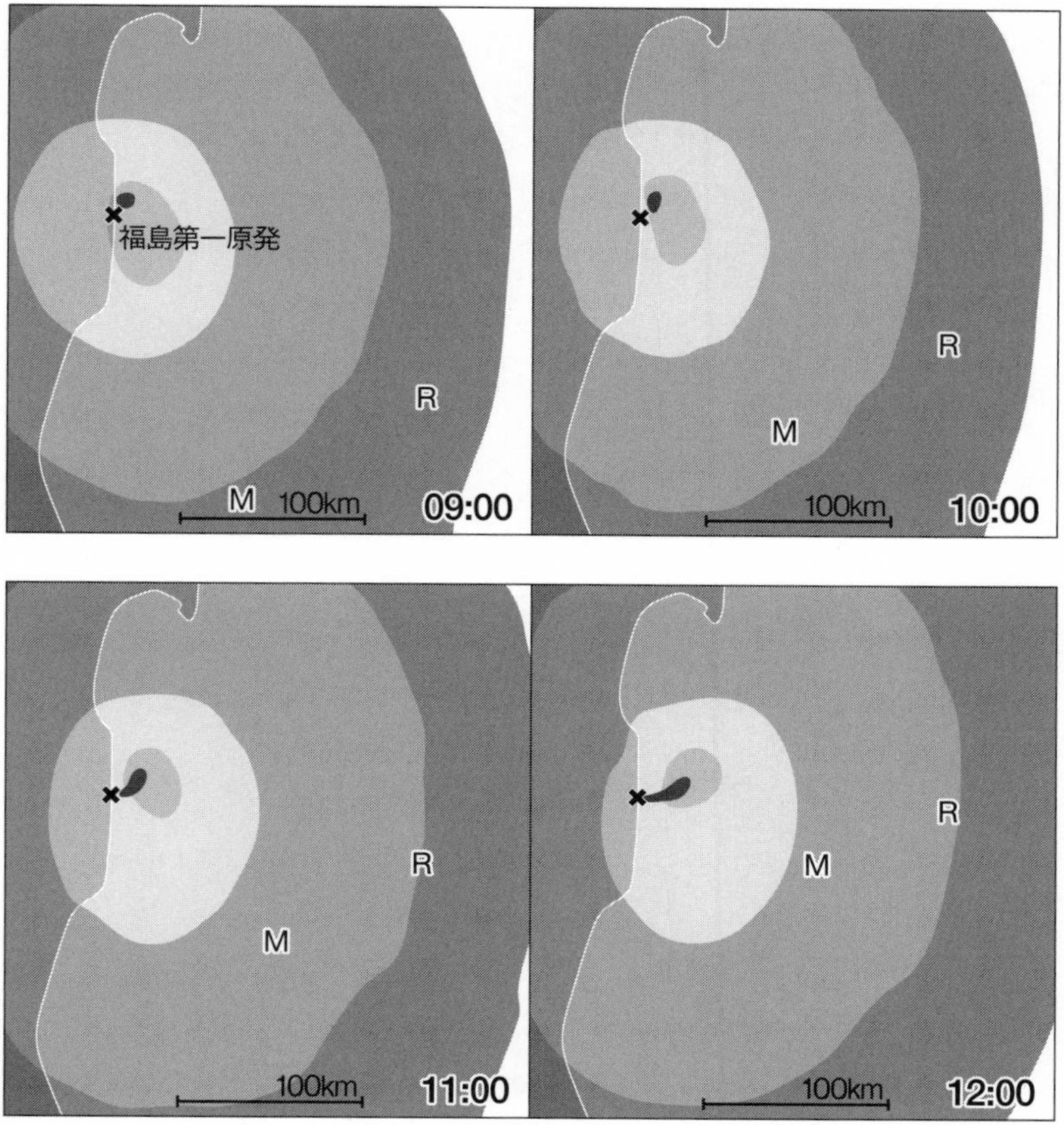

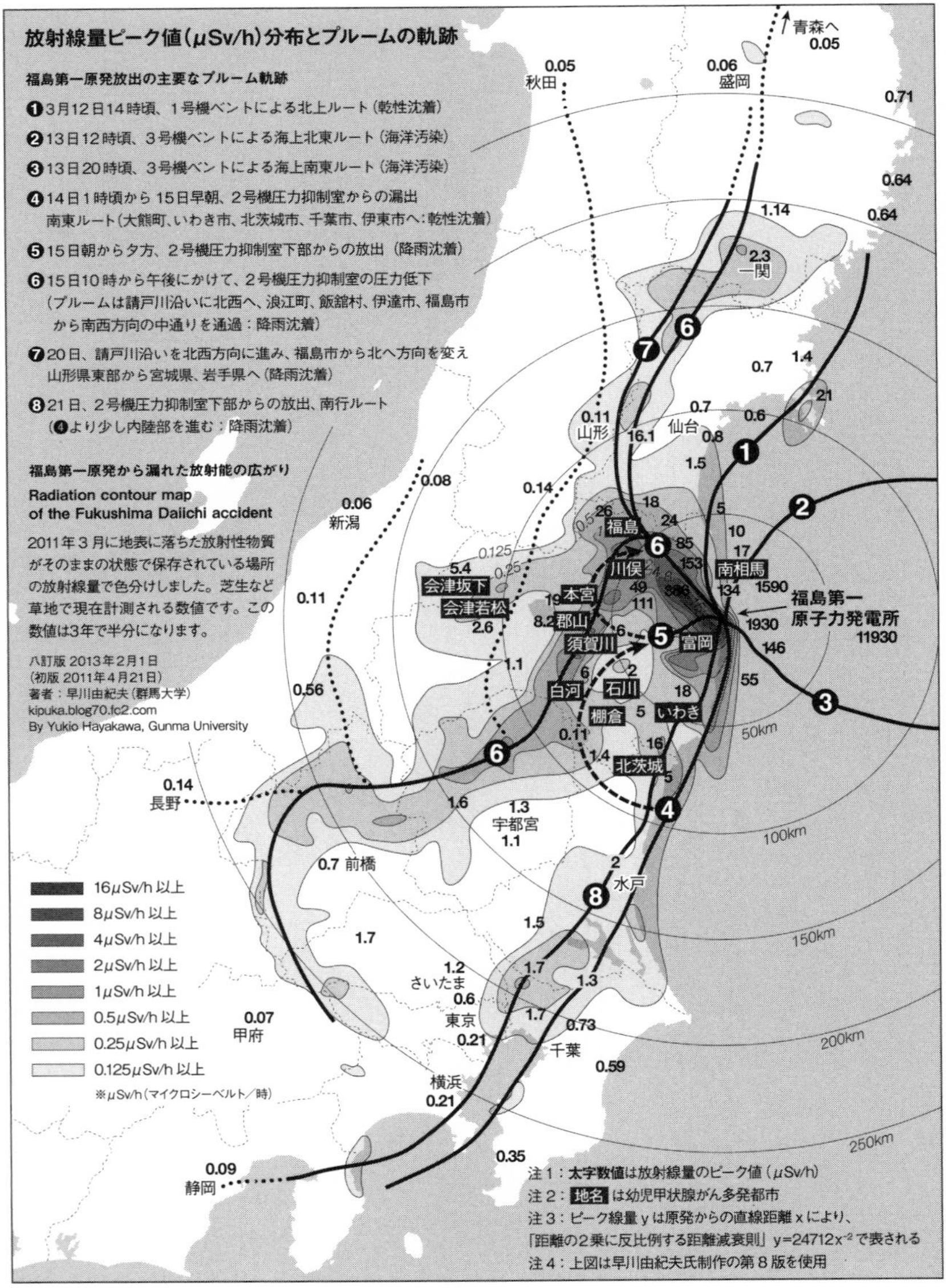

早川由紀夫氏マップより転載

ムボートを下ろし、捜索を繰り広げる光景が日本のニュースで繰り返し映し出されている。

横田基地：アメリカ空軍医療チームや救援物資、兵士たちを昼夜輸送する。

嘉手納基地：医療チーム・救援チームがペイブ・ホーク捜索救援ヘリとともに東北に向かった。

菅直人首相の要請

菅首相の要請を受け、目的地を韓国・釜山から日本に変更した空母レーガン打撃群。「人道支援」のため日本の東北地方へと舵を切り、全速力で支援活動地へと急行した。そして三月十二日午後八時には進路を北にとり、この日の深夜に福島第一原発の沖合を通過。翌朝、宮城県の金華山沖に到着（これはアメリカ国防省が発表した航海日誌による）。このときはＵＳＳ「チャンセラーズビル」「ｔｈｅ ＵＳＳプレヴル」「ｔｈｅ ＵＳＮＳブリッジ」とともに。

日本駐留中だったＵＳＳトーツガは、活動支援を約束した韓国軍のために、大量積載揚力（重量物運搬ヘリコプター（heavy-lift helicopters）を積みに韓国へと向かった。マレーシアに到着したばかりの強襲揚陸艦エセックスも日本に向けて出発。アメリカ海兵隊第三一海兵遠征部隊司令官マクマニス大佐も乗艦していた。その日、彼は軍務で艦を離れて移動中であったが、第七艦隊司令官ヴァン・バスカーク海軍中将によって日本に大惨事が発生したことを知る。そして救援活動のために日本に向かうことになるだろう、との連絡を受け、直ちにエセックスに引き返す。そして、休日を楽しむ兵士たちを呼び戻した。

米第七艦隊の艦隊ＵＳＳブルーリッジは救援物資を積み、シンガポールを出発。ＵＳＳハーパーズフェリーとUSSジャーマンタウンは、東南アジアから日本に舵を切った。沖縄からは空軍・海兵隊ヘリコプター・輸送機が次々と日本本土の米軍基地へと移動した。

第三一海兵遠征部隊と水陸両用艦隊一一は、日本沿岸に向けての準備を編成。第三一海兵遠征部隊のC―一三〇機が被災地に向かうなど、作戦に向けての調整を開始した。このようにして、アメリカ軍をあげての「トモダチ作戦」が始まっていく。

作戦には多くの兵士や民間人が動員され、艦船、ヘリコプター、航空機が配備されて救援活動が繰り広げられていくことになったのである。

NRCのミス

ここで、アメリカ原子力規制委員会（以下、NRC）のミスを指摘しておきたい。

フクシマの状況が悪化するにもかかわらず、リアルタイムで「情報」を入手できないアメリカの不安は募るばかりであった。その筆頭が、駐日大使ルースである（そしてワシントンでは、NSC日本・朝鮮半島担当のダニエル・ラッセル）。彼は事態の深刻さを逐次オバマに報告し、そのたびに大統領は驚くほかなかった。

NRCは十一日午前十時三十分（日本時間十二日午前〇時三十分）、国務省発表内容にある空軍による冷却材の輸送に着目している。だが委員長のヤツコにはその理由がつかめなかった。国務長官ヒラリー・クリントンは輸送したと述べているが、輸送は実施されることはなかったことを明らかにした文言が残る（後に判

明・Markets/2011.3.12 12:56 jst)。

それは、先に述べたとおり、日本が自分たちで対応すると言わんばかりの態度に受け取れたからだ。しかしヤツコもフクシマの情報が不十分であることには苛立ちつつも、「事実」の確認に重点をおこうとする一方で、アメリカは二人の専門家の派遣を決定している。ヤツコもNRC委員長として、乏しい事実確認のなかから何とかして「シミュレーション」を試みようとする。彼は「原子炉」の状態を見る限り「根本的なコミュニケーション・エラー」であることを突き止めた。だが、詳細は何も伝わってこない。時間だけが過ぎていくなかで、彼らの想像をはるかに超える「放射性物質」が放出されている事態になっているのではないか、と危惧するようになっていた。だが、それはもはや遅すぎた。なぜなら、レーガンはすでに日本海域に入っていたのだ。これが、ミスにつながる要因となっていく。

十二日には、東京から一五〇マイル（およそ二四一km）北方の福島第一原子力発電所では水素爆発が起こっている。だが日本政府はＩＡＥＡ（国際原子力機関）に対し、「格納容器」には何ら問題なしと報告した。そして三月十五日まで、同様の発表を続けた。

レーガンは十三日までに、海上の捜索活動準備を開始。甲板への救援物資の移動、ヘリコプターによる被災地への救援物資の補給基地としての役割準備に大わらわだった。

レーガンに乗艦する対潜水艦戦ヘリ部隊 Black Knights（黒い騎士）・ＨＨ－60Ｈレスキューホークを捜索救援活動、さらには救援物資運搬活動にまで投入していた。

レーガン打撃群所属のイージス駆逐艦「プレヴル」からもヘリコプターが飛び立つことになり、被災地へ救援物資のピストン輸送を展開させる必要性から、給油艦ペコス（Ｔ－ＡＯ－197）が不可欠であった。同艦には多くの民間人作業員が乗船しており、艦隊群の給油活動を展開させていくことになった。その結果、作業員たちが著しく被ばくする。

横田基地では、フクシマの事故処理活動のためにアメリカ空軍第三七四工兵飛行隊の消防隊の出動が決まり、準備を進めていた。


日本時間十三日早朝、レーガンの到着を待ち受ける海上自衛隊から、将校三名がレーガンに乗船していることは先に述べた。このときレーガンからも連絡将校三名が護衛艦「ひゅうが」に乗船し、ここでも「日米共同作戦」会議が開始され、情報の共有および役割分担を具体的に協議したのである。「大佐級」の連絡官が相互に乗り移り、調整に当たることを決定させた。以後、双方の電話会談が続いていく。

「ひゅうが」は、震災発生時に年次点検のため横浜の造船所に入ったばかりだったが、点検・修理を中止し、災害救助に加わった。

「アメリカ海軍はヘリコプターで七回の食料支援を行った」と自衛隊関係者の記録がある。この日が自衛隊にとって共同作戦の始まりであった。ところがこの日の夜、第七艦隊司令官バスカークから自衛隊幹部に電話が入る。彼らはてっきり「共同作戦」がスムーズにいっていることへの内容と勘違いしたようだ。ところが、いきなり彼は次のように切り出した。

「大変憂慮していることがある」

バスカークは続いて、言った。

「今朝『ひゅうが』で行われた調整会議に参加したスタッフの靴から基準値の三～四倍の放射線量を検出

した。使用したヘリコプターや空母からも検出した。ただし人体に影響を及ぼす百分の一程度である。念のため米側は会議の参加者と艦艇・航空機の洗浄を行った……米艦艇は原発から一〇〇海里（約一八五㎞）以遠で行動させる」（高嶋博視『武人の本懐』六二頁）

それに対して自衛隊幹部は次のように返答している。

「われわれはわれわれの基準に従って行動する。すなわち、現在実施している活動を継続する。具体的に米海軍の基準を示してほしい」

自衛隊側には、アメリカ海軍の放射能に対する基準値はわからなかったが、原子力空母や原子力潜水艦を有するアメリカ軍の基準は、相当厳しいはずだと想像している。

すでに海上での救援活動を開始していたレーガンであるが、甲板から飛び立ったヘリコプターから「放射線量」の探知に関する報告を受けたことで、アメリカ海軍は、素早い対応を見せている。

「レーガンをフクシマから遠ざけよ」

だが、日本政府、つまり自衛隊にそのような深刻さは見られない。

後日判明するのだが、このときレーガンの艦上が、自衛隊および海上保安庁のヘリコプターの給油基地となっていた。つまり、人道支援チームの「プラットホーム」としての役割を果たしていたのだ。

そして、在日アメリカ軍の「救援活動」はいっそう活発になっていく。日本に向かっていたエセックス艦内では、地震による膨大な被害に合わせてフクシマ事故の報告をし、放射能対策の講義や救援活動訓練を実施している。万端の準備を整え、「トモダチ作戦」を本格化させる予定だった米軍は、空母レーガンのほか、横須賀・佐世保基地所属の艦船など計十四隻を展開させる方針を打ち出し、沖縄の海兵隊も投入することになった。

ところが、ここで予期せぬことが起きてしまう。ルース駐日アメリカ大使が再三にわたってフクシマの「正確な情報」を要請していたにもかかわらず、日本政府は応じようとしなかった。在日アメリカ軍司令官フィールドは、外務省から消防車を提供してほしいとの要請を受けていた。その一方で、折木良一自衛隊統合幕僚長は、原子炉事故の詳細を知らされていなかったのである。日本政府・在日米軍・自衛隊の間には、事態への対応に必要なコミュニケーションが決定的に欠如していたと言えよう。

しかも、NRCの原子力専門家はこの日（十四日）未明、ルース大使とともにフクシマ事故への協力体制について話し合っている。

二人の到達した結論は、NRCの中心専門家たちが日本の専門家グループと協力し、事故情報を手に入れながらアドバイスを与えていこうというものだった。

三月十三日――兵士たちの証言

作戦開始の朝、空気の異変をいち早く感じ取った女性乗組員リンゼイ・クーパーは作戦開始前から甲板で作業を行っていた。

「甲板上は雪が降りしきって、すごく寒かったの。しかもジェット機はまだ一機も動いていなかったので、暖かくなるような空気は全くなかった。それなのに、突然……とても巨大な熱い空気の塊を感じさせるよう

リンゼイ・クーパー

なものが甲板上に吹いてきたの。なんだろうと思う間もなく、口の中に血が噴き出しているような味がしてきて……。もっといえばアルミホイルを噛んでいるような、そんな味がしたの」

彼女の口の中の感触は、甲板にいた兵士たちも同様に体験している。

ある兵士は金属の銅のような味だったと言い、また別の兵士は金属の味がしただけではなく、いきなり激しい頭痛に襲われたとも言う。

このような感触は、歴史を遡ると、広島に原爆を投下したクルーメンバーからも、「パラシュートから爆発を見届けた際に金属の味がした」との証言がある。一九七九年アメリカ・スリーマイル島原発事故においても、住民たちは異口同音に同じ感触を語っていた。フクシマ事故では、飯館村の人々が同様の発言をしている。

翌三月十四日付『朝日新聞』朝刊に、トモダチ作戦開始の模様を掲載した記事がある。

「米軍艦艇などによる支援活動が十三日、始まった。日本国内の災害で米軍が本格的に救援活動を行うのは初めてのことだ。米軍は、原子力空母『ロナルド・レーガン』のほかイージス艦など計八隻が宮城沖や三陸沖などに展開。空母の艦隊へリコプター二機が海上自衛隊の補給艦に着艦して、非常用食料などを積み、海自のヘリコプターとともに、宮城県気仙沼に届ける輸送活動を実施した。この日輸送した非常用食料は三万食」

ここに「空母から二機のヘリコプターが海上自衛隊の補給艦に着艦し、海自ヘリコプターとともに食料を輸送」とある。これが「きりしま」との合同作戦である。

これは一九五一年以来「日米相互防衛条約 -U.S.-Japan Mutual Security Treaty（ＭＳＴ）」の締結における「U.S.military and the Japan Self Defense Forces/JSDF（米軍と自衛隊）の共同作業」条項にのっとったものであった。

レーガンの兵士たちは、大量の食料品や衣料品を、さらに一晩中集めたありったけのペットボトルの飲料水をヘリコプターで運んだ。そればかりではない。空母内に山のようにあるあらゆる物、みんなの私物や、ある兵士が自分の子どものために購入していたおもちゃまでもだ。それでも女性兵士たちは、十分ではなかったと声を落とす。

「だって、生理用品などは自分たちも必要だから少し残しておいたの。でも、とても後ろめたい思いだった」

最初の物資救援を終え、空母甲板に戻ってきた二機のヘリコプター。停止を確かめ、駆け寄るメカニック（整備士）たち。万一を考えて任務兵たちが直ちに「ガイガーカウンター」を当て、放射能の検証を行った。驚くべきことに、甲板上でパイロットたちの軍服から、そしてヘリコプターから警音が鳴り響いたのである。あわてて除染作業を行う一方、兵士たちの不安は募っていく。だが、これは「軍事作戦」であり、行動である。上官からのストップ命令がなければ続行する以外ないのだ。ピストン飛行を続けるパイロットたちは、放射能汚染が認められた軍服や軍靴は取り替えなければならなかった。午前中の任務が終了した兵士たちが、次々に艦内へと戻り始めた。空母内に入る手前で、サーベイ（放射能探知検査）が行われている。（航海日誌によると）午後〇時四十一分、空母レーガンは陸地から五〇マイル以内を航行している。

「船首のあたりに空母内に通じるところがあり、飛行甲板にいた者たちは全員、そこからサーベイが行われるんだ。並んでいる間にピーピーと警音が響いてきて、不安に思っていたんだが、いっこうに鳴り止まないんだ」

ダニエル・ヘアー兵士が言う。被ばくチェックが始まっていたのだ。

空母のフォークソー（船首楼）から降りるや、甲板にいた兵士やヘリコプターの操縦をしたパイロットたちは、鳴り響く測定計器が示す放射線量の高さに恐れおののき、愕然となっていく。顔を覆う者、素早く携帯電話に短い動画を収め、ポケットにしまう兵士もいた。一方、空母内で待ち受ける兵士たちは、命令なのか汚染された軍服を投げ込む袋を用意し、兵士たちの軍服を直ちに脱がせ、またブーツまでも箱に放り込ませていた。またたく間に、周辺に「汚染袋」が山積みとなった。

はじめのうちは、兵士たちも物見遊山気分で笑い転げていた。みんな「まさか」という気持ちだったからだ。だが事態の深刻さに、空母内の警備や任務に当たっていた兵士たちの表情が引きつっていく。

彼らの一部は知っていた。放射能を浴びれば、細胞が傷つけられ、染色体に異常をきたして突然変異を引き起こすことを。

「これじゃ……俺たちは……まるで核のホロ・コーストじゃないか‼　みんな死んじゃうぞ」

誰かが叫んだ。

もはや、「作戦」に従事する兵士たちが放射能汚染したことは誰の目にも明らかなことだった。だが、この時点での「放射能汚染」検査では、放射線量の測定にまでは至っていない。

後にこの日の「現実」が、国務省が出した報告書において「被ばくの事実」を認めながらも、身体には影響がないと強調した一点へとつながる結果となっていくのだ。さらに不可解なことは、共同作戦として同様の任務に当たったはずの海上自衛隊のヘリコプターに被ばくの可能性があったことが、まったく公表されていないことである。

菅首相の怒り

では、大震災から十三日にかけての日本政府（首相官邸）はどのような動きをしていたのか。先述のように、アメリカ政府がフクシマの実情を日本政府から伝えられないことに苛立ちを隠せないなか、アメリカ軍に確実な情報が伝えられるのは三月十四日午前のことである。震災からすでに三日が過ぎていた。

彼らは、原発事故の状況を把握しているのか、最悪の事態は想定しているのか、あるいは最悪の事態を避けることができるのか。さらに言えば、万が一にも最悪の事態が起こったとき日本政府はどのような対応策をとろうとしているのか。

だがこの日の朝、横田基地にあるアメリカ司令部が外務省北米局に放射能関連の情報提供を厳しく求めたことで、日本政府は初めてSPEEDIによる、放射能拡散の情報をアメリカ軍にもたらしたのである。

東京電力は三月十一日の夕刻に、フェローの武黒一郎を首相官邸との連絡係として派遣。彼は、菅首相から矢継ぎ早に質問を浴びせられ、いささか閉口状態であった。翌日の夜遅く、東電本店に戻り、本店二階のオペレーション・ルームにおいて、彼は次のような発言をしている。

「イラ菅という言葉があるけども、まぁ、とにかくよく怒るんだよねぇ。私も、六、七回どつかれましたけども」（船橋洋一『原発敗戦』三四頁）

しかしながら首相が憤るのは、至極当然のことである。アメリカからは再三にわたり情報を求められているにもかかわらず、ほとんど入手できないなかで彼の危機感は募るばかりであっただろう。しかも、午後三時三十六分の水素爆発を官邸が知るのは夕刻の五時半のことだといわれる。菅首相は、執務室のテレビから流れる驚くべき事態に、叫び声をあげた。

空母レーガンは十二時から午後三時の間に放射性プルームの中に突入したことが、航海日誌上からSPEEDIの動きによって判明する。後に発表されたアメリカ国防省の報告書にも、（三月十三日午後一時）フクシマから飛んできた放射能を探知した記録が残る。

報告を受けた海軍原子炉機関長官カークランド・ドナルド大将は、即刻NRC委員長グレイゴリー・ヤツコとエネルギー省長官ダニエル・ボネマンに電話会談を申し入れた。

すでにレーガンは爆発現場から一〇〇マイル（日本船は五〇マイルのところにいたと言われる）、甲板の線量は通常の二・五倍近くになっており、空間中線量は三十倍近くであったと言われる。電話会談後、ドナルド大将は直ちに日本海域の艦船に対して指針を出している。プルームが通るエリアは避ける。五〇マイル以遠に離れる。つまりプルームが漂う所からは一〇〇マイル離れよと厳命したのである。その際、そのような状況になったのはあくまでベントによるものであり、メルトダウンの結果ではないことを強調した。

だが驚くべきことに、この時点ですら日本政府（首相官邸）は、このSPEEDIの存在さえ認識していなかったことである。首相官邸がそれを知るのは十四日夕刻のことだった。あらためて説明するがSPEEDIとは『System for Prediction of Environmental Emergency Dose Information（緊急時迅速放射能影響予測ネットワーク・システム)』の省略である。原発で事故が起き、空気中に多量の放射性物質が放出されたときの対策として、放射能の影響を敏速に予測するネットワークシステムのことである。日本政府はこの開発に百億を超える巨額の資金を投じてきた。だが、フクシマ事故において利用されなかったばかりか、政府関係者がSPEEDIの存在すら知らなかったことは、行政機構として重大な問題である。彼らのなかにその知識がある者がひとりでもいたなら、フクシマの人々の被ばくを少しでも避けることができただろう。

すでに文部科学省では三月十二日から十六日にかけてSPEEDIによる情報を得ていた。だが、官邸への報告はなされていなかった。

この辺りの様子は、朝日新聞の記者たちによる『プロメテウスの罠』に詳しく記されている。要約すると以下のようになる。

三月十四日朝、横田基地にある在日米軍司令部から外務省北米局に連絡が入る。対応したのは、安全保障条約課外務次官木戸大介ロベルト。

「原発事故の支援に際して放射能関連の情報が必要だ。政府が情報を有しているなら提供してほしい」(同書一八八頁)

交代制のシフトとなっており、朝番で登庁したばかりのロベルトは、直ちに経産省はじめ関連各省と連絡をとっていく。だが、電話は転送されるばかりで一向に埒が明かなかった。ようやく取りつがれた先が「文部科学省」の防災環境対策室である。

「澄川雄室長補佐は、『防災関係者で活用する分には提供して構わない』と答えた。木戸は担当者に『データを直接米軍に提供してほしい』と伝えたが、『震災後のどたばたで手が足りません』。木戸は『それなら私の方でリレーしましょう』」（同上）と、答えている。

時間が経つにつれ「米軍は、放射能の行方を知っていた。だが日本政府には知らせようとしなかったのだ」といった情報が飛び交うようになるが、日米両政府の情報交換はこの日を境として正式に始まったといってもいいだろう。

午前十時四十分、ロベルトは防災環境対策室から最初のメールを受け取る。だが、発信先は原子力安全技術センターからだ。彼らは、文部科学省の委託により放射能の拡散状況のモニタリングおよび予測をする。彼は送られてきたメールに、見知らぬ言葉を見つけた。

「ＳＰＥＥＤＩ？」

彼自身、怪訝に思いながらも、急ぎ米軍司令部に転送、といった塩梅である。

このとき、アメリカ軍に伝えられたＳＰＥＥＤＩのデータは正確に放射能の行方を予測していたという。しかし、彼らの「予測」を首相官邸は何ら把握もしてはいなかったのだ。すでに強制避難を強いられた福島の住民たちは、放射性物質の流れを知らされることもないまま、ひたすら遠くへと逃げまどっていた。ここにフクシマの人々の受難の道が始まったのである。

それにしてもだ。当時の政治家の大半が、ＳＰＥＥＤＩの存在を知らなかったとは。狭い国土にひしめく「原子力発電所」。その危険性をすでに指摘されていたにもかかわらず、なお「想定外」とうそぶく政府関係者たち。ましてや国民の命を預かる首相や官房長官に至るまで、その存在すら把握していなかったとは驚愕の一言に尽きる。

ましてや枝野官房長官は、「問題なし」と国民に向けてメッセージを出し続けた人物である。もっと言えばその存在のみならず、そこで予知されたデータを首相官邸に示そうともしなかった文部科学省の無責任な姿勢。それを顧みることなく「自分たちの想定外」だったと片付けて済むものではない。もはや、二〇一一年三月十一日以前の「ニッポン」は戻ってこないのだ。


〈三月十三日以降の外務省による「トモダチ作戦」の記録〉

午後三時二十二分：米国国際開発庁（ＵＳＡＩＤ）レスキューチーム二チームが三沢飛行場着。米国空母「ロナルド・レーガン」支援活動を開始。

三月十四日（月）空母レーガン、放射線放出に危惧の念を抱き宮城沖を北上、約一八〇海里離れる。

自衛隊統合幕僚監部

ここで少し、三・一一からの統合幕僚監部の動きを追ってみる。当時の折木統幕長は、陸・海・空三人の統幕長と「防衛省改革」案における会議の中心にいた。後に登場する岩崎茂はこのとき航空統幕長である。そこに大揺れの地震が襲ってきた。ほどなく会議室のスクリーンに映し出された「光景」――金華山沖合から仙台平野をめがけ、大波を立てて迫る「ツナミ」に彼らは息をのむ。それは、陸上自衛隊東北方面航空隊のヘリコプターの映像伝送装置が「リアルタイム」で送ってきたものであった。

だが、このときの彼らはツナミの脅威がフクシマに襲いかかり、原発が「全電源喪失」の危機に陥るなど予想もしなかった。地震によるツナミは東日本の沿岸一帯に襲いかかり、真っ先に到達したのは岩手県釜石市の沖合であった。気象庁は第一波を午後二時四十八分とした。つまり地震発生からわずか二分後のことである。それから二十五分後、最大級の高さ六・七メートルが襲ってきた。

そして午後三時三十五分、ツナミは一〇メートルを超え、フクシマ沿岸に備えられた主要電源設備に到達し、タービン建屋・原子炉建屋を次々と飲み込んでいったのである。海に最も近いタービン建屋の一階・地下一階には非常用発電機や配電盤などがあったが、海水に浸かり、使用不能となったことで全電源が失われてしまったのである。この様子は世界中の原発技術者を震撼させた。予想もしなかった初めてのケースだったからである。

一号機・三号機、さらには二号機という順で「全交流電源喪失」となっていく。この夜六時、北澤防衛大臣は、自衛隊による「大規模震災派遣命令」を発出した。続く午後七時三分、フクシマ原発に対し「原子力災害命令」が出されたことはすでに述べた。ところが、注水がなされていなかったことで核燃料が高温化し、十一日夜には「炉心損傷」が起きていたことが後にＮＨＫ取材班によって判明する。つまり、午後三時四十二分、全電源を失ってから数時間でメルトダウンが生じていたことになる。だが、吉田所長はじめ関係者がそれに気づくのは、十二日に日付が変わろうとする直前のことであった。小型発電機を用いて圧力を測ろうとした時点で、原子炉を収める「格納容器」の圧力異常に気づいたのだ。急ぎ「格納容器」の損傷を防ぐべく、空気を抜くための「ベント」を実施しようとするが、作業は困難を極めた。やっと開始された作業が終了するのは翌十二日午後二時ごろだった。

だが、その状況が一変する。

午後三時三十六分、「水素爆発」が起こったのだ。メルトダウンした燃料と水が反応して発生した水素が、建屋に溜まったことが原因である。それによって、事態はさらに悪化した。消防車による注水作業が試みられていたが、十四日には前日からベントを繰り返していた三号機も「水素爆発」。同日午前十一時一分のことである。

自衛隊の「中央特殊武器防衛隊」はフクシマに急行した。

彼らは、化学・生物・放射能脅威に対処する専門部隊であった。第一陣は、十一日午後九時二十分に大宮駐屯地から出発している。目指すは福島原子力災害対策センター（オフサイトセンター）である。そこは二〇〇〇年四月「原子力災害対策特別措置法」によって設置された施設である。原発事故の際、国・自治体・原子力事業者による事故拡大防止のための応急対策および住民安全確保などを目的とする。その地は、福島県大熊町である。組織は七部門からなり、放射能・プラント・医療・住民安全・避難状況など、有事の際の住民安全確認、さらには「ヨウ素剤」の準備などがあり、言うまでもなく「緊急モニタリング」は行われていた。

「防衛隊」は東北自動車道大混雑のなか、十二日未明午前三時三十五分ごろにようやく現地にたどり着いた。

六時十五分、菅首相は周囲の意見に耳を貸すことなく、陸上自衛隊のヘリコプターに乗り込み、フクシマ原発に向けて飛び立っていった。

彼は、上空からツナミの甚大な被害を確認することになる。七時十一分ごろ、現地に到着。直ちに吉田所長と面談に入った。このとき吉田から、修復作業が思うように進まず、困難を極めていることを聞かされる。

首相は原子炉格納容器のベントを急ぐよう命じて、八時過ぎには当地を離陸している。

首相がフクシマに滞在した短い間に、第二原発では三㎞圏内の住民に避難指示が出され、一〇㎞圏内の住民には「屋内退避指示」を出されている。これによって、北澤防衛大臣は、フクシマ第一および第二原子力発電所への「原子力災害派遣命令」を自衛隊各指揮官に発令した。

ところが東京電力による重大過失が、この時点ですでに起きていたのだ。

さらなるミスは、すでにメルトダウンが起きていたにもかかわらず、それを「否定」したことだ。だが、その根拠は示していない。それればかりか、東電および原子力安全・保安院は、放出された放射能の量を少なく見せかけようとしていた。放射能の漏れは認めるが、それはあくまでも想定内の数値であり、心配はないとしたのである。

三月十四日以後——レーガンの動き

三月十五日（火）午前八時、空母レーガンは、フクシマから三〇〇㎞の八戸沖へ退避。

テレビでは避難住民の様子が、少しずつ映し出されるようになっていた。だが、この時点でなお日本政府が、事態の深刻さをどれだけ把握していたのか疑問が残る。原発はすでに「崩壊」していたのに、である。

フクシマ一帯は、放射性物質が飛び交い、東京はおろか米海軍横須賀基地にまで飛散していた。もはや、正常の域ではなかった。それでも枝野官房長官は、「直ちに影響はない」と会見のたびに言い放っている。それは言い換えれば「晩発性」があるということなのではないか。

日本政府の発言は、結果的に多くの人々を「被ばく」させる方向へ向かわせたことに他ならない。しかし彼らはいかなる事態が展開されることになっても、「急性被ばく」や「命が危ぶまれる」事態になることはない、と考えていた。

三月十六日午後八時、空母レーガンは岩手県・大船渡沖、フクシマから三〇〇㎞に停泊していた。同日午後十一時四十五分、空母レーガンは南下し、再び放射性プルームに入る。フクシマから二三〇㎞。この日、当初予定された水を注ぐためＪＳＤＦ（自衛隊）／ＵＳ軍事共同へリコプターによる共同作業は、放射線被ばく量が増加したため中止となった。

三月十七日、日付変更とともに空母レーガンは目的地を横浜に変更する。（航海日誌による）同日午前五時七分、空母レーガンは反転して放射性プルーム域を出る。一方、日本政府が燃料プールに自衛隊によるヘリコプターからの注水を試みたのは同日午前中のことである。同夜八時、空母レーガンは岩手県・大槌沖に戻る。フクシマから二四〇㎞。

繰り返すが、アメリカ軍からの再三の要求によって、ＳＰＥＥＤＩのデータは文部科学省から外務省北米課を通じて三月十四日には届けられた。ではなぜ、その時点で文部科学省は菅首相の元に届けなかったのか。行政機構、特に緊急事態対応に携わる行政担当の行為としては、あまりにも罪深い。

さらに言えば、関係者（文部科学省や原子力安全・保安院）たちは、原発が過酷な事故に直面した際、ＳＰＥＥＤＩが示すデータおよびその予測は、重要かつ不可欠であるとの認識により開発したはずである。しかし、いざその危機に直面して、ＳＰＥＥＤＩの存在とその活用を提議するどころか、むしろその活用を躊躇し、ＳＰＥＥＤＩの存在すら明らかにしなかった。その担当官庁の無責任さと無能力さは、大いに批判されてしかるべきだろう。

さらにアメリカにそのデータを送った時点でも、危機に対応するための積極的国際協力という観点など微塵もなく、彼らは自らの責任を回避するため、要は保身のために、単なる事務的な情報提供であるとの認識を示す、消極的行動様式でことに当たっていたのである。

日本政府がSPEEDIの予測を国民に向けて発表するのは、アメリカ軍への報告からほぼ十日を経た三月二十三日のことである。文科省はデータを持っているのであれば、すぐさま首相に報告する義務があるはずである。原発の「安全神話」にどっぷり浸かっていたのか、あるいは知っていて隠したと思わざるを得ない。ことの重大さを知るのは、フクシマ第一原発の吉田所長やその関係者だけだった、とでも言うのだろうか。せめて風向きのデータを示し、即座に察知して報告すべきではなかったのか。

しかも、彼らはいかなる事態が展開されることになっても、「急性被ばく」や「命が危ぶまれる」事態になることはないと信じていた節がある。

後に菅首相が、アメリカ市民に対し反省の弁を語っている。

「政府の機構に専門家がいなかったことが、多くの悲劇を生む結果となった」

避難区域を定めているのは、原子力安全委員会であり、保安院である。それでも、専門家たちは揃っていなかったと言うのだ。だがSPEEDIによって、すでに二〇km圏内をはるかに超えるエリアでも高線量の被ばく数値が認められていたのだ。

空母レーガンの作戦展開中、東京電力による情報には「不正確」かつ「不誠実」な点が多々あった。彼らは、すでにメルトダウンが起きていたにもかかわらずそれを否定した。さらに言えば、その根拠を示してはおらず、メルトダウンによって放出された放射能の量を少なく見せかけていた。放射能の漏れを認めつつ、それはあくまで想定内の数値であって、憂慮すべきものではないとした。

だが現実には、先に触れたNRCのミスもあいまって、まさに、レーガン艦隊群の兵士たちは、放射性物質にさらされ、体内にも取り込み続けていたのである。

セシウム・ヨウ素・ウラニウムだけではない。後に東京電力が発表した放射性物質の数は三十一種類であったという。その悪性は多岐にわたるのである。

作戦終了直後、真っ先に死者が出た艦船は「空母ロナルド・レーガン」および「強襲揚陸艦エセックス」であった。

各地で異常値観測

福島第一原発の事故で飛散したとみられる放射性物質が15日午前、風に乗って全国各地で観測されている。福島県いわき市では通常の400倍ほどの放射線量を観測。また、茨城県北茨城市や神奈川県横須賀市などでも通常よりも高い値を観測している。ただ、各県はすぐに健康に影響を与えるものではないとしている。

いわき市では、15日午前4時に2万3720ナノグレイを測定。この値の線量を1日浴びた場合の人の被曝量は胃のレントゲン検査で受ける量に相当する。茨城県北茨城市では午前0時20分から上昇。前5時50分には1時間あたり5575ナノグレイに達した。神奈川県横須賀市では同日前10時10分、212・8ナノグレイを観測。午前4時より8・5倍上昇。県危機管理策課は「原発の事故との関係はわからない」という。

朝日新聞3月15日付夕刊

川崎、横須賀で放射線量上昇

県「人体に影響なし」

県は15日、県内14カ所で大気中の放射線量を監視しているモニタリングポストの測定状況を発表した。福島県の東京電力福島第1原発2号機で爆発音があった直後、川崎と横須賀両市で放射線量が一時上昇し、それぞれ通常の6倍、8倍程度となった。

県によると、川崎市で午前6時台に測定した1時間平均値は0・20マイクロシーベルト。横須賀市でも同7時台に0・21マイクロシーベルトを観測した。数値はその後低下したが、同10時から正午にかけ再び上昇した。

県は「福島原発の影響を受けたのかはっきりしないが、人体に影響を与える量ではない」と説明。同じ放射線量を1時間浴び続けても、胃のエックス線1回分で浴びる放射線量の約2300分の1といい、冷静な対応を呼び掛けている。

また横須賀市も、米海軍横須賀基地周辺に文部科学省が設置している原子力艦船監視用のモニタリングポストの放射線量が、同日午前5時すぎから同6時ごろにかけ、最高で通常の約8倍に当たる0・25マイクロシーベルトまで上昇した、と発表した。

在日米海軍司令部も同日、横須賀基地に停泊中の原子力空母ジョージ・ワシントンに搭載している測定器が微量の放射能を感知した、と発表した。

（報道部、横須賀支社）

神奈川新聞３月16日付

〈用語解説〉

被ばくと被爆……「被ばく」とは放射線を浴びること。「被爆」とは原子爆弾の被害を受けること。

内部被ばくと外部被ばく……「内部被ばく」とは体内に侵入した放射性原子が体内で放射線を発すること。それに対して、放射性原子などが体外にあり、体外から発された放射線が身体に直接受けるのを「外部被ばく」という。

放射能汚染……エネルギーを発している放射性物質の粒子によって、東日本大震災時、福島第一原発が水素爆発。それによって汚染源からの放射性プルームが内陸部や海上にながれ、粒子（フォールアウトと呼ばれる放射性降下物）が表面に付着し、空調システムやその他の濃縮機（コンセントレーター）に蓄積して汚染された。

遊離性と固着性……放射線汚染には二つのカテゴリーに分かれる。「遊離性」とは、対象物をこすることで簡単に除去できる汚染、表面の直線的な測定で検出が可能となる。また、フィルターペーパーで表面を拭き取ればいい。「固着性」とは、対象物の表面に付着していて簡単には除去できない。また、拭き取りでは固着性汚染物質が検出は不可能。だが、研削・やすりがけ・サンディング・ワイヤーブラシの使用などで除去可能な状態にすることができる。空母レーガンは、当初、この方法によって汚染を除去してきた。

第2章　ミナト・ヨコスカ・サンディエゴ

二〇一一年三月十一日に起こった東日本大震災からほどなくして、小泉純一郎元首相は、地元横須賀を皮切りに全国で講演活動を行うようになっていく。

タイトルは「日本の歩むべき道」。

そのきっかけになったのは「福島原発事故」である。

総理時代に、原発の安全性を信じて取り入れたことは間違いであった、と「原発推進」の立場にあった自らの過ちを認めた。同時に、側近をはじめ関係者から聞かされてきた「安全神話」のすべてが「虚偽」であり、信じた自らの非を率直に述べている。

同じころ、城南信用金庫理事長吉原毅は、フクシマ事故の翌月、本店のホームページに「原発に頼らない安心できる社会へ」というメッセージを掲載し、国民の注目を浴びていた。ところが、政界も経済界も、ましてやマスコミには響かず、次第に焦燥感が募るなかで、小泉の言動は吉原の琴線に触れたのだった。日本で「最後のバンカー」といわれる元住友銀行の名頭取であった西川善文が二〇一一年五月二十六日の日経新聞電子版において城南信用金庫の「英断」を評価した。この年の夏に日本経済新聞社主催の軽井沢セミナーの席上で、加藤寛・小泉・竹中平蔵によって「原発」はダメだという話になった。それを聞いた吉原毅は、二〇一二年四月二十三日の城南信金友の会の設立記念講演会での講演を小泉に依頼したところ快諾。そのなかで小泉は、フクシマ事故を前に日本はこれ以上原発に依存することは無理であり、ましてや推進などもってのほかであると述べた。原発への依存度を下げることで、日本は自然エネルギーで世界に冠たる国になろうじゃないか、二千人の聴衆を前に堂々と語りかけた。そして、最後まで原発の依存度を下げる努力をしなければならないと訴えたのである。

二〇一二年十一月十九日、吉原は城南信用金庫本店に城南総合研究所を設立した。初代名誉所長に恩師の加藤寛を任命する。だが、周囲の期待むなしく二〇一三年一月三十日、加藤は逝去する。

弔問の席上で、吉原は自分たちの恩師である加藤寛の意志を継いでほしいと、小泉に直談判した。小泉は快くそれを承諾した。彼らは慶應大学時代に加藤の薫陶を受けた先輩・後輩でもあった。

このころ、経団連の国際公共政策研究センターに迎えられていた小泉であったが「原発反対」は困るという事務局からの苦情に「ならば迷惑をかけたことになるな」とあっさり辞任する。国際公共センターは小泉を迎えるために設立したはずが、辞任とあって関係者は慌てて遺留に努めるが、金銭のために自らの主張を曲げる小泉ではなかった。それを知った吉原は、経団連の小泉に対する姿勢に対して、それはあまりにも「無礼」であると憤慨し、あらためて正式に小泉を迎えることにしたという。

二〇一四年七月、正式に小泉純一郎は名誉所長に就任する。以来、政界を引退した後、第一線から身を引いていた小泉が、吉原とともに「三・一一」以降、原発に関して総理時代の「原発推進」が誤りであったことを国民に訴えつつ原発の危険性を呼びかけていくようになったのは自他ともに認めるところである。以後ふたりは結束し、脱原発を訴え、原発の依存度を下げようと、全国を行脚していくようになっていく。「日本人は知恵もあり、努力もする。これ以上危険な原発を続けてはならない」国民の合意を得ようと賢明な活動を繰り広げていたのだった。そんななか、彼らとともに筆者はサンディエゴへと飛んだのだった。

兵士たちと元総理の対話

私が総理の時代に、原発は安全、コストは安い、永遠のクリーンエネルギーだと言われていたが、福島の原発事故によって、それらがすべて嘘だということがわかりました。それ以来私は過ちを認め、ずっと今日まで脱原発を訴え続けています。

二〇一一年三月十二日の水素爆発以後、各国の大使館は次々と自国民を帰国させる準備を始めていた。なぜなんだ……私にはわからなかった。

だが、今回あなたがたから横須賀にも放射能が来ていた、と聞かされ唖然とした。私は、横須賀市民ですよ。それなのに、政府関係者からも誰ひとりとして知らせてくれる者はいなかった……。

怒りのために彼の声はふるえていた。

二〇一六年五月十七日　サンディエゴでの記者会見にて

「空母レーガン」の兵士たちから「悲しみの声」を聞きたい、と渡米した小泉純一郎元首相は、当時のやりきれない怒りをこのように海軍兵士たちの前で吐露している。

不幸にもフクシマから放出された放射能物質によって細胞破壊されたことが原因で、今なお、若者の命が蝕まれている現実を前に、アメリカ政府もアメリカ軍も、さらには日本政府も東京電力も、何ら兵士たちに心を寄せることのない現実を知った小泉が、実情を確かめるためにサンディエゴに飛んだのは、二〇一六年五月十五日のことである。当時、その地は空母レーガンの母港であった。

頑強な身体から一転、除隊を余儀なくされた兵士たちの前途は厳しい。

不運にも、入隊の際には「軍務中いかなる不幸に襲われる事態に直面しても、国家、そして軍を訴えることはならぬ」という国家法に署名をしていた。だが、予期せぬ除隊で生活の糧は途絶え、医療費さえままならぬ現状に、彼らは打ち沈むばかりだった。

「家族も村の人々も、『トモダチ作戦』に従事した彼らを称賛した。だが、今は違う。いい若い者が村に戻り、家の中でゴロゴロしていると責められるばかりの日々。一体、自分たちが何をしたというのだ。日本の大惨事に驚愕し、心を痛め、誠心誠意『人道支援』をしたではないか。寒風吹きすさぶ海の上を、潰れた屋根の上で震えながら救助を待つ日本人に防寒着を投げ、励まし、救助した。それだって、一度や二度ではなかった。数えられないほどだ。それが、レーガンの上に『放射能』がとどまっていたなど、いまさら知るものか。もう自分の体はボロボロなんだ。妻も息子も家を出て行ってしまった。あの楽しかった夏の日、休暇が出て喜び勇んで帰宅したんだ。息子とキャッチボールをし

ダニエル・ヘアーが、部屋に入って来た当初は勢い激しく、皆が一瞬戸惑った空気が漂う。

　たくてね。もはや、そんな日は帰ってこない」

涙目で語ったダニエル・ヘアーの言葉は、今も筆者の耳に残る。

二〇一一年九月下船の際、ヨウ素剤投与の書類に署名を強要された。小隊全員で拒否した者がいたのに、彼は迂闊《うかつ》にも署名をしたことを今も悔やむ。被ばくしている空母から一刻も早く下船したかったからだ。

小泉と会うまでは、「日本の首相が何しに来るんだ……俺たちを痛めつけやがって」と、苛立ちをぶつけていた彼。

渡米した初日から、病魔に苦しむ若い兵士たちの苦悩に耳を傾け、そんな彼らの過酷な現実を知り、総理時代から一本気で知られた小泉が涙を流した。

別のある士官は、軍医がサジを投げるまでは軍務に就いていたいという。除隊後に待ち受ける困難を知っているからだ。

　「もはや、元の健康体に戻ることはないでしょう。子どもたちと人生の楽しみを分かち合うことはできないのは覚悟しています。せめて名誉除隊の日が来るまで頑張り抜きたい。それが子どもたちに残すことができる、父としての姿だと思っております」

ダニエル・ヘアーと小泉元首相。He's a real man！ “彼は真の男だ！”

さらに、涙をこらえながらも、思いを静かな口調で語り始めた。

「放射能は自然界に存在するものであり、騒ぐほどのものではない、と軍医はいいます。もっといえば、有害でなくはないが、『微量』ならば問題ではないと。空からも大地からも大気中からも常に放出されているのだと繰り返す。しかしわれわれは、実際にプルームに包まれ、長時間作業をしながら、高濃度の放射性物質にまみれ、高濃度に汚染された水でシャワーを浴び、甲板や航空機を洗い流したばかりか、汚染された水で調理された食事をとり続けたのです」

静かに耳を傾け、言葉を探そうとする小泉に、この士官は「ごめんなさい」と、下を向いた。小泉の表情には苦痛の色が浮かんだ。

「最後に、当時の横須賀の様子を知っていれば教えてもらえないか」小泉がポツリと訊いた。

「ペット以外は、全員横須賀から退避せよとの命令でした」

それを聞いた小泉は、思わず絶句した。

小泉の出身地、今も家族が暮らす横須賀の町は、日ごろからアメリカ色で彩られている。海軍船が入港すると、さらに賑わいが増す。それなのに、当時横須賀の人たちは、基地勤務のアメリカ人軍属たちが数十台の黄色いスクールバスで行き交うのを、呆然と眺めている以外なかった。日米間の温度差のギャップに、こみ上げる悲しみ。それでも、日本政府は横須賀市民を避難させようとはしなかった。

避難勧告によってオフィスを片付けるアメリカ人上司たちを、複雑な思いで見送る日本人従業員たち。その上司は、日ごろから用意されていた「ヨウ素剤」をすべて彼らに残し、深刻さが増す前に飲むように、ときつく指示して部屋を出た。だが、彼の言葉を半信半疑で受け止める日本人部下たちの表情に悲しみを覚えたと語る。

「横須賀までがそのようなことになっていたとは……」

兵士たちから初めて実態を聞かされ、愕然とする小泉。

「自分たち横須賀市民には、何の知らせもなかったんだ」

その衝撃はインタビューの間も続き、彼の無念さは計り知れないものがあった。

ここに、空軍兵の証言がある。彼は「トモダチ作戦」に、直接は参加していない。作戦中の事務的な任務に携わっていたからだ。ドイツ人妻との間にもうけた当時十一歳の息子と暮らし、横須賀基地に従軍していた。事故当初を知る重要な手がかりとして、以下に紹介する。

小泉　事故当時の横須賀の様子を教えてください。

空軍兵　トモダチ作戦に参加はしなかったが、ずっと横須賀基地に詰めていました。大震災・原発の事故によって、フクシマ周辺の人々に避難命令が出ているのは知っていました。しかし、横須賀は安全だと聞いていたので、子どもたちは基地の戸外で遊んでいた。万一のために、放射能被害から身を守るためのヨウ素剤などをもらったのです。それは各家庭に、人数分だけ割り当てられていました。私自身は、このとき息子と二人の生活だったので、その分だけです。しかし、それはあくまで最悪の事態に備え保管せよという命令だったのです。

ですから、上層部の指示を待たなければならなかった……。それが突然、日本から脱出せよとの命令が入ってきた。大変驚いたのですが、行動には順序がありました。脱出するまで基地の家族はしばしば「順番待ち」だったのです。

幸い、私は最初の出発団となりました。父子家庭なので、息子の世話をしなければならなかったのです。妻子（赤ん坊から幼児）は第二団でした。それ以上の年齢の子どもと母親は、第三団でした。まずは、シアトルに飛びました。私の両親がいたからです。そこに息子を預け、横須賀にとんぼ返りしました。自分自身が避難命令を受けたわけではない、現役兵士でしたから。家族だけが基地から退去できたのです。

小泉　横須賀にいるのに、避難しなかった？　子どもたちを避難させたのはいつ？

〈**筆者注**　フクシマ原発事故による放射能拡散が漏れ伝えられてくる基地内では、騒ぎが広がり始めていた。空母レーガンが逃避したことが報じられたことが一因である。一刻も早く日本を脱出したいと騒ぐ家族。だが、米軍とて正確な情報を得られないなかで日本政府からの情報入手に困難を極めていた時期である。騒ぎに業を煮やした横須賀基地では「自主避難」を検討していた矢先、フクシマの悪化を受けて日本脱出を正式に表明したのは三月十七日のこと。翌日の星条旗新聞の見出しには次のようにある。

「優先順位①妊婦②病人③二歳以下の幼児及び保護者」とあり、片親家族と続いた。第一便は三月十九日土曜日。横田基地からシアトルへ。離陸の際には在日アメリカ軍司令官フィールド夫人が見送った。以後、民間機をチャーターしながら横田・厚木・三沢アメリカ軍基地から次々と飛び立って行った。着陸地はシアトルをはじめカリフォルニア州のトラビス基地、そしてコロラド州デンバー空港となっていた〉

空軍兵　三月十八日のことでした。事故から一週間後、家族の避難命令によってです。ところが、この日に基地を出発するはずが、どういうわけか出発がどんどんと遅れていきました。結局、実際に出発したのは四月初めのことです。

小泉　その命令はどこから?

空軍兵　それが、全くわからないのです。確かなことは、自分の部隊長の命令ではなかったこと。なぜなら、海軍だけでなく、空軍や日本の基地にいるすべての軍人の家族や軍属にまで及んだ命令なのです。ですから、もっと高いレベルからの命令であったと思います。

小泉　あなた方アメリカ人への避難命令は出たけれど、横須賀市民などには一切出ていない……。

空軍兵　私が息子を避難させるために基地を離れるとき、先ほど申しました手元にあったヨウ素剤をはじめ、放射能から身を守るためのキットを、周りの日本人に置いていきました。彼らには明らかに、何ら知らせが入っていないことを感じていたからです。これにはずっと、良心的な苦痛を感じていました。

小泉　うーん。ヨウ素剤などをいただいて、彼らは感謝しましたか？

空軍兵　はい、もちろんです。ただ総理もおっしゃっていますが、彼らはわれわれと同様に、何が何だかわからない状況におかれていたのです。ニュースを見ても何が危険であるか判断すらできないのです。私は立場上、四十五名の日本人従業員を担当していました。そのボスが自分の子どもをアメリカに送り返すのですから、内心混乱していたはずです。

小泉　日本人従業員は避難しようとしなかったのですか？

空軍兵　私が知る限りはしなかったです。

小泉　なぜだろうね。あなたが息子と撤退した。その現場を目の当たりにした周りの日本人従業員は、ますます不安になったのではないか？

空軍兵　実際、部下たちとは直接話すことはありませんでした。ですが、相当な不安感があったことは容易に考えられます。自分たちが撤退する日、基地ではスクールバスがこれまでにないほどの台数でずらりと並んでいたのです。それを見た日本人従業員は、自分たちの乗るバスはどこだ？　と考えたはずです。とにかく、誰かがどこかで「事実」を把握しているにもかかわらず、日本人従業員に放射能が基地にまで届いていることを知らせようとしなかったのは、人間である以上、間違っていたのです。

小泉　日本にはいつ戻りましたか？

空軍兵　五月です。三十日の猶予が与えられました。その間に、大急ぎで子どもの生活、つまり学校や寄宿舎を準備してきました。

小泉　戻ってからは？

空軍兵　五月に戻ったときのことです。上官から、放射能の危険性があまりにひどいため、自分たちの部隊はグアムに移動すると言われました。大急ぎで準備に取りかかりました。ところが、一カ月後に突然キャンセルされたのです。不安は募るばかりでした。とにかく情報が入り乱れ、基地内は混乱するばかりでした。そういえば、子どもをアメリカに残してひとりシアトルから戻る飛行機（民間機）の乗客は四十人足らずでした。その実情を前にますます心配になっていました。

ミナト・ヨコスカ――三月十一～十二日

三月十一日のヨコスカ海軍基地。デッキには原子力空母GWが、メンテナンス（定期点検）のために前年十二月から寄港していた。横須賀基地はGWの母港だった。そのGWが横須賀基地を出航したのは三月二十一日午後一時過ぎのことである。しかも、点検を途中で切り上げての出航である。このような事態は、二〇〇八年九月に配備されて以来、初めての出来事であった。

地元横須賀市は、点検途中での出航に疑問を呈し、海軍関係に照会したが、米軍の回答は「安全性」に関しては確保されている、というものだった。

一方、原子力空母の安全性を危惧する横須賀の市民グループは、十三日にシンポジウムの開催を予定していた。

そこでの発言予定者のひとり、横須賀在住の沢園昌夫は、三月十一日、川崎市内の会社で業務中に異常な揺れと停電に驚愕する。会社は発災後直ちに業務を止め、社員は各自帰途についた。沢園は、すぐに地元横須賀市の原子力艦担当に電話をした。担当者からの異常なしとの回答に半ば安堵していた。

ところが、予定されていた市民集会で、自身が担当する発言準備のなかで、当初から予定していた米原子力艦寄港地の原子力防災対策の取材のため、佐世保市とうるま市に電話をかけた。すると、先方から「そちらは、大丈夫ですか⁉」と問われ、あらためて事態の深刻さを実感したという。

予定していた三月十三日の市民集会の主旨は、原子力空母の問題、根底には放射性物質の危険性を考えるというものであった。が、福島第一原発から放射性物質が放出された今、広報で集会を呼びかけた住民を被ばくの危険にさらしてまで、参会してもらうべきかどうか、前日十二日に関係者たちと電話討議を行った。その結果、開催を決行した。

三月十三日の市民集会当日は、原子力空母の横須賀母港化後三年になり、防災対策などが報告された。そのなかで「空母レーガン」の支援活動が話題に上ったが、沢園自身は「ニュースによると、レーガンが救援に向かっているらしいが、そのような支援はいらない。救援活動は日本独自でやるべきだ」と発言している。一方で参加者から「原子力空母が来れば電気も供給できるのでは？」という発言も出された。

兵士や軍属の家族を緊急に帰国させるなど、パニック状態になり、一方では、救援活動の支援に追われていた海軍基地とは対極にあった。横須賀市内では、すでに横田空軍基地から出る救援機に乗り込むためのスクールバスが、頻繁に行き交っていた。

そのときの様子について先述したが当時横須賀基地に従軍していた知人のことが思い出される。

われわれがあたふたしているのに、雇われた日本人たちは平然としている。「なぜなんだ」と聞いてみても、「自分たちには何ら退去命令も出ていないのに、避難などできるわけがない」と、みんなが平然と言うので、返す言葉もなかった。自分にできることは「万一」のためにと保管しておいた「ヨウ素剤」の全箱を残してやることくらいしかなかった。せめてもの手助けとしてだ。立ち去る前に、彼らに差し出し、「これを飲め」と提案しても、誰ひとりとして実行した者はいなかった。

トム・バーク艦長率いる「空母レーガン」が、津波による壊滅的な打撃を受けた日本人支援のため、直ちに進路を北へ変更し、三陸沖に向かったのは三月十二日午後八時のことであった。三月十三日未明、大震災から二日後、現地に到着。午前八時には、金華山の東方約一二㎞、福島原発から約一九〇㎞離れた地点で活動を開始したとされるのは前にも述べた。

ヨコスカ海軍基地——三月十二日～十四日以降

あらためてここからは、アメリカ軍による「放射線測定」に併せて、横須賀海軍基地ではどのような動きを見せていたのかを追っていくことにする。

当時、横須賀基地には、原子力空母ＧＷが定期点検のために停泊していた。すでに艦内探知機により「高濃度」の放射線量が検出されており、基地内には「外出禁止令」が出されていた。

瞬く間に「危険度」は増し、兵士・軍属の家族は帰国の準備に入っていた。

十四日、米海軍第七艦隊は、指揮系統が異なるが、災害救援のため東北沖に派遣した艦船と航空機について、福島第一原発の近海から一時退避させたと発表した。大気中および展開中の米軍の航空機のほか、災害救援に携わったヘリコプターの搭乗員からも、低レベルの放射性物質が検出されたため、原発の風下から逃れたのだという。

だが、刻一刻と変化するフクシマでは、日本の各省に入る情報も混乱しており、何が正確な内容なのかさえわからないほどの状況となっていたのである。

そんななか、横田基地のフィールド司令官は「レーガン被ばく」の報告に踏み切った。この日の午後「三号機」が水素爆発していた。日本中に、危機感が迫る。

ルース大使に対するワシントンからのプレッシャーが執拗になっていく。

スタインバーグからは、事故に関して矢継ぎ早に質問が飛んできた。海の向こうでは、フクシマはすでに「壊滅的」との意見が飛び交い、「東日本がなくなってしまう」とさえ言われていた（この点は翌年、菅直人が、その恐れにおののいたことを、自らアメリカのインタビューで語っている）。

答えたくても、十分な情報がない……、だがもはや一刻の猶予も許されぬ事態。再三電話をかけるが、枝野官房長官はどうしてもつかまらない。

後に判明するが、このとき枝野は「記者会見」の準備に追われており、アメリカ大使への対応どころではなかった、という。一方のルースは、最悪の事態を迎えるかもしれないフクシマの現状に「記者会見どころではない」と激怒。結局、枝野から電話が入るのは、この日の午後十一時を過ぎてからである。このときの模様を、船橋洋一が著書（『原発敗戦』）で触れているので、その要点を紹介したい。

「放射性物質の飛散状況のデータを送ってほしい」

「それはできない。ここにないから」

「すぐに資料を取ってきてほしい」

「危機管理センター（地下）にある」

このときのルースのいらだちは、容易に察しがつく。

ワシントンを代表して言っているのだ。だが、日本側にはそれが伝わっていないようだ。

そして、最後にルースは次のように言い放った。

「NRCの専門家を官邸の、しかも意思決定のそばにおいてほしい」

だが枝野は、きっぱりと断った。さらに激怒するルース。

「これは国家の主権にかかわる問題」なのだ。枝野の拒否はそういうことだった。

だが、ルースの胸中はそれどころではなかった。

どこに正確な情報が集まっているのか、駐日大使としてそれが最優先課題であり、駐日大使としての義務であったのだ。


日本政府が米軍にもたらした情報によって、レーガン艦隊群作戦開始の三月十三日以降、到着した各艦隊軍は、放射性プルーム（気体流）の直下にいたことが明らかとなる。それを承知しながらも東京電力は、プルームの行方を知らせようとさえしていない。

十五日、横田基地司令部には、「横須賀基地」において通常レベルを超える放射能が検出されたとの報告があった。基地内での子どもたちの屋外活動禁止、最少限度の行動を要請している。この日から、米軍上層部は子どもたちの「退避」準備に入っていった。

言うまでもなく、防衛省の統合幕僚監部は同様の報告を受けている。しかしながら、日本政府はこの時点においても目立った動きはしていない。

前述したように、横田のフィールド司令官が、関係者との会議を待たずして「フクシマ原発」から八〇㎞圏内に居住するアメリカ人に「退避勧告」を通達したのは十七日のこと。それ以上に在日外国人を震撼させたのが、東京・神奈川の各米軍基地に居住する家族や民間人への「自主退避」であった。これは、小泉がインタビューした横須賀基地従軍の空軍兵の証言と一致する。これには、日本政府もさすがに慌てている（ドイツは東京・横浜周辺のドイツ国民に対し、関西圏や海外への避難を勧告。イギリスも同様であった）。

だがその背景に、ヒラリー・クリントン国務長官による「大地震で被害を受けたフクシマ原子力発電所に、冷却剤を輸送したことを明らかにしたうえで、今後も支援を続ける考えを示した」「在日米空軍が原子力発電所に非常に重要な冷却剤を輸送した」という発言があり、さらには「日本は原子力発電への依存度が極めて高く、非常に厳格な技術的基準を設けている。しかし地震により一部の発電所に圧力がかかっており、冷却剤が不十分となっている」と説明した（「ロイター」日本時間三月十二日午前四時三十一分）との報道があったからだ。

ところが、実際には実施されていないことがわかり、日本時間の午後にはこの発言を修正している。その理由として憶測が飛び交ったが、信憑性のある情報としては、冷却材の供給について日本側から要請があり、米軍も同意し、輸送を開始すると国務長官は聞かされていた模様だと説明している。その後日本側から冷却剤は不要との連絡があったものの、国務長官の耳に入っていなかったとしている。別の米政府当局者は、「結局、日本は自国で状況に対応できたとわれわれは理解している」と述べている。いずれも、日本時間三月十二日の「ロイター」からの報道によるものである。

この間の事情については後に日本側の言い分として、四月三十日付『日経新聞』が次のように報道している。「民主党幹部は、この段階では政府が、米国側の原子炉冷却に関する申し出を断っていたと証言する。早急な海水注入は廃炉が前提だったからだ。菅直人首相も炉心溶融の危機を十分に認識せず、米国頼みではない自前の対処に傾く。このとき、東京電力も自社で対応できる」とした。

クリントン国務長官の発言を修正、発表したアメリカ政府としては、日本政府が独自の判断によって「フクシマ事故」の収束にこだわるのであれば、アメリカ側としても自分たちの判断で独自の行動をとることになると、突き放した可能性がある。

横須賀基地に話を戻す。基地所属の艦船群からも多くが出動している。カウペンス、シャイロー、カーティスウィルバー、マケイン、フィッツジェラルド、ラッセン、マッキャンベル、マスティンの八隻である。本来ならここに、原子力空母も加わるはずであった（原子力空母GWは、当時定期点検中だったことでトモダチ作戦には不参加。ただし、三月二十一日に横須賀基地を出港して日本の南方海域に退避した。これは横須賀で高濃度の放射線量が検知されたことから、被ばくを避けようとした措置とみられるが、結果的にはすでに汚染していた）。

また先の各艦船・艦艇には低レベルの放射性物質が残存していたため、九隻の立ち入り区域では直ちに、通常の放射線レベルにまで除染されている。

「トモダチ作戦」から一年余りが過ぎた二〇一二年五月十六日、横須賀基地では「福島第一原発の事故による放射能汚染に関する基本的意識向上訓練」が実施された。基地内で艦隊群の維持管理に従事する関係者全員、訓練の必須を義務付けた。

作戦で活動した艦船群は放射能汚染の除染作業が進まず、「原子力」を担当する専門家以外にも、被ばく汚染した艦船群の除染作業を、民間人や日本人従業員にまで背負わせることを視野に入れざるを得なかったのだ。この時点では、（フクシマからの）放射線レベルは極めて低くなっており、短期的および長期的健康被害はないとの報告があった。だがいずれにせよ、低線量長期被ばくによる健康被害の影響を過小評価していることに変わりはない。

ある現役士官の証言

ここで「トモダチ作戦」から四年の歳月を経て、渡米した小泉元首相と兵士たちのインタビューによる証言について触れたい。それはフクシマから放出された「放射性物質」が、いかに当時の人々の健康に被害を与えていたかを知るのに十分な手がかりとなるものであった。また、半信半疑のなかで、苦境に立つ兵士たちが戸惑いながらも、やがては打ち解けて心情を吐露する場面は、同席の筆者の目にも迫真迫るものがあった。これまで孤独に耐え、自らを律してきた彼らである。

「果たして、事故当事国の、しかも元首相が私たちの話に本当に耳を傾けてくれるのだろうか」兵士たちに渦巻く様々な疑念。

だが、最初の面会者を前に、小泉は彼の緊張をほぐすかのように言った。

「総理時代に与えられていた睡眠導入剤、これを一度も飲まなかったのに、今回は飛行機が出る直前に飲んだのですよ。おかげで機内ではゆっくり眠れた。ここは一つ、じっくり話を聞かせてほしい」

その言葉で、雲がかっていた空気は一変。続く三日間のインタビューを終えるころには、信頼関係がぐんと深まっていた。

最終日の記者会見。当初は誰も同席しないと言っていたはずが、飛行機で来ていた兵士たちも、職場の許可を得て休日を延長。ともに並んでの会見となった。

元首相の言葉に、通訳の言葉を一言たりとも漏らすまい、と耳を傾ける兵士たち。思いが深まり、涙する小泉に、彼らも涙をこらえた。その胸中は、お互いがフクシマの人々の「声なき声」に重なっていた。

記者会見が予定されたこの日の朝、面会が最後のひとりになったとき、あろうことか同席の弁護士に女性兵士の訃報が届く。みなは言葉をなくしたまま、茫然自失となった。彼女は七人目の犠牲者であった。

「これだけの被害に遭い、苦境に立たされながらも、日本に対し、恨みごと一つ言わない……。そればかりか、日本が好きだって言うんだよ」

言葉を詰まらせる元首相に、兵士たちは全員、黙って頷いた。

この日最後の面会を終えると、小泉は二人のガードマンを海辺に誘っている、カモメが飛び交うカールスバッドの海岸。前を歩く小泉の背がふるえ、二人のガードマンもうつむく。そのシーンを地元のマスコミがとらえようとしていた。
ホテルの中庭で待っていた筆者の傍らに座った小泉。「東電と内閣が手を組んでいたことがよーくわかった。それを見過ごすことはできないよ。アメリカ政府も日本政府も何かを隠しているよなぁ」。この時、小泉は指で涙をぬぐっていた。
「彼らには人の命の重みが実感できていないのでしょう」筆者は返す言葉が見つからなかった。

この項の締めくくりに、小泉元首相の兵士たちとのインタビューにおいてひとりの現役士官（現役と聞き、驚く）と交わされた横須賀に関する会話を、ここに紹介する。彼のレーガンにおける任務は、直接戦闘部隊であった。二〇〇八年十月から二〇一一年九月までの在籍が、乗艦したときから決まっていたという。その最後の年の三月にフクシマに向かったのである。

小泉　三月に福島に行ったのですね？　そこでどのような活動をされていたのですか？
士官　イエス・サー（はい）。レーガンの位置を確認する仕事です。あとは、ヘリコプターの案内などです。
小泉　〈間をおいて〉……では知っていますね。
〈士官はだまってうなずいた。〉
小泉　昨日聞いた方は「横須賀基地に滞在していた兵士はすぐ避難するようにと指示があった」と。その方は普段は福島にいる。たまたま横須賀にいたら避難しろと言われた。この情報はご存じですか？
士官　イエス・サー。私が聞いたのは子どもたちだけではなく、動物以外はすべて避難したと聞きました。

小泉　〈それを昨日知り、驚いた……〉ある人は、横須賀からシアトルに子どもを避難させたと聞きましたが。

士官　イエス・サー。そのようなこともありました。ただ軍としては、（横須賀）基地に従軍した者に対して、この場所に行けと（軍から指示された）ということはありませんでした。あくまで個人の選択によるものです。ただし、われわれはレーガンに乗っているため、（放射能事故を認識した後も）艦内にとどまれ、との命令が出されていました。

小泉　〈小泉は傷ついていた〉……横須賀市というのは私が住んでいる場所なのですが、東京よりも福島から少し離れています。

士官　しかしながら爆発の範囲は広がっていました。風は東に向かって吹き続けていたのです。時折は、南に吹いたときもありましたが。

小泉　それを聞いて、なるほどと思ったんだけどね。三月十二〜十三日に爆発したころ、日本人は大丈夫だと思っていた節があります。プルームは東京に来ないと。しかし、東京在住の外交官家族が本国に帰ってしまう出来事があったんです。それが、どうしてなのかわからなかった。われわれ日本人は、福島から距離があるのに避難する必要などないのにな、と。今の話を聞いてわかったよ。われわれ日本人より海外の方が情報を知っていたんだな、と。

士官　本当にその通りです。私の軍服も放射能検査のため取り上げられました。そして返してもらえなかった。その理由は、いうまでもなく汚染されていたからなのです。そうでなければ返却されているはずだと。しかし、実際は破棄されてしまっていたのです。

終始、折り目正しく答える士官の姿に、さすがの小泉も襟を正し、彼の言葉に聞き入っていた。

海外報道、そして二つのプルーム

筆者の目を引いた海外での報道記事を紹介する。

ウォールストリート・ジャーナル　『不屈の日本』と題して社説で伝えたフレーズに注目。

「大自然からの打撃に遭っても生き延びるための備えを、日本人がどれほどきちんとしているかを、指摘せずにいられない」

さらに同紙は、日本の防災システムや建物の耐震設計を讃えたうえで、日本の産業力は今なお偉大である、と締めくくっている。

タス通信　『人間の連帯』として、ゴロブニン東京支局長のフレーズ。

「日本には最も困難な試練に立ち向かうことを可能にする『人間の連帯』がいまも存在している」

彼は、未曾有の大惨事を目の当たりにし、「第二次世界大戦後の困難にも匹敵する」ものとしたうえで、震災が起こった十一日、帰宅の足を奪われた東京でも人々は互いに助け合い、「レストランや商店はペットボトル入りの飲料水を無料で提供し、トイレを開放した」と驚きをもって伝えた。

さらに国際原子力機構（ＩＡＥＡ）の天野之弥事務局長は、日本政府から福島第一原発一号機で起きた爆発に関して報告があったとしたうえで、次のような声明をウィーンから出した。

原子炉のこれ以上の損傷を防ぐため、海水を注入して炉心を冷やす作業が開始されたことを紹介しつつ、「こうした注入措置が成功して、できるだけ早期に一号機の安全が確保されることを期待する」として、日本政府からの要請次第で「技術的な支援をする用意がある」と発表している。


これらの記事が掲載された三月十二日前夜の十一日、アメリカ政府は同盟国の証として、当初は韓国との合同演習のため釜山に向かって西太平洋を航行中だった「原子力空母ロナルド・レーガン」を急遽、東北沖へ派遣する決定をした旨、日本政府に伝えた。

「日米両政府は十三日午後、東日本大震災の被災地での共同支援活動を本格化した。米海軍の原子力空母ロナルド・レーガンが同日未明、宮城沖に到着したのを受け、海上自衛隊と米海軍が被災者の捜索・救難・物資の輸送にあたる」として、さらには陸海空三自衛隊もあわせて向こう一週間で十万人規模の増強により過去最大の支援体制を整えることになった、と報道している（『日経新聞』三月十四日付）。


しかし三月十二日午後三時三十六分に発生した福島原発一号機の水素爆発等による「放射能プルーム」（以下プルーム）は、南南西の風に乗って、十三日十二時ごろ、原子力空母レーガンに到達し、乗組員や搭乗員が大量の放射能を浴びて被ばくする。

問題なのは、レーガンが被ばくする可能性を東京電力が予測できたはずではなかったか、ということである。なぜなら「福島県が午後三時のデータとして公表しているのは、午後二時から午後三時まで放射線量率の平均値であった。意外なことに一号機の原子炉建屋が爆発する前から、福島第一原発の周辺には、大量の放射線物質が拡散していたのだ」(『福島第一原発事故――7つの謎』一〇一頁)。

これを参考にすれば、レーガンが福島沖に向かって航行していた三月十二日午後遅くから午後八時ごろには、太平洋上、千葉県房総半島沖に進行していた際に「風」によって海へと拡散されていった「プルーム」とレーガンの航行が、同じ方向にあり、やがては重なっていったことになる。そして、航海日誌を見れば十三日午前八時には金華山沖に到着するが、それまでに「プルーム」に突入していたこと。さらにいえば、一号機ベントの際に放出された「プルーム」と水素爆発時の「プルーム」が重なる悲劇が待ち受けていたのだ。

事態を重く見たアメリカ軍は、レーガンをプルームから遠ざけるため、北北東に航行を始めていった。しかし、三月十四日十一時一分、フクシマ原発三号機水素爆発、その衝撃による二号機建屋の損傷、十五日午前六時十二分、四号機の水素爆発によって「プルーム」は南西の風に乗り、三陸沖で活動を再開した「レーガン」に到達し、再び被ばくすることになる。

その後三月十六日午後八時、レーガンは突如南に舵を切った。しかし午後十一時四十五分に福島原発の東方約二三〇㎞の地点でプルーム下に入り、反転して翌十六日午前五時七分に、その一〇㎞西の地点でプルームを出た。そして再び北北西に向かい、岩手県の三陸沖に戻った。

原子力空母はレーガンに限らず、飲料水や生活用の水を、海水を蒸留することによってつくり、使用している。レーガンは、プルームと降雪・降雨により海水中に降下した放射性物質を、さらには、フクシマ原発から排出された放射性物質を含む汚染水海域を航行し、放射性物質で汚染された海水を蒸留して、飲料水や生活用水として使用したため、乗組員らはそれらを摂取・使用して、内部被ばくをすることとなった、と考えられる。

その後もレーガンは四月四日まで、三陸沖でトモダチ作戦を継続した。

この間、フクシマ原発から放出され続けたプルームが南西の風に乗って、レーガンに到達していたにもかかわらず、その海域で作戦を続けなければならなかったのである。しかも三月二十三日には、放射能汚染された飛行甲板等の放射能の除染作業が、乗組員によって、放射能防護服も着けずに行われている。

この間二十三日間にわたって、レーガンの艦載機、ヘリなどは、フクシマ原発からの放射能プルームのなかで三陸沖を何度も飛行しており、機体も、搭乗員も、そしてそれを整備する整備員までも、多量の放射能に被ばくしたと考えられる。

さらに乗組員たちは、九月に母港サンディエゴに帰港するまで、汚染された艦内で生活し、低レベルの放射線被ばくにさらされ続けたのである。

これらのプロセスのなかで、兵士たちの証言は「事実」を物語る貴重なものであり、「原子力空母レーガン」に乗艦した多くの兵士たちが、「トモダチ作戦」のなかで、フクシマ原発事故による放射線被ばくによって発病していったことは疑う余地がないと考える。

兵士たちの被ばく事件に寄り添う、オーストラリアの小児科医ヘレン・カルディコットは、放射線被ばくの被害には二通りの障害が生じるという。第一に、たとえば広島・長崎の原爆投下直後の被爆「熱」によって命を奪われた人々をはじめ、放射線被ばくにより数々の被害に見舞われた人々の症状であり、これは「急

サンディエゴのツナハーバーパークを訪れた小泉元首相（2016年5月16日）

性障害」といわれる。第二には「晩発性障害」といわれ、被ばく後に現れてくる症状がある、と強調する。

戦後、日米両政府は広島・長崎を生き延びた人々の追跡調査を行うための研究所、原爆障害調査委員会（ＡＢＣＣ）を設置（後に日本政府の機関となる）。被爆者十万人以上を対象に、原爆投下後からの症状を調査するなかで明らかになっているのは、「被ばく」した人々は「がん」の発症率が高いということである。彼らは何十年も経た後、様々な病状に苦しめられていることが判明している。

ニューヨークのアメリカ科学アカデミーに、電離放射線の生物的影響（ＢＥＩＲ）を研究し、被ばく調査を続ける機関がある。彼らが二〇〇五年に発表した報告書によると、「被ばくのリスクは低線量であっても（体内に）存在し続け、安全であるというものはない。つまり被爆も被ばくにも安全な数値はどこにもない。東電の言い分は、全くのデタラメ」（カルディコット医師の証言）と強調する。

サンディエゴでの記者会見（2016年5月17日）

小泉元首相記者会見——サンディエゴにて

渡米最終日、小泉が最後のひとりとなった兵士の面会を終えると、アメリカの記者団からの代表質問に答える時間が用意されていた。横須賀市民にさえ放射能の行方を知らされていなかったことに、思いが込み上げていたのだろう。ときには激しい口調で回答する場面もあった。ここに、要点を報告しておきたい。

記者　フクシマの事故以来、いかにして原子力に対する見方が変わっていったのでしょうか？　また、フクシマの事故は日本に対してどのような影響をもたらしたとお考えでしょうか？

小泉　私はフクシマの事故以前は、原発は日本に必要だと思っていたのです。もとより日本は資源に乏しい国ですから。オイルなどエネルギー源に関してはほとんど外国からの輸入に依存していた国です。

とりわけ、一九七三年のイスラエルとアラブの中東戦争以来、原油の価格は高騰しました。あの中東戦争前までは、油の値段は一バレル（一六〇ℓ）あたり二ドル前後だったのです。それがあの戦争を契機に一挙に四倍、五倍と跳ね上がりました。あの時代の日本の経済構造としては、原油の安い値段に支えられたといっても過言ではないと思うのです。その油の値段が一バレル二ドル前後から、十ドル、二十ドル、二十ドル、四十ドルと上がってきましたから、一時日本にはオイルショックという言葉があったくらいです。

そのころから、どうしても原発が必要だという世論に変わりました。日本では五十年ほど前から国の政策として原子力の「平和的利用」という名分の下に原発促進の政策をとってきたわけですが……。原発は安全で、コストが他と比べて安い、そしてクリーンで永遠のエネルギーであるという三つの宣伝文句で、われわれもそれを信じていました。

原発が商業運転を始めてから約五十年が経過しましたけれども、その間安全と言いながら一九七九年にアメリカのスリーマイル島で原発事故を起こしました。そして、一九八六年チェルノブイリでも原発の重大事故が起こりました。その事故を受けても、日本はチェルノブイリとスリーマイルとは違うと、もっと安全対策を十分にしているというのが定説でしたね。

日本は世界で唯一の被爆国です。ですから、原子力や放射能に関してはどこよりも敏感であり、安全には十分な対策をとっている……と聞かされてきました。

スリーマイルやチェルノブイリとは違って多重防護というのか、チェルノブイリのように爆発しても、安全対策があるから日本ではあのような事故は起こらないんだと。

しかし五年前の二〇一一年三月十一日、日本の東北地方における大震災において、水素爆発、放射能の放出という多大な事故が発生してしまった。当時、私はもう総理大臣を辞めていましたから時間がありました。それまでは、原子力技術や原発の様々な問題については、十分理解するには至っていなかったことで、専門家の意見に頼っていました。しかし、勉強すればするほど、これはどうも違うなと思い始めたんですよ。それ以来、原発の推進過程で日本ではどのような経緯で導入されていったのか？　そしていかに推進させようとしてきたのか……そのうちに、原発というようなものを人間がはたして制御できるのかという疑問がわいてきたのです。

商業運転してきた五十年の間にスリーマイル、チェルノブイリ、日本の福島、そのほかに原発関係の人為的なミス、あるいは機械の故障など、調べ上げると枚挙にいとまがない。

ドイツはそれまで原発を推進していましたけれど、あの福島の原発事故を見てから、将来ゼロにしようという政策を決定しました（二〇二三年四月十五日脱原発完了）。とにかく、私は今まで原発推進者が言っていた、原発は安全でコストが一番安く、そして永遠のエネルギーでクリーンなんだと、CO_2を出さない、地球温暖化防止のために必要なんだと強調する、この三つのスローガンが、推進論者のスローガンが全部「嘘」だとわかったんです。

当時「原発ゼロ」を決定したドイツを視察に出かけました。ドイツではもう太陽光とか風力とかですね、いわゆる自然環境を大事にしながら、これからの国民の生活を維持・発展させていこう、経済成長を成し遂げていこう、という意欲が現地ではいたるところで見られましたね。そしてフィンランドのオンカロを視察に行きました。日本で原発を作っている会社の幹部と一緒にですよ。

記者　オンカロではどのように受け止められましたか？

小泉　そこは、ウラン燃料を燃やした後の、核の廃棄物の捨て場所の代名詞になっています。その核の廃棄物の処分場は、世界中でそこだけだ、と知ったのです。
フィンランドは、国全体が岩盤でできている国ですよ。高速道路を抜けるトンネルも岩盤をくり抜いてできているのです。オンカロ島ももちろん岩でできています。そこを約四〇〇メートル近くも掘るのです。そこに約二㎞四方の広場を作って、コンクリートとか様々な頑丈な容器に核のゴミを埋め込んでいく。その二㎞四方の地下四〇〇メートルの場所でさえも、フィンランドにおいては原発二基分の核のゴミを捨てる場所でしかないって言うのです。四基のうち二基ですよ。あと二基の場所は決まってないんです。しかもその二基分の容量しかないオンカロは、フィンランドの国会で外国の核のゴミは絶対受け入れないという前提で作っているのです。十万年埋め込んで外に出ないように保管しなきゃいけない。十万年ですよ！　十万年経たないとその核のゴミの危険性が和らいでいかない。それまでに外に出したら大変な被害を与えるから、絶対掘り出してはいけないという前提で作られている。十万年と言えば、今西暦二〇〇〇年代ですよ。エジプトのピラミッドだって三千年か四千年、五千年ぐらいのもんでしょ？　一万年でも二万年でもない。

記者　これは、すごいお話を伺いました……。

小泉　フィンランドのガイドが面白いことを言っていましたよ。きっとジョークだと思うんだけども。このオンカロを最後に閉じたとき、どのような言葉・言語で「このオンカロを絶対開くな。埋めたものを取り出すな」と記すべきか考えているんだって。
今われわれが使う言葉も千年前の昔の言葉がわかる人はほとんどいないだろう。あるいはピラミッドの時代の言葉をわかる人はいないだろう。それでも二千年、三千年だと。十万年後に今の言葉が使われているとしてフィンランド語だけではなく、英語でもフランス語でもドイツ語でも、今の言葉がわかる人が一万年・二万年・三万年後でもいるだろうか。そういうことを心配しているそうです。冗談とも言えないような、そんな説明をしていました。笑いながらでしたが、最後には真剣に聞いてしまいました。それから日本はどうなのか。オンカロのような頑丈な捨て場所を作ることはまず無理だろうと思いました。そのあと、しみじみと考えてしまいました。

原発で電気の恩恵を受けるわれわれ。しかし電気の恩恵を受けている者たちが亡くなった後、これから生まれてくる子どもたち、次の世代の人たちは、この危険な核の廃棄物をどうやって処理するんだろう？　核の処分場を作るのも莫大な金がかかる。今、作ろうとしても住民の反対で作れない。解決されていない多くの難題を抱えながら、これからも恩恵を受けているだけでいいのか、という疑問を強く感じましたね。福島の事故が起きる前は五十四基稼働していた原発ですが、原発によって出てくる核のゴミの処分場は一つもできてないんですよ！

（二〇一六年五月、サンディエゴにて）

筆者は、空母レーガンの乗組員たちからしばしば、飛散した放射能によって避難に追い込まれた人々に健康被害は出ていないのだろうか、と問いかけられることがある。テレビに映ったかつての美しい村々はどうなったのか。その一つ、全村避難した飯舘村は、三・一一以後、美しい日本の村の代表として世界にも知られるようになった。自然の空間を通して感じられる生命のいぶき、それさえも破壊した放射能の恐ろしさ。息づく木々や、共存した動物たちの生命力までをも奪っていった。自然界の死滅を前に、福島原発告訴団弁護団長を務める河合弘之は、「東電を決して許さない」と声を荒げる。

ときの政権民主党は、長年にわたる自民党に愛想を尽かした（少なくとも筆者にはそう映った）国民により「政権交代」を実現させた。だが、思わぬ大惨事を前にした新政権は、フクシマ第一原発事故の対応によって国民の非難を浴びることになった。そればかりか、メディアの目を通して、日本だけでなく世界にまでも「無能ぶり」を見せつける結果となった。

しかし、忘れてならないのは「フクシマの事故」への道筋を開いたのは、ほかならぬ自民党であったことである。そして多くの国民が積極的に彼らを支持して、最後は悲惨な結末を迎えたばかりか、世界にまで危険な放射能を飛散させる結果を生んだ。日本国民のみならず、小泉元首相をも騙した原発の「絶対安全」神話。フクシマの事故は、原子力発電において「絶対安全」などというものはありえない、という重く深い教訓を世界に残した。

事故から一年後、菅元首相はアメリカ人記者団を前に、「原子力の専門家が乏しかった」と悔いた。日本中に深い傷を残した彼ら旧民主党に代わり、東電の「隠蔽」を原発建設当初から支持してきた自民党が再び政権の座につく。事故から十年目を迎えた年に八年近くにわたり繰り広げられた「トモダチ作戦訴訟」における「裁判管轄権」、つまり訴訟の舞台を「日本」でと主張した東京電力、およびそれを後押しした日本政府の「圧力」によって、アメリカでの裁判は事実上消滅した。原告兵士たちに待ち受ける今後の苦難を考えると胸がつぶされる思いである。

フクシマの水素爆発を知ってなお、退避を繰り返しながらも救援活動に当たった多くの若きアメリカ兵たち。だが日米両政府は「国際礼譲」を盾に「人命軽視」の象徴となった原子力の悲惨な現実から目をそらし、ただの一度も「審議」されることなく、彼らが一縷《る》の望みを抱こうとした「医療費の救済」を冷酷にも打ち砕くのである。

それでも、絶望の淵にあってなお、「元」原告団兵士たちや、その後に「被ばく」の影響とみられる症状に苦しむアメリカ兵たちは、自分たちに突きつけられた「現実」が、フクシマの「受難者」たちにとって「炭鉱のカナリア」として役立つのなら、自己犠牲を厭《いと》わないと筆者に語ってくれた。彼らは、「原発の危険性」にあらゆる角度から立ち向かう勇気を私たちに示してくれた。彼らのような勇気が日本人にもあることを信じて疑わない。

それなくして、もはや次の世代に安心して未来を託す手立てはない。

二〇一一年三月十四日付『朝日新聞』朝刊によると、十三日から開始されたレーガンをはじめとするイージス艦など合計八隻が宮城沖や三陸沖などに展開。空母のヘリコプター二機が海上自衛隊の補給艦に着艦して非常食やペットボトルの水を積み込み海自ヘリとともに、宮城県気仙沼市に届ける輸送活動を行った。この日、輸送した非常用食料は三万食であった。以後、放射能が飛び交う中にあっても、自衛隊と密に連携を取りながらレーガン群は休むことなく活動を展開させた。レーガン艦長トム・バークは「乗員たちは、日本の力になれることを誇りを感じている」と述べ、この間の韓国との軍事演習が中止されたことで、北朝鮮に対する抑止力に与える影響については「第七艦隊は今、ほとんどの感染が展開している。万が一何が起きても即対応できる」と述べ、抑止力は逆に高まっていると強調した。（朝日新聞二〇一一年三月二十三日朝刊）

東日本大震災の発生から11日で9年となる。震災発生直後から被災地で展開された米軍の「トモダチ作戦」（用語）に空母ロナルド・レーガン艦長として加わったトム・バーク氏(58)に、当時の体験や作戦の果たした意義を聞いた。

震災9年

トモダチ作戦 今も誇り

命令前に日本行き決断

米空母「ロナルド・レーガン」元艦長

トム・バーク氏

Thom Burke　1961年、米ミシガン州出身。海軍のヘリパイロットとして中東などでの任務を経て、2008～09年、横須賀基地（神奈川県）を母港とする第7艦隊の旗艦「ブルーリッジ」艦長。10～13年、空母「ロナルド・レーガン」艦長。16年に退役し、現在は民間企業に勤務。

――9年前の3月11日はどこにいたのか。

演習に参加するためハワイから韓国に向かって航行していた。テレビで、本州の海岸が津波にのみ込まれていく映像を見た。数年前まで横須賀にいた私にとって、人ごとではなかった。すぐに司令官に電話し、「行き先を日本に変更します」と告げた。司令官も即答で同意してくれた。正式な命令が出る前のことだ。

――トモダチ作戦の活動で印象に残っていることは。

最も衝撃を受けたのは日本人の精神と文化だ。

我々がヘリで救援物資を輸送すると、住民たちは整然と並び、届いた物資をリレーして運んでいた。活動を始めて約1週間後に訪れた小さな集落では、住民が力を合わせ、倒壊した家の中から行方不明者を捜し出そうとしていた。とても心が動かされた。

日本の人々が危機に立ち向かう姿を見て、我々ができることはわずかであっても、支援する価値のあることだと実感できた。

――トモダチ作戦は日米関係にどんな影響を与えたと思うか。

日米双方が両国の戦略的関係の重要性を再認識するきっかけになったと思う。海軍で言えば、第7艦隊と海上自衛隊の間で長年の協力関係があるからこそ、迅速に動くことができた。トモダチ作戦は米国内の外交・軍事関係者の間でも、よく知られている話だ。

我々が被災地で果たせた役割は全体の中の非常に小さな一部だったと思う。しかし、少しでも力になれたことを今でも誇りに感じている。（聞き手・ワシントン支局　蒔田一彦）

「トモダチ作戦」　米軍が展開した東日本大震災の被災地支援活動。空母「ロナルド・レーガン」などの艦船や航空機などが参加し、食料品や水、燃料などの物資輸送のほか、被災者の捜索・救助活動、海面や海底のがれき撤去などの作業にあたった。最大時には２万人近い人員が投入された。

空母「ロナルド・レーガン」の艦上で、被災地へ届けるための水を運ぶ兵士ら（トム・バーク氏提供）

朝日新聞 2020 年 3 月 11 日付

「部下が放射能被ばくで苦しんでいることを知りながらも、無視するような発言は当時の司令官の姿勢としては信じがたい」と小泉元首相と被ばくした兵士たちを支えた城南総合研究所所長（元城南信用金庫相談役）吉原毅はトム・バーク氏に対して語る。

また、NHK BS プレミアム『アナザーストーリーズ　運命の分岐点』「外国人から見た 3.11 ～あの時、世界はどう動いたか？～」（初回放送 2018 年 3 月 6 日）に登場したバークは、自ら「トモダチ作戦」について語ったが、兵士たちの被ばくに関しては明確に語ろうとはしなかった。

「エセックス」気仙沼大島上陸

ネイザン・ペトウスキー（本人提供）

横須賀に初入港するレーガン（2015 年 10 月 1 日）

試験航海から入港（2020 年 5 月 15 日）

第3章　裁判への道

俺たちは、日米両国に見捨てられたのか……

一九四五年八月六日そして八月九日、自分たちの国が投下した二つの原子爆弾。

あの日から六十六年目の二〇一一年三月十二日、大好きなニッポンが、世界でただ一つの核被爆国が、新たな放射能の恐怖におののいている……。

だが、自分たちもその真直下にいて、救援活動の真最中だったのだ。

そして、「被ばく」した。

守られなかった兵士たち

多くの兵士たちをフクシマ事故に巻き込んだ原子力空母「ロナルド・レーガン」は第四十代大統領にちなんで命名されている。レーガンは若き日の一九五〇年代、皮肉にもフクシマ事故をもたらしたアメリカ・G

Eのシンパであった。空母レーガンに関する被ばくの報道は、今日まで驚くほど限られている。日本だけでなく、アメリカでも同様である。元兵士たちの「死亡」に関する報道に限って、地方ニュースとして伝えられることはある。だが、「被ばく」の事実と関連付けての報道はない。

レーガン艦隊群の兵士たちは、誰ひとり自分たちが被ばくするなどとは考えもしなかった。彼らは、従軍した海軍、そして国家に楯突くことを決して望まないできた。自分たちの国は、軍隊を尊重する国であり、法の正義を重んじる国でもある。元兵士たちは、今もなお正義と軍人の誇りの板ばさみとなって「忍耐」の日々を強いられている。

日本政府は「原子力緊急事態宣言」を公表した。フクシマにおいて「全交流電源喪失」という異常事態が発生した二〇一一年三月十一日、午後七時三分。

事態を知ったNRCは、直ちに事故の分析に入っていこうとした。ウェイバー副局長は、国際原子力機関から、原子炉内に水はあるものの限りがあるとの情報を入手していた。駐日アメリカ大使は「大惨事」への対応に懸命だった。ほどなくワシントンから「空母レーガン」派遣の報が届く。この時点では水素爆発は起きていない。実際にこのとき、「日本で何が起きているのか」を知るものは関係者のなかに誰もいなかった。情報収集に奔走するNRC。「フクシマ」の原子炉を設計したGEと連絡は取れたが、「フクシマ」の関係者と直接連絡をとる手立てはなかった。事態を「同盟国」アメリカに知らせようとしない日本政府。そんななかで、「空母レーガン」群は、被災者たちを救助すべく日本へと舵を切り直していた。三月十二日午前五時四十四分、日本政府は原発より一〇㎞圏内の住民に避難命令を出す。夕刻六時二十五分避難指示の対象を二〇㎞圏内に拡大させた。一方のアメリカは、ドイツ政府による在日ドイツ人への避難勧告を受け、およそ十七万人の在日アメリカ人への避難勧告準備態勢へと入っていった。避難区域は日本政府発表のそれを上回る八〇km圏内である。

だが、このときでさえ、国民が得る情報の大半は報道機関からに限られ、アメリカ大使館の苛立ちは頂点に達していた。日本政府の情報提供は鈍重で散漫だった。ここに、この当時の「同盟国」間の「陰り」を見ることになる。

「三陸沖で展開している空母レーガンで、通常の二・五倍の放射能が検出された……」

報告してきたのは、アメリカ海軍原子炉機関長官ドナルド大将。彼は、事態の深刻さを伝え、すでに日本の旗艦に着陸したヘリコプターや、船上に降り立った兵士からも放射能が検出されたことを報告。レーガンは原子力空母である。そのため放射能に対しては極めて敏感であった。

予想を上回る重大な事態を懸念するＮＲＣ関係者。併せてプルームによる被ばくを断定し、空母を一〇五海里（約一九四km）沖合に移動させ、上空の大気からガンマ線の検出ありとの報告を受ける。

このときすでに、横須賀基地において通常を上回る放射性物質が検出されていた。

問題はこの緊迫した二日間である。

何も知らされることなくトモダチ作戦に従事する兵士たちは、必死で任務を果たしていた。放射能の危険にさらされながらである。彼らは何ら事態の深刻さを知らされることなく「トモダチ作戦」に従事できる誇りを胸に、敏速かつ懸命に働いていた。しかも作戦中はテレビで報道されたように、普段の戦闘服のまま。防護服もなく、パイロットを除いてはヨウ素剤さえ飲んでいない。

そのような状況下にいた兵士たちが被ばくしたのは疑う余地もない。

作戦の一日目、任務を終え、甲板から船内に降りてきた兵士たちを待ち受けた驚愕の瞬間。

次々と反応する放射能探知機の、けたたましい音に愕然とする兵士たち。

「ピーピーピー?.?.?.」

そばにいた兵士のひとりが任務時間中にもかかわらず、携帯でその模様を写そうとしていた。彼らは口々に叫び、あるいは衝撃で声を落とす。どこからか、誰かの呟きが聞こえている（核のホロコースト……）。

作戦開始から退避までの三日間、高度に放射能汚染された海水でシャワーを浴び、調理し、コーヒーを沸かしていたのだ。なかにはベッドルームが換気扇のそばにあった兵士もいる。まさに「ホットスポット」。兵士たちは内部からも外部からも被ばくしていたのである。作戦終了は一カ月後であるが、引き続き日本各地のアメリカ軍施設において、被ばく品処理や機械工具の除染などの事後処理に追われ、任務は五月いっぱいまで続いていた。東電はこの時点まで「メルトダウン」を認めていない。

放射能が検出され、安全海域まで避難するレーガン艦隊。

兵士たちは沿岸から遠ざかる船の中で、津波を生き延びた人々の姿がまぶたから離れず、今なお取り残されたままの人々を思い、深い悲しみに沈んだという。

そんな兵士たちの「真心」とは裏腹に、思いもよらぬ病魔が帰国後の彼らを次々と襲っていった。脳腫瘍や甲状腺癌をはじめ、放射能物質によって顕著に細胞破壊されたことが原因で、若者の命が奪われている現状。だが、アメリカ政府も海軍も、さらには日本政府も東京電力も、何ら兵士たちに心を寄せることはない。

「トモダチ作戦」に参加して被ばくした元米兵ら（原告団）の五百人以上は、事故当時に正確な放射能情報を提供しなかった東京電力と、日米の原発メーカーを相手に、米国で二〇一二年十二月に訴訟を起こした。

だが日米両政府の思惑がからみ、最終的には訴えは却下されていく。
国際条約は、国内の法律よりも優先する。その影響もあり、International comity（国際礼譲）は国際条約でこそないが、合衆国の裁判所においてInternational comityに損失が生じるといった場合は、裁判所の判断に多大な影響を及ぼすものとなりかねない。この章では、その道程をたどっていくことにする。

作戦当時、レーガンはカリフォルニア州サンディエゴを母港としていた。横須賀にはGWが停泊していたが点検修理のため出動できず、かわって「レーガン」が急遽対応したことはこれまでも述べたが、あらためてレーガンの航跡を米軍の航海日誌から追っていくと、次のようになる。

三月十一日：午後二時四十六分　東日本でM九・〇の大地震発生
三月十二日：空母レーガン（以降RR）、目的地を韓国から日本に変更
　午後三時三十六分　福島一号機で水素爆発
　午後四時五十三分「本州」
　午後八時　RRが千葉の勝浦沖通過
　DTRAのレポートには、フクシマ原発から放出されたプルームを検知したとある。
三月十三日：午前八時　RRは福島沖を北上し宮城県金華山沖に
三月十四日：午前十一時一分　三号機で水素爆発
　午後八時　RR、青森県八戸沖で活動

三月十五日：午前六時十二分　四号機で水素爆発
三月十六日：午後十一時四十五分　R、南下し、放射性プルームに入る
三月十七日：午前五時七分　R、プルームから出る

航海日誌では、十六日午後八時、岩手県大船渡から東方およそ一六〇㎞とあるが、宮城・福島を南下して横浜に向かおうとしていた。ところが、午後十一時四十五分フクシマから放出されたプルームの直下を航行していたことを探知し、ユーターン（引き返し）して翌朝十七日午前五時七分、ようやくプルームから出ている。

三月十三日に作戦を開始すると、アメリカ軍と自衛隊は大規模な「共同作戦」を展開させていくようになる。これぞ日米同盟の「絆」だとマスコミを通して伝えようとした。アメリカ軍広報部は次々と作戦の様子を伝えようと懸命になる。その際たる報道写真が、東北沖に浮かぶレーガンの巨大な飛行甲板を、乗組員たちがデッキブラシで除染する二十三日の光景である。だが、そこにはある目的も潜んでいた。「被ばく」を恐れるアメリカの家族たちへ「安全」をアピールするためである。

だが、その実状は残酷であった。

午前八時二十分、除染作業開始、同時三十八分、作業解除。午前十時十分、ベルタワー除染作業開始、と続く。つまりレーガンは、四月五日正式に「トモダチ作戦」終了までこのようにして航行を続けていたのだ。

後述するが、実際には乗組員らは原発事故による高レベルの放射線に被ばくし、一時は水も飲めない状態

におかれていたが、そのことは伏せられたままであった。

同時に、兵士たちも「被ばく」の現実を知る由もなかった。

兵士たちの訴えに海軍もアメリカ政府も耳を傾けることはなかった。後に政府は、放射線による低レベルの「被ばく」は認めたものの、日本政府や東電と同様に、健康を脅かすだけの被ばく線量ではないと断じた。しかし、退役軍人や作戦に参加した元兵士を中心に、調査を望む声は高まりを見せ、アメリカ議会は海軍に調査を命じた。だが、兵士たちの期待をよそに、結果は同じものであった。海軍は健康被害と低線量被ばくの「因果関係」を真っ向から否定したのである。しかしその一方でレーガンにおいて、作戦のさなかにプルームを避けようとして沖合に出た際に「除染作業」を行ったこと、さらに、帰国後に二度の除染を試みたにもかかわらず、完璧な除染には至らなかったことを認めている。

サンディエゴ地方裁判所

二〇一二年十二月、「空母レーガン」の元乗組員八名を原告として、サンディエゴ地方裁判所に彼らは提訴した。

原告団長はリンゼイ・クーパー。乗組員たちが次々と発症するなかにあって、やむなく除隊を余儀なくされる兵士たち。軍の医療機関や上官に「症状」を訴えるも、何ら前進はない。とはいえ、政府や軍に医療費を求めて「訴訟」することなどできるはずもない。自分たちは入隊の際に「いかなる事態」となっても軍を訴えることはしないと約束させられたからだ。だが、このままでは被害者が増えるばかりだ。なんとかしたいと仲間内で論議を重ねた。たとえ軍を訴えることはできなくても、東京電力は民間会社だ。彼らが放射能の放出を正しく伝えてくれていたならば、自分たちもこれほどの「被ばく」はしなかった……。そこに気づいた彼らは、自分たちの側についてくれる弁護士を探し出そうと奔走した。だが、彼らの多くは貧困で、引き受けてくれる弁護士もそう簡単には見つからなかった。

途方にくれていると、ふとした偶然が「幸運」をもたらした。

リンゼイの父が、たまたま立ち寄った田舎道のガソリンスタンドで、後に彼らの弁護人になるポール・ガーナーと出会う。彼女の父が娘の窮状を訴えると、ガーナーはあっさりと引き受けてくれたのだ。しかも費用はなし。成功報酬制でよいという。渡りに舟とばかり、さっそく娘のリンゼイに連絡を取った。ガーナーは瞬く間に「訴状」を作成してくれた。そして、「トモダチ作戦」からおよそ一年半を経て、東京電力からの「医療援助」を求め、二〇一二年十二月二十六日、当時レーガンの母港となっていたカリフォルニア州サンディエゴ地方裁判所へと「訴状」を提出した。

原告団は元軍人であり、アメリカ政府や軍部を相手取ることは許されない。入隊時に、軍事作戦中いかなる事態―「損傷」を受けても訴えないことを原則としているからだ。そこで、彼らは放射能事故の起因となる東京電力をはじめ、原子力の欠陥を認めながらも日本に売り込んだGE社、さらには各メーカーの「責任」を訴えたのである。

しかし、被告となった東京電力（以下東電）は、百人以上の弁護団を動員して、二〇一二年末からの訴訟に対してアメリカでの裁判開始を阻むため、つまり「裁判管轄権」を盾に以後三年近くも係争し続けていく。この間、兵士たちの症状は悪化の一途をたどり、原告団に加わる当時の乗組員たちも増え続けていった。

東電は、レーガン乗組員たちの健康被害や病状を認識したうえでなお、裁判を希望するなら「日本」でするべしと主張した。その理由として東電が、日本の会社であることを挙げた。だが、それはあくまで表向きのこと。彼らが恐れていたのは、アメリカで裁判が開かれると「ディスカバリ（情報開示）」制度から逃れることができないからだ。東電が隠蔽し続けてきた多くの「事実」、メルトダウンに始まる放射性物質の放出量や事故のときの状況、さらには原子炉の損傷など、多くのことを「開示」する義務が生じるのだ。そのような要求に日本側が応えられるはずがない。また日本側が主張する「フクシマ事故と兵士たちの健康被害の因果関係はない」ということを立証しなければならなくなる。こうして、その「裁判管轄権」をめぐっての激しく、かつ「理不尽」な戦いが始まったのだ。

まず東電は、兵士たちの訴訟を受け、直ちに却下を申し立てている。その主旨は兵士側が主張する「東電は日本政府と協力してメルトダウンの事実を隠蔽した」こと。ならば、これは政治的な側面を持つためにアメリカで審議すべきことではなく、日本でするべきはずの案件としたのだ。

二〇一三年十一月二十六日、連邦地裁で第一回口頭弁論が開かれた。

この日、裁判官は、東京電力による却下の申し立ては「法律的問題」ではなく「政治的問題」であるとした。そして、同時に原告側の訴状の訂正を認めている。

以下、この日の裁判模様を追っていくと次のようになる。

南カリフォルニア・サンディエゴ連邦地方裁判所法廷。正面の壇上に女性のサン・マルティーノ判事が着席している。法廷に向かって右は原告側のガーナーとボナー両弁護士。左には被告・東電の弁護団。傍聴席には、若い原告たちが着席している。

まず、原告代理人ガーナー弁護士が、判事に訴えた。

「トモダチ作戦による『被ばく』から約二年半。日本で人道支援に当たった兵士たちは、何の支援も受けられぬまま病に倒れています。もはや時間がありません、判事」

さらにチャールズ・ボナー弁護士の発言が続く。

「すでに原告団から三人の死者が出ています。時間がありません。ましてやこの裁判は、米日関係を損なうようなものではありません」

これに対し、東電側弁護士が反論した。

「海軍はレーガン乗組員の被ばくを避ける措置をとったはずです。原子力空母は放射線検知器を備えている。海軍が失敗するはずなどありません。問題は、海軍がいかに対応したかにかかっているのです」

このような冷酷な発言に、傍聴席の原告団長リンゼイ・クーパーは呆れたように首を激しく横に振っている。そばの男性の背中が怒りで激しく震えている。

海軍がいかに対応したかを問題にするような無謀な発言に、ボナー弁護士が後ろを振り返り、傍聴席の女性を指さしながら、声を張り上げた。

「福島第一原発が水素爆発を起こし、空母レーガン乗組員の五千五百人は大量の放射線を浴び、被ばくしたのですよ。そこに座るリンゼイもそのひとりです」

一九八九年生まれのリンゼイは、レーガンの甲板要員としてトモダチ作戦に参加後、様々な健康被害に直面して、海軍を名誉除隊した。その後の生活は、病と向き合いながら、実父に支えられ、ひとりで娘を育てている。そんな彼女が訴訟に踏み切る決断をしたのは、先にも述べたように偶然の出会いから始まった。彼女の父が偶然出会ったポール・ガーナー弁護士があっさりと引き受けてくれたのだ。そこからはじまった「八人」の原告団である。

さらに、ガーナー弁護士は追究する。

「情報公開で入手した記録では、フクシマ原発から一八五km離れていても、東電の発表より三十倍も高いレベルの放射線をレーガンは検知したとある。そのことを今日までは秘匿されてきた。オペレーションを開始した当初の十三日、海軍は原発の爆発を知らなかった。これを知りながら海軍に知らせなかった東電に、責任がないはずはない」

東電側弁護士が反論する。

「海軍は爆発を知っていたはずです」

今にも泣きそうなクーパー。彼らの欺瞞に満ちた弁論に彼女は再び絶望する。首を横に振りながら、ブロンドの長い髪が激しく揺れていた。

開廷から一時間半が経過。三十分の休廷をはさみ、口頭弁論が再開される。

東電側弁護士の弁論は、いっそう激しさを増していった。

「本件は外交や国際礼譲（international comity）に関わる問題で、日本政府に関わることです。審理をするなら、事故が起きた日本で行うべきです」

ここでボナー弁護士が反論する。

「放射線から米軍は懸命に逃げようとしたが、東電は正しい情報を出さなかった。われわれは日本政府ではなく、東電を相手にしているのだ！」

再び、ガーナー弁護士がまくしたてた。

「ここにいるリンゼイ・クーパーは、東電を救おうとしたのではない！　日本の人々を救おうとしたのです。福島第一原発事故から二年半経っても、十万人の福島の人々がまだ避難しているというのに、レーガンの兵士たちに日本に行けというのですか。原発からは連日、汚染水が垂れ流され、放射性物質は今なお周囲に飛散されているのではないのか」


このときの心境を、後にクーパーは筆者にぶちまけている。

「作戦中は、ずっと甲板作業だったの。海軍が知っていたなら、なぜ知らせてくれなかったの？　トイレだってできるだけ我慢していたわ。そのうち下痢になってしまって。でもトイレは長い行列。それはそうでしょう。ほかの女性兵士だって同じ症状が出ていたのだから。

寒いはずの北の海で活動していたのに、暑くって、つい軍服の中に着ている茶色の下着をまくり上げるとむき出しになった皮膚は熱を帯びたように熱くなっていたわ。とにかく、日本できちっと報道してほしいの。フクシマの人たちも補償が出てないと聞いて怒り心頭よ。この裁判が、フクシマの人たちを守り支える『傘』になればいいわね」

そう言って、プイと横を向いた。

サン・マルティーノ判事が発言する。

「原告の兵士たちが受けている放射能被害はグローバルな被害です。日本で封じ込められているものではありません。福島の放射性物質は、ここカリフォルニアまで到来しているのです。アメリカで審理を進めることに何ら問題はないでしょう」

この日の法廷には、幾人もの元乗組員たちが傍聴していた。そこには現役の兵士たちも混ざっていた。それぞれが、病の苦しみを抱えていた。閉廷後は報道陣たちが詰めかけ、とりわけ原告団長のリンゼイを取り囲んだ。だが、彼女はそれを拒否した。その胸中を代弁するかのように、ガーナー弁護士が引きとった。

「提訴後、リンゼイは米国の大手メディアの取材を受け、一気に報道された。それによって、アメリカ国民の理解を得られることを原告たちは期待したのです。ところが、思いもよらぬ反論にたじろくことになってしまったのです。『軍人のくせして非国民だ』といった誹謗中傷が彼女のもとに殺到した挙句、当初から出演を予定していたテレビ番組では、専門家から『あなたの病気と放射線との因果関係はない』と一刀両断されたのです」

以来、彼女の精神的ダメージは日増しにエスカレートしていったのである。

だが、この日の第一回口頭弁論においては東電の申し立てによる「日本政府が協力」していたということであれば、当然それが「政治問題」であることを認めている。その一方でこれらに関連する原告側の訴状停止も認める形となった。

翌年二〇一四年二月五日、（第二次）訂正訴状を提出し、訂正許可を申し立てる。その主旨は、日本政府の協力を削除して「東電の過失」にのみ焦点をあてた。そして、潜在的被害者を含みすべて（八十人）の原告に対し医療費・経済的援助など損害賠償を求めて十億ドルの基金設立を要求した。しかしながら、被告側は「裁判管轄権」を理由に却下を申し立てる。

この間マスコミからの攻撃で、すっかり意気消沈した原告団長リンゼイ・クーパーは、以後口を閉ざしたままの日々だった。その彼女が重い口を開き、当時の状況をようやく語り出すのは、二〇一七年六月のことである。

前年十一月の地方裁判における口頭弁論の報道は全米をかけめぐり、騒ぎとなった。まず、西海岸を中心に訴状を提出していた兵士たちの窮状が瞬く間に広がっていった。とりわけ退役軍人たちの反応は早かった。ことの重大さに事態を重くみた老退役軍人たちのなかには、自分たちの地域に「トモダチ作戦」に参加し、苦境に立たされている兵士たちはいないか、と調査する者も現れた。彼らの胸中には「国際礼譲」が壁となって、若い命が犠牲になるなど到底許されるものではない、と海軍省に強く抗議する思いもあったのである。

初めての死者

この年（二〇一四年）の四月二十四日、裁判が「裁判管轄権」をめぐり遅々として進まないなかで、「空母レーガン」乗船員から最初の犠牲者が出た。

兵士の名はセオドア・ホルコム、わずか三十五歳の生涯であった。直接の死因は骨髄腫である。彼の晩年は病魔との闘いで、呼吸困難にはじまり、従軍中は過度の心拍数に苦しんでいた。帰還後の二〇一一年後半には、早くも心臓近くに稀な「がん」が発症し「滑膜肉腫」の診断を受けている。五歳の娘を残しての旅立ちであった。晩年の彼は、腎臓や肝臓の機能不全で体がふくれあがり、黄ばんでいたという。

さらに同じころ、海軍中尉スティーブ・シモンズが病状悪化によって退役した後の彼の症状も深刻だった。トモダチ作戦終了から八カ月後、三十六歳になっていたシモンズは突然体調に異変をきたす。運転中に意識を失い、以来ずっと高熱に悩まされ続ける日々。すでに彼自身「被ばく」の予兆だと考えていたが、それを口に出すのは、はばかられたという。なぜなら、そんなことに耳を傾ける海軍でないことを誰よりも知っていたからだ。国防総省はトモダチ作戦中の「被ばく」は安全であること、それは自然界の土壌や太陽の近くにいることで「被ばく」する、つまり自然のなかで一カ月浴び続ける量に相当するだけなのだ、と公表していた。筆者と会ったとき、彼はすでに下半身の筋肉が麻痺していた（後に両足を切断する）。原告団に加わったときには、車椅子の生活を余儀なくされていた。

亡くなったホルコムは作戦中、航空整備士としてヘリコプターや航空機の機体洗浄に従事した。海水によって生じる機体のサビなどを防ぐ作業である。兵士たちはヘリコプターで救援物資を届ける人道支援に集中していた。地震と津波で交通が寸断された東北の人々に、一刻も早く空から食料や水を届けようとして……。

後に判明するように、放射性プルームの中を飛行往来し、甲板に戻った機体が、まさか被ばくしているなど、予想もしていない作戦初日のことである。ましてや、その放射性物質がどれほど彼らの身に危険なのかわかるはずもなかった。

死亡したホルコムをはじめ、多くの航空整備担当の兵士たちが、被災地に支援物資を届け、空母レーガンの甲板に帰還するヘリコプターや航空機の除染にあたっていた（放射性物質を浴びていることも知らされず）。ホルコムもそうした兵士のひとりであった。

彼の「葬儀」は、退役軍人会によって執り行われた。

「今、われわれはなぜここに立っているか……それは元軍人の栄誉を讃えるためにである。ここに亡くなったホルコムは、われわれの国を防衛し、われわれの国が平和と自由のなかで暮らせるように務めてきた。神に戦友の体をゆだね、それによって戦友の魂は自由になった。四月二十四日、天に召された彼の一生は、あまりにも短かった。わが合衆国軍隊において空母レーガンの任務につき、航空機の整備員として数々の勲章をもらってきた……。慈悲に満ちた聖なる神よ、悲しみのなかにあってわれわれは神の導きを見ることができます。イエスの言葉は復活の命を意味します。私を信じるものはたとえ死しても、永遠に蘇ることができるのだ、と。どうか、われわれも、このホルコムのように任務に忠実であり、永遠にこの国を守るようにお力をください」

そして、彼の後に続く兵士たちが同じ心で彼が捧げた一生を継承していくであろう、と老練の退役軍人は静かに言葉をしめくくった。儀式の最後に、軍隊の慣例として残された幼い愛娘に「星条旗」を捧げた光景は、列席者の涙を誘った。

「星条旗」の「白」帯は純粋を意味する。「青」はアメリカの理想を達成した任務を意味する。「赤」は自らの犠牲によって自由を守るという意味合いがある。

最初の犠牲者が出た四カ月後の八月には、原告の数が一気に増え二百二十三名となった。「原告団」は、東電にGE社、エバスコ、東芝、さらには日立を被告に加えて、（第三次）訂正訴状を提出し、訴状の訂正許可を申し立てるまでになっていく。つまり「過失」の背景として設計上の欠陥を追求するかたちとなる。

またレーガン艦隊に続き、沖縄基地を中心に第二次「トモダチ作戦」隊が編成されたが、この時期には、その代表的な強襲揚陸艦「エセックス」からも死者が出ている。犠牲者は、ここでもヘリコプターの整備士であり、死因は急性リンパ球白血病と発表された。

そして、もうひとりは乳児の死者である。乳児の父はレーガンの乗組員だった。作戦中に被ばく。帰国後の翌年末に誕生した男児は、脳の欠陥をはじめ、生まれつきの様々な症状に苦しみながら、最後は骨髄がんで短い生涯を終えている。両親の嘆きは、計り知れないものがあった。

後述するが、二〇一四年六月に米国防総省（海軍）は調査報告書を連邦議会に提出し、トモダチ作戦従事による放射線被ばくと兵士らの病気との因果関係を否定している。

同年八月二十五日、サンディエゴ連邦地方裁判所において第二回口頭弁論が開かれた。続く十月二十八日、先の地方裁判所は、被告の東京電力が主張する、日本で審理すべしという裁判管轄権の申し立てを「否定」した。それと同時に原告側の第三次訂正訴状の申し立てを認めている。兵士たちはわずかに希望を抱いた。

ところが、事態は急展開する。

一月後の十一月二十五日、サンディエゴ連邦地方裁判所において「日本での審理」を却下された東京電力代理人が、「裁判管轄権」を争点に、高等裁判所への上訴を求める申し立てをサンディエゴ連邦地方裁判所に対し提出してきたのである。

結局、翌年二〇一五年三月十二日、再びサンディエゴ地方裁判所で第三回目の口頭弁論が開かれることになった。

それから三カ月後の六月十一日、（地方裁判所）裁判官は被告東京電力の「日本で審議すべし」とする「却下申し立て」を、再度否定した。

だがその一方で、この争点（裁判管轄権）に関する（高等裁判所）控訴裁判所への上訴は認めている。

こうして当時の乗組員たちは、医療費の支援を期待しつつ、健康被害を訴えて訴訟を続けた。だが、高等裁判所への上訴によってさらなる理不尽な「壁」に阻まれていくことになる。

高等裁判所

人々を感動させた支援活動の陰で、何が起きていたのか。

日本ではこのような事実から目を背けるかのように、マスコミをはじめ当時の関係者たちは口をつぐんだまま今日まで来ている。

それは、福島の人々の受難に対して「誠実」に向き合おうとしない姿勢に重なる。背後には「原子力村（nuclear village）」の圧力がある。「原発」いや「核」を守ろうとするあまり、「人命」さえも軽視する為政者たちの存在があることをわれわれは忘れるわけにはいかない。

アメリカでの裁判権を認めれば「ディスカバリ（情報開示制度）」によって兵士たちをはじめ福島の人々の放射能被害が立証されてしまう。それを恐れた東電は、日本政府の協力を得て「amucas curie アミカス・キュリエ（法廷助言人）」を提出した。その主旨は、日本政府として「東京電力の立場」を支持するというもの。それによって強硬手段に出た彼らは、裁判管轄権をめぐっての対立を繰り返した。そんななか、元大統領候補のジョン・エドワード元上院議員が加わった。その知名度ゆえに、アメリカでは兵士たちの裁判が注目されるところとなる。彼は「レーガンの被ばく」に関して次のように述べている。

「これは、ベトナム戦争時のエージェント・オレンジ（二二五頁参照）に匹敵する事件である。アメリカ政府は二十年の後、この事件を立証したように「レーガン」もまた同じ道を歩んでいくのだろうか」

彼は、二度と同じ轍を踏まないよう兵士たちの支援を続けていくと強い口調で語った。同時に、乗組員たちの命が少しでも奪われないうちに裁判の決着をつけようとしているのだ、ということも忘れなかった。

原告兵士たちは、なんとしても空母レーガンの元艦長バークに「出廷してもらえないかと奔走した。アメリカの法廷では神に誓って「虚偽発言」はできない（九〇頁記事参照）。

かわって、バークは日本の公共放送であるＮＨＫに出演し自らの弁明を発表した。兵士たちにとって、これほどの屈辱はない。

日米間での「裁判管轄権」をめぐる争いのなかにあって、カリフォルニア州サンディエゴ連邦地方裁判所による「アメリカでの裁判進行」という判決を不服とする東京電力が、同州パサデナ連邦巡回高等裁判所に上告を申し立てたのを受け、日本政府は「法廷助言人（amicus curie）」として、政府の見解を提出した。二〇一六年二月三日のことである。アメリカでの裁判進行を阻止する立場で「東京電力の地裁に対する不服を支持する」との意見陳述を展開させたのである。これに対し、日本で多くの原発事故裁判に関わる河合弘之、海渡雄一両弁護士は直ちに「意見書」をアメリカ原告弁護団に提出した。

その内容は、日本で裁判が行われた場合、日米両国の「裁判制度」のギャップによって、いかに原告団が不利になるかという点を詳細についたものであった。

その一文をここに紹介する。

ロナルドレーガン事件についての意見書

前書き

私、河合弘之は一九七〇年から今日まで日本で弁護士をしている。主に企業関係の法務や訴訟を処理している。弁護士約三十人からなるさくら共同法律事務所の所長である。原発差止や株主代表訴訟（東京電力の役員の責任追及のための）の訴訟代理人をしている。

私、海渡雄一は一九八一年から今日まで日本で弁護士をしている。二〇一〇年四月から二〇一二年五月まで日本の弁護士会の連合体である日本弁護士連合会の事務総長をしていた。原発差止訴訟や株主代表訴訟（東京電力の役員の責任追及のための）の訴訟代理人をしている。

二人とも訴訟が主な業務であり、訴訟実務に精通している。

私たちは以下に、本件訴訟が日本の裁判所に提起された場合、どのような問題点があり、どのような推移をたどることになるかを客観的に記述する。

１　多額の印紙代が必要となる

（a）日本においては訴訟を提起するには予め訴訟費用を納めなければならない。その納入方法は印紙を国から購入して、訴状に貼付する。その金額は請求額によって異なる。

例えば、ひとりが一億円を請求するとしたら、その人は三十二万円（原告四百人合計一億二千八百万円）を納入しなければならない。請求額が二億円なら六十二万円（原告四百人合計二億四千八百万円）、請求額が三億円なら九十二万円（原告四百人合計三億六千八百万円）である。

これを納入できない者は民事訴訟法八二条、八三条により後払いにしてもらうことができる。これを訴訟救助という。これを認めるための要件は「勝訴の見込みがなくはない」ということであるが、それに該当するか否かは受訴裁判所の判断に委ねられる。したがって本件において訴訟救助が認められるか否かは定かではない。仮に認められなければ、訴状は却下されることになる。仮に訴訟救助が認められても訴訟費用の支払いが免除されるわけではない。勝訴のときは被告から取った金銭で支払えるが、敗訴した場合は自ら調達して支払わなければならない。

（b）次に、本件で日本の裁判所において、仮に原告らが一審で敗訴すると、原告らは控訴することになろうが、その際にも控訴審の訴訟費用を納入しなければならない。

その費用は一審より割高で、請求額が一億円なら四十八万円（原告四百人合計一億九千二百万円）、請求額が二億円なら九十三万円（原告四百人合計三億七千二百万円）、請求額が三億円なら百三十八万円（原告四百人合計五億五千二百万円）

である。

これについても訴訟救助の申立ができるが、それが認められるか否かは定かではないし、認められたとしても、最終的には支払わなければならないのは一審と同じである。
（c）原告が控訴審で敗訴した場合、最高裁に上告することは可能だが訴訟費用はさらに高額となる。請求額が一億円なら六十四万円（原告四百人合計二億五千六百万円）、請求額が二億円なら百二十四万円（原告四百人合計四億九千六百万円）、請求額が三億円なら百八十四万円（原告四百人合計七億三千六百万円）である。
① 本件請求は日本ではすでに消滅時効している恐れがある
（a）日本の民法では、不法行為による損害賠償の請求権は、被害者又はその法定代理人が損害及び加害者を知ったときから三年間行使しないときは、時効によって消滅する（民法七二四条）。損害が継続している場合は三年間分は時効が消滅していないと考えられるが、それより前の部分は時効消滅したと判断される恐れはある。
（b）訴訟の提起により時効は中断される（民法一四九条）が、この訴訟は日本国における訴訟を意味すると解釈される。まして本件訴訟が却下又は取下げによって終了した場合は時効中断の効力は生じない（民法一四九条）ので、本件原告らが日本で新たに訴訟を提起したとき、時効消滅済みと判断される恐れが強い。

2 「基金を設立せよ」との判決は日本ではあり得ない

本件訴訟における原告らの第一の請求は「原告らの治療のための基金を設立せよ」ということのよ

うである。しかし日本においては、そのような請求を訴状においてすることは不可能であり、仮に訴状において、そのような記載をしても、それが判決で認容されることは一〇〇％ない。

なぜなら、日本の法律にはそのような定めがないからである。ただし、和解によってそのような基金が設立されることはあり得る。現にスモン訴訟等薬害訴訟、公害訴訟ではそのような例が存在する。しかし、あくまでも被告会社が同意をして和解が成立した場合のみである。

3　日本国での代理人弁護士を得ることは困難

現在の原告団の代理人弁護士は、日本での弁護士資格がないので訴訟提起も遂行もできない。日本の弁護士を依頼するほかはない。

しかし、本件を受任する弁護士は日本にはまずいないと考えた方がよい。なぜなら原告らは経済的困窮者が多いようなので、普通日本では必要とされる着手金を支払えないだろうからである。

ある種の献身的な弁護士がボランティアとして無料で受任してくれる可能性はなくはない。しかし、そのような弁護士はすでに日本国内の原発差止及び原発事故損害賠償の訴訟で払底していると考えられる。私たち二人はそのような弁護士の団体の代表をしているのでその実情がよくわかる。

まして、本件を受任するには英語能力が必要と思われるが、そのような能力を持つのは日本では国際弁護士であり、そのような弁護士が本件をボランティア的に無料または超安価で引き受けることは考えにくい。

4　日本国での裁判はすべて日本語で行われる（裁判所法七四条）

日本での裁判は、訴状、答弁書、準備書面等一切の書類は日本語で提出しなければならない。英文での証拠には、必ず日本語訳文を添付しなければならない。その翻訳だけでも大変な金額と時間がかかる。

5　日本の裁判制度にはディスカバリ（情報開示制度）もデポジション（要説明）もない

この二つの制度は裁判が真実を捉えるための極めて重要な制度であり、米国が世界に誇るべき優れた制度である。しかし、残念ながら日本にはそのような制度はない。

6　陪審裁判が受けられない

不法行為に基づく損害賠償請求訴訟における陪審制は、裁判に市民の正義感を反映する重要な手段であり、米国が世界に誇るべき制度であるが、日本にはその制度は全く存在しない。職業裁判官のみが審理、判断する。

7　当事者尋問に出頭しないと極めて不利

被告・東京電力が「被ばく状況や症状は個別的かつ主観的だ。本人一人ひとりから事情を聞くべきだ」と主張して当事者尋問（民訴法二〇七条）を申請し、裁判所がそれを採用したとしよう。その原告本人が交通費等を工面できなくて不出頭となった場合、正当な理由がない不出頭と判断され、被告東京電力の主張「当該本人は被ばくしていない」とか「症状はない」という主張が真実とみなされてしまう恐れがある（民訴法二〇八条）。そのような気の毒な状況も発生しうる。

8　長期間を要する

日本の裁判は決して迅速とはいえない。現に日本の被爆者が提起している訴訟の多くは始まってから四年近く経過しているが判決に至っているものはない（原告本人が提起した小さな訴訟で原告敗訴のものは少しあるかもしれないが）。

中規模以上の原発事故損害賠償請求訴訟で、健康被害を理由とするものは一審で六年近くかかると思われる。どのような判決であれ、原告、被告のいずれかが控訴、上告するであろうから、全体で十年はかかるのではないかと思われる。東京電力は頑強に因果関係を否認するから裁判の長期化は必至である。なお、福島第一原発事故の復旧作業の従事者が被曝して、労働災害としての認定を受けた例が二例あるが、単なる行政手続であって司法手続、裁判手続においてではない。

9　「日本の原発の事故による損害賠償請求訴訟は日本の裁判所に提起しなければならない」という日本の法律はない

米国には「米国の原発の事故による損害賠償請求訴訟は米国の裁判所に提起しなければならない」という法律がある。日本にはそれに相当する法律はない。それに相当する法律を日本が制定すれば、国際法上の相互主義によって効力を認められることになる。しかし、そのような法律を制定していないのだからやむを得ない。そのような法律を用意周到に制定しておかなかった方に責任がある。日本政府の専門家は米国にそのような法律があることは知っていたか、知らないとしたら過失がある。したがって、それに対する対応を怠った日本国が不利益をこうむるのはやむを得ない。

国際法とはそのようなものである。

10　マスメディアによる報道について

本件訴訟が日本で提起された場合、日本のマスメディアは大々的に報道すると思われる。それによって日本国内では、大きな論議が巻き起こり、同情論、反感論が闘わされることになろう。それは日米の友好関係に強い影響を与えると思われる。また、弁論期日のたびに報道がなされ、長期間にわたり、日米国民は東京電力福島第一原発事故の被害の記憶を喚起されることになる。それが、日本政府や東京電力の望むこととは思われない。なお、今までのところ日本において、本件についての報道はほとんどされておらず、日本国民はこのことについてほとんど何も知らず、大きい論議は巻き起こっていない。

以上

だが、日米間の「親善関係」などに（政治的な）亀裂が入ることを懸念した高等裁判所の裁判官たちは、アメリカ政府にこの難問への「見解」を求めた。

これまでのアメリカ政府は、中立の立場をとることで、事実上日本側の主張を「黙認」し続けてきたのである。だがこのときは、アメリカ政府としての見解を発表した。

そこには、四項目にわたる重大な所見が表明されていた。

① サンディエゴ地方裁判所がアメリカでの裁判進行を認めたのは、東電が異議を申し立てるところの「自由裁量権」の乱用ではない。裁判がアメリカで行われるとしても、高等裁判所が危惧するところの日米両政府の「親善関係」に亀裂が生じるものではない。

② 日本政府および東京電力が主張する「日本でも正当な裁判が受け入れられる」という点についても、地方裁判所の判決が「自由裁量権」の乱用とは認められない。

③「適用される法律選択」による弁益分析のない初期の段階で、政治原理を取り上げ主張するのは避けるべきである。

④「適用される法律選択」の分析がない現段階で、「ファイヤーファイターズ（消防士の損害に火元は賠償しないとする）ルール」の適用を持ち出すべきではない。

この四項目の理由によって、アメリカ政府は全面的に地方裁判所の判決を支持する見解を発表した。これによって、高等裁判所において、日本政府はじめ東京電力の不服申し立てを却下すべしと判断する兆しがこの時点では大いにうかがわれたのである。高等裁判所による判決は、この時点では下されていなかったが、少なくとも日本政府や東京電力を「アメリカにおける裁判」の回避から遠ざけられたことは確かであった。

アメリカでの裁判が認められた場合、訴訟手続きに不可欠な「ディスカバリ」によって、これまで明らかにされてこなかった実態が見えてくることになる。このときまで、フクシマ事故の「真相」を隠し通せるとタカをくくっていたはずの被告であるが、ここにきて「情報の開示」を迫られる可能性が出てきたのだ。そしてこれこそが、東電の最も恐れるところであった。

二〇一四年十一月二十五日、東電は再検討を改めて申し立てる。これによって二〇一五年三月十二日、第三回口頭弁論が開かれた。

後に、弁護団のひとりとして参入することになるジョン・エドワード元上院議員（二〇〇八年大統領選挙でオバマ大統領と戦った）は、筆者に次のようなコメントを残した。

「日本の人には馴染みがないでしょうが、ディスカバリという制度は『事実』を追求するうえでわれわれアメリカ人には不可欠なものなのです。今現在、われわれが入手していない、あるいはフクシマの人々が知らない情報など、もちろん弁護士たちも同様です。

ですから、アメリカで裁判を行うには被告側、つまり東電はそれらを提出しなければならないのです。彼らはわかっているのですね。そうした事実を出すわけにはいかない。だからこそ、何としても日本で裁判をやりたいと主張するのです。「裁判管轄権」ですよね。私たちは何としてもその情報を得たい。そして、日本の弁護士たちと共有できればいいと切に願っているのです。この裁判は単にトモダチ作戦で被ばくした乗組員だけの問題ではないのです。現在、日本においてフクシマの『犠牲』になっている人々に『公正なる正義』をお届けしたいと全力で立ち向かっているところです」

だが、現実はエドワードの思いとははるかに隔たりがあった。

被告・東京電力は、米国で判決が出た場合、つまりアメリカでの裁判管轄権を得たなら、その内容が日本での原発訴訟における判決と食い違いが生じる懸念がある。米兵士たちの健康被害と低線量被ばくの因果関係が立証された場合、同様の被害は日本にはもたらされていない、と主張し続ける政府の見解が困難になることは大いに予想される。同時に、米国での損害賠償や精神的苦痛に対する高額な賠償が認められた場合、フクシマに対する前例となりかねないとの懸念も当然あっただろう。

二〇一五年六月十一日、サンディエゴ地裁は先の東電による再検討の申し立てを認める。だが、日本での審理は再度否定した。

二〇一五年の八月、原告団はすでに四百五十人を超えていた。ヘリコプタークルーをはじめ、甲板上で任務に就いた兵士たちの被害が著しく、乗組員たちは様々な病気を発症。作戦開始当初、放射性プルームの直下にいることを全く知らされず、二〇一一年三月十三日午後の水素爆発以後も、防備服を身に着けず強い放射能の中で作業し、人道支援にあたった兵士たちの健康被害が続々と公表されていた。

米国国防省が、作戦時の放射能と病気の発症に何ら因果関係が認められないとするなか、すでに七人が死亡。死因は骨髄腫や急性リンパ球白血病など多様である。特に発症が増えつつあるものに、甲状腺関係の病気があった。

現役の女性乗組員は、甲状腺疾患による「バセドウ病」を発症。作戦従事中は鼻血に悩まされ続け、病状が一向に改善していない。除隊まで二年を残して作戦に従事したヘリコプター整備士は、作戦中、咳に悩まされ続けたが、帰国後の検査で異常値が出て甲状腺切除を強いられた。

三十歳の航空電子技術者は、作戦中ずっと甲板上にいた。その後、喉の違和感が消えず、帰国後に検査したところ、多量の小結節が見つかった。また四十三歳の飛行整備士は、「空調機」のそばに就寝室があった。帰国後の検査で甲状腺機能不全、甲状腺がんと診断された。二人とも、甲状腺を切除した。

このように、甲状腺疾患に苦しむ兵士たちは、甲板で艦載機の整備や除染に忙しく立ち働いた軍人だった。原子力空母レーガンは放射能には敏感なはずが、甲状腺疾患予防のヨウ素剤は上官を除いて配られていない。原告団からは、「被ばく労働に等しい作戦だった」との声もあがっているが、過言ではないだろう。

一方日本政府は、東電の主張と同様、兵士たちの被ばくは米海軍に責任ありと主張した。これに対し米裁判官は、日本の要請に応じて第七艦隊の一部が被災地へと舵を切り直したという事実があるにもかかわらず、被ばくの責任が米海軍にありと主張するのは本末転倒ではないかと、日本政府の矛盾を厳しく指摘している。

「オバマ政権に支援を求めた当時の日本政府が、今になって兵士たちの健康被害が米海軍の無責任な行動の結果であるなどと位置付けるのは、事実を一八〇度転換させたものである」

という裁判長の言葉には、十分に頷けるものがあった。

だがときを経過してなお、管轄権をめぐる弁論さえ決着しない状況が続く。あくまで日本での裁判を主張する東電に対し、原告団は、すでに七名（その後十名を超えた）が死亡した事実と、日々ゆっくり死に向かっている彼らの病状を思えば、訪日はまず不可能であると反論。万一、日本での裁判が認められるような事態になれば、この訴訟は事実上終わりを告げると強く訴えた。

いかなる国の、いかなる国民も、自国で起こった未曾有の大惨事について、その原因を知る権利があるはずだ。事故当初、わずかに伝えられてきた事故の真相も、人々の記憶から遠ざかりつつある現状。そんなとき皮肉にも、異国の、しかもかつて日本人を被爆させた国の兵士たちの「被ばく」が露呈したことで、ようやく事故当時の「真相」に踏み込める事態となりつつあった。二〇一七年のことである。

先述したように、兵士たちの様々な症状は「トモダチ作戦」に従事したことが原因である、と因果関係が認められた場合、これまで「低線量被ばく」を認めてこなかった日本政府の立場は大きく揺れ始める。

アメリカ政府による「四項目」から、その後の裁判における展開を注意深く見つめる人々は、日本だけではない。スリーマイル島の「被ばく者」やチェルノブイリの人々など、フクシマに想いを寄せる世界中の人々が注視しているのだ。

はたして兵士たちの思いは、高等裁判所の裁判官たちに届くのであろうか。原告の家族はその行方を注視した。

だが東電は、アメリカにおいて兵士たちの訴訟に、百名以上の弁護士を動員。アメリカで裁判が行われないよう裁判管轄権を徹底して争い抜いた。兵士たちの病状を認識しながら、何としても、アメリカで裁判が開かれないよう阻止し、日本での裁判を要求し続けていく……。

それは、アメリカの裁判では「ディスカバリ」制度から逃れることができないからである。東電の「隠蔽体質」は、かくも執拗であった。

以後、時系列に沿って被告東電の動きを追っていく。

二〇一五年年十一月三日、カリフォルニア州パサディナの連邦控訴裁判所で和解協議が行われ、原告側から健康被害救済の骨組み作成の提案が出されたが、協議は紛糾する。

二〇一六年二月、被告東電は理由書を提出。東電代理人を介して日本政府の日本で審理すべきという内容の利害関係人陳述書が提出されるが、原告側より反論書が三月に提出された。

二〇一六年九月一日午前九時三十分に控訴裁判所で口頭弁論が開かれ、控訴裁判所は九月二十六日に、米国務省に、米国裁判所で審理すべきかについての利害関係陳述書を、二月以内に提出するよう求める命令を出した。

二〇一六年十二月十九日、米国裁判所で審理すべしとの地裁判決を支持する米国政府声明書が、控訴裁判所に提出された。オバマ政権最後の時である。翌一月、共和党大統領ドナルド・トランプ就任。

二〇一七年六月二十二日、控訴裁判所が米国裁判所での審理を認めた地裁命令を是認する決定を出した。

二〇一七年八月サンディエゴ地方裁判所で、実体審理について進行協議が行われる。

二〇一七年八月十八日、新たに百五十七名の原告が、五十億ドルの損害賠償のための基金設立を求めて、サンディエゴの地方裁判所に原告団弁護士らを代理人として追加提訴し二百三十九名による先行訴訟との併合を求めた。

この時、すでに死者は九名にのぼっていた。


二〇一八年一月五日、第二次訴訟についてサンディエゴの地方裁判所が、東電の却下の申し立てを認める。

二〇一八年三月十四日、第二次訴訟の原告に第一次訴訟五十五名も加え百九十八名の原告が十億ドルの損害賠償のための基金設立を求めサンディエゴの地方裁判所に訴状を提出した。

東電とGEが却下の申し立てをし、東電は日本の元最高裁那須公平の意見書を提出し、同じ年の十一月に口頭弁論が開かれた。

二〇一九年三月四日サンディエゴの地裁二件とも東電とGEの却下の申し立てを認める。原告弁護団は控訴裁判所に控訴した。

二〇二〇年五月二十二日、パサディナの連邦控訴裁判所は、原告の控訴を却下した。

二〇二一年三月二十九日、連邦最高裁判所は、原告の上告受理申し立てを却下した。

※「エージェント・オレンジ Agent Orange」とは、かつてベトナム戦争中の一九六一―七一年にかけて、アメリカ軍が散布した枯葉剤のことである。そこには猛毒のダイオキシンが含まれていた。その結果、多くの奇形児が誕生し、悲惨な障害を引き起こした。また、その作戦に従事した兵士たちにも被害が出ていた。だが、アメリカ政府は長年にわたり戦略に関わった彼らには何ら身体的影響はないと主張し続けて、医療の保証をしなかった。

しかし一九九一年、アメリカ議会は「Agent Orange Act（エージェントオレンジ法）」を成立させた。それによって、兵士たちへの治療ならびに経済的援助が認められるようになったのである。

これは、アメリカ軍や政府の冷淡な姿勢を数限りなく見せつけられてきた国民にとって「稀」に見る事件であった。しかしながらその一方で、今なおベトナムの被害者たちに対する補償はない。二〇二一年冬、筆者はサイゴンの戦争博物館を訪れた。そこには、枯葉剤の犠牲になった子どもたちが成人し、被害を訴える小部屋があった。退役軍人を思わせる老齢のアメリカ人が次々と部屋に入ってきて、彼らを抱きしめ、傍の「募金箱」にアメリカ紙幣を入れる姿を前にして、筆者は複雑な思いに揺れた。それは同時に「空母レーガン」の兵士たちの苦しみにも重なったのである。

放射能被害には立証し難い面があるために、アメリカ政府も軍部も「否定」しやすい対応となる。だが、このような被ばく兵士に対する冷淡かつ否定的な対応は、軍部においても今に始まったことではない。

もう少し例をあげよう。

先のイラク戦争や、今も続くアフガニスタン紛争における米軍基地内の「Burn Bit（廃棄物処理）」の煙によって健康被害にあった多くの兵士たちがいる。

その中に現アメリカ大統領ジョー・バイデンの長男ボー・バイデンがいた。

トモダチ作戦 裏人脈で

クロスロード 人生のとき

ロバート・エルドリッヂ

元米海兵隊幹部

震災「他人ごとではない」

被災者への重要な補給拠点となった仙台空港で、トモダチ作戦を振り返るエルドリッヂ

「被災者の救援には物資の補給拠点を確保しなければいけません。壊滅した仙台空港を早急に復旧させてください」。東日本大震災から2日後の2011年3月13日夕。在沖縄海兵隊の政務外交部次長だったロバート・エルドリッヂ(53)は日本語で、防災担当の内閣府副大臣、東祥三(69)に電話で訴えた。

東は国土交通省に連絡すると同時に、藤井裕久官房副長官(88)を通じて菅直人首相(74)の了承を得る。後に「トモダチ作戦」と呼ばれる日米合同救援活動が本格的に動いた瞬間だった。

震災当日の夜、日本政府は外交ルートで米軍の支援を要請した。米政府は米太平洋軍司令部を通じ在日米軍に出動命令を発出する。ところが、どこで何をすべきか、すぐに定まらなかった。

政府も自衛隊も目前の被災者の救援活動に懸命だった。東京電力福島第1原発事故も起き、混乱の極み。被災者への補給拠点がないと、事態は深刻化しかねない。エルドリッヂは「仙台空港が地理的に最もふさわしい」と海兵隊上層部に12日朝の緊急会議で進言した。

なぜ、彼は東に直接連絡したのか。

「日本の縦割り行政、ボトムアップ方式では仙台空港の復旧に数カ月、場合によっては1年かかるかもしれないと懸念した」。実際、政府は補給拠点の整備まで手が回る状態ではなかった。

エルドリッヂは当初、東と面識がなかった。2人をつなげたのは、東と旧知の間柄だった元衆院議員の米津等史(61)。

米津は鳩山政権で官房長官だった平野博文(71)から米軍再編の特命を受けていた。くしくも震災前日の10日、エルドリッヂはその米津を仲介役として、5年前から提案してきた災害時の日米相互支援協力の提言書を首相官邸に届けたばかり。この裏人脈こそ、米軍投入の原動力だった。

エルドリッヂら海兵隊前方司令部の一部を乗せたプロペラ機が普天間飛行場を飛び立ったのは13日午前8時すぎ。山口県の海兵隊岩国基地で要員を追加し、その夜は東京の米空軍横田基地で待機。翌日、爆発事故が起きた福島第1原発の西側上空を通過し、陸上自衛隊仙台駐屯地へ。自衛隊統合任務部隊と合流し、15日早朝に陸自ヘリで海兵隊3人と陸軍1人が仙台空港へ降りた。

目に飛び込んできた光景は無残だった。空港をのみ込んだ津波は3メートル超。それが引いた後には800台もの自動車が横転し、被災した小型機やヘリコプターは70機近くに及んだ。ターミナルも滑走路も大量のがれきで埋め尽くされていた。

がれきの間で、エルドリッヂは自衛隊統合幕僚監部と陸自の幹部、空港関係者と立ったまま話し合い、役割分担と必要な機材を詰めていった。津波に巻き込まれた複数の遺体も覚えている。「そこは戦場。時間との闘いだった」

フォークリフトなど米軍の機材が空輸され、延べ200人余りの海兵隊員が滑走路を復旧させていく。沖縄県の嘉手納基地からは米空軍の飛行隊が到着。被災した管制塔に代わり特殊部隊が臨時の航空管制態勢を構築し、機能を復活させた。米兵は搭乗待合室で寝泊まりし、戦闘糧食でしのいだ。

こうして仙台空港は4月上旬までに、トモダチ作戦の重要な拠点となった。ここに届いた食料や毛布などの生活物資が陸路と空路で東北の太平洋沿岸の被災地へ。海兵隊は、救援が遅れ孤立した気仙沼市大島の復旧も全面的に担った。

当時、沖縄では米軍普天間飛行場の名護市辺野古沿岸部への県内移設に反対論が拡大。米軍の支援には、県民世論や国内の反対論を抑える狙いがあるとの指摘もあったが、こう反論する。

「日本にいる米軍人として、手助けしたいという思いだけだった」

原点は学生時代。エルドリッヂは神戸大学大学院生の時に阪神淡路大震災を経験し、親しい友人2人が亡くなった。

「非政府組織（NGO）と協力して、米国から届いた鎮痛剤を病院に配ろうとした。けれど、その薬は日本で認可されているのに、重さが規定の2倍というだけで断られてしまった。二つに割ればいいだけなのに…と思う一方で、硬直した日本の行政、規制を肌身で感じた」

当時の教訓がトモダチ作戦で独自ルートを使った遠因となった。

もともとエルドリッヂは政治学者で、大阪大学准教授を経て2009年に在沖縄海兵隊へ転職。15年4月、辺野古移設の反対派が海兵隊施設に侵入した事件で、米軍の監視カメラ映像の「流出」に関与したとして解任された。その後、防災や安全保障の研究所を立ち上げ、講演で訴え続ける。

「いつでも、どこでも起き得る災害は他人ごとではない。だから、自分の問題として考えなければいけないと思うのです」

（肩書は当時、敬称略）

ロバート・エルドリッヂの歩み

1968年	米国ニュージャージー州生まれ
94年	神戸大学大学院へ入学
95年	阪神淡路大震災でボランティア活動
2009年	在沖縄海兵隊へ政務外交部次長で転職
15年	防災・安全保障の研究所を立ち上げ

津波の爪痕が生々しく残る気仙沼市・大島のフェリー乗り場。大島は救援が遅れ孤立した＝2011年3月24日（大島の旅館経営村上盛文さん撮影）

米軍の基本戦略 色濃く

米軍が主導した「トモダチ作戦」は戦後、日本の領域で米軍が初めて実働した出来事として記録される。だが、日米安保条約に災害時の米軍の協力は明記されていない。いわば要請に基づく超法規的な措置だった。

トモダチ作戦には、有事で補給拠点を最優先する米軍の基本戦略が色濃く反映されている。自国の外で戦う外征軍として戦争の当事国になってきた米軍の遺伝子だ。それは憲法に基づく「専守防衛」を旨とする自衛隊とは根本的に違う。同様の災害に直面した時に、米軍に協力を求めるのかどうか。

在日米軍に対する世論の見方も異なり、災害時の米軍の位置づけは定まっていない。

河北新報 2021 年 2 月 13 日付

両記事は共に河北新報より

――「トモダチ作戦」の光と影　対極にある 2 つの記事、真実を見抜く目を人々は試されている――

被爆２世 日系米国人ジャーナリスト

トモダチ作戦派遣 原発事故で被ばく

米兵の健康被害 知って

「米兵らの被ばくの実態を知ってほしい」と語るツジモトさん＝河北新報社

東日本大震災の支援活動「トモダチ作戦」に参加中、東京電力福島第１原発事故で被ばくした米兵らを支援している日系米国人ジャーナリスト、エイミ・ツジモトさんが河北新報社の取材に応じ、「多くの米兵らが今も健康被害に苦しんでいることを知ってほしい」と訴えた。

被ばくしたのは、三陸沖に派遣された米原子力空母ロナルド・レーガンの乗組員ら。ツジモトさんは震災直後から兵士らの取材を続けてきた。

中には重症で除隊を余儀なくされたり、足を切断したりした兵士がいる。十数人の死者が出ており、最初の死者は気仙沼市大島で支援活動を行った海兵隊員だという。

被爆２世のツジモトさんは「放射性物質は人体に影響がある」と常に放射能問題に関心を持ち、小泉純一郎元首相らと被ばくした米兵らの医療支援に当たってきた。「大災害の影響を受けた全ての人々のために、現状を伝えてほしいという兵士たちの声を語り継いで今日まで来た」と話す。

ツジモトさんは、２０１８年に著書「漂流するトモダチ　アメリカの被ばく裁判」を出版。翌年、兵士らの証言を基にした朗読劇「悲しみの星条旗」を上演、ＤＶＤに収録して全国各地で上映している。

ＤＶＤの上映依頼などは支援団体「トモダチユニット」まで。連絡先は電子メール tomodachiyunitto@gmail.com

死者も十数人「語り継ぐ」

河北新報 2021 年３月６日付

彼はイラク駐留から戻ってのち「脳腫瘍」を発症し、長期の治療の後二〇一五年五月に死亡している。当時副大統領であったバイデンは、息子の死が「Burn Bit」によるものだと二〇一六年に初めて自ら主張し、公表した。二〇二二年八月に、ようやくアメリカ政府は「ＰＡＣＴ法」を通し、がんの発症を中心とした被害の「可能性」を認め、治療および経済的援助に踏み切った。

またその前年二〇二一年十一月には、ハワイ真珠湾の海軍基地において九千ガロンの「petroleum（油）」が地下貯蔵所から（真珠）湾に流出するという事故があった。その結果、九万三千人以上（米軍兵士やその家族さらには近隣の住民）もが汚染された。いうまでもなく、さまざまな健康被害が相次ぐ中で海軍は「安全性」を強調し続けてきたが、ようやく認める兆しが見え始めたところである。なぜなら調査の結果、汚染水は安全基準をはるかに上回るものであったからだ。忘れてならないのはアメリカ軍というのは、自国の兵士に対してさえも冷淡きわまりない扱いを当然のように見せつける。これが、アメリカ軍の実態であり、一貫した姿勢である。

なぜ海軍が真珠湾に面した基地の地下に燃料タンクを建設しなければならなかったのか。その一因が皮肉なことに一九四一年十二月六日の日本軍による真珠湾攻撃に遡るのだ。旧日本軍が、地上の燃料タンクを攻撃する可能性があったことに所以があり、ハワイの基地においては地下を深く掘り、そこに貯蔵したというわけである。

「空母レーガン」打撃群乗組員被ばく裁判の流れ

(1) 2012年12月21日原子力空母レーガンの被曝水兵による原告8名（1人は原告の女性水兵の被曝後誕生した幼児）が東京電力を被告として、米国サンディエゴの南カリフォルニア連邦地裁に損害賠償を求めて提訴した。(東電と日本政府の共謀を主張)
(2) 2013年6月4日 原告、第1次訂正訴状を提出。

被告東京電力、却下の申立をする。

(3) 2013年11月26日 南カリフォルニア連邦地裁で口頭弁論が開かれる。東電の却下の申立を政治的問題として認めるが、原告に訴状の訂正を認める。
(4) 2014年2月5日 原告80名による第2次訂正訴状を提出して訂正許可を申立。潜在的被害者を含む全ての原告らの医療費、経済的、非経済的全ての損害の支払いの為、東電に10億ドルの基金の設立を求める代表訴訟。
(主張を東電の過失に絞る)

被告東京電力、却下の申立をする。

(5) 2014年8月21日 原告、第3次訂正訴状を提出して訂正許可を申立。原告を223名に増やし、被告にGE、EBASCO、東芝、日立を追加する。
8月25日 南カリフォルニア連邦地裁で口頭弁論が開かれる。
(6) 2014年10月28日 サンマルティーノ判事による命令が出される。被告東電の、政治的問題だから、また日本の裁判所で審理すべきとの理由による却下の申立を否定した。但しその中で、設計上の欠陥についての厳格責任の主張、意図的攻撃による精神的損害の主張、7万人の潜在的被害者を原告とする主張についての却下は認めた。
　原告側の第2次訴状訂正の申立を認め、11月18日までにこの命令を踏まえた書面を出すよう命じた。
(7) 2014年11月18日 原告、命令を受けた第3次訂正訴状を提出。原告は239名に、死亡した2名の請求の原因も追加。
(8) 2014年11月25日東電10月28日の命令の再検討ないし中間上訴を求める申立。これにつき、2015年3月12日に第3回口頭弁論が開かれた。
(9) 2015年6月11日にサンマルティーノ判事による命令が出され、10月28日の命令の再検討の申立は認め、被告東電の政治的問題、日本で審理すべきとの理由による却下の申立は再度否定したが、東電の政治的問題、消防士免責法理についての控訴裁判所への中間的控訴は認めた。

被告東京電力、サンフランシスコの連邦控訴裁判所に中間的控訴した。

(10) 2015年11月3日に、パサディナの連邦控訴裁判所で、和解協議が行われ、原告側からは、原告ら救済の仕組みを作ることが提案されたが、協議はまとまらなかった。
(11) 2016年2月東京電力の理由書が出され、東電代理人を介して日本政府の日本で審理すべきという内容の利害関係人陳述書が提出され、原告側反論書が3月に提出された。
(12) 2016年9月1日午前9時30分に控訴裁判所で口頭弁論が開かれ、控訴裁判所は9月26日に、米国務省に、米国裁判所で審理すべきかについての利害関係陳述書を、2月以内に提出するよう、求める命令を出した。
(13) 2016年12月19日 米国裁判所で審理すべしとの地裁判決を支持する米国政府声明書が、控訴裁判所に提出された。
(14) 2017年6月22日 控訴裁判所が米国裁判所での審理を認めた地裁命令を是認する決定を出した。
(15) 2017年8月サンディエゴの地方裁判所で、実体審理についての進行協議が行われる。
(16) 2017年8月18日、新たに157名の原告が、50億ドルの損害賠償のための基金設立を求めて、サンディエゴの地方裁判所に、ボナー弁護士らを代理人として追加提訴し、239名による先行訴訟との併合を求めた。すでに死者は、9名にのぼっていた。
(17) 2018年1月5日、2次訴訟について、サンディエゴの地方裁判所が、東電の却下の申し立てを認める。
(18) 2018年3月14日、2次訴訟の原告に1次訴訟55名も加え198名の原告が10億ドルの損害賠償のための基金設立を求めサンディエゴの地方裁判所に訴状を提出した。
(19) 東電とGEが却下の申し立てをし、東電は、日本の元最高裁裁判官那須公平の意見書を提出し、11月に口頭弁論が開かれた。
(20)2019年3月4日サンディエゴの地裁が2件とも東電とGEの却下申立を認める。

原告弁護団は控訴裁判所に控訴した。

(21) 2020年5月22日、パサディナの連邦控訴裁判所は、原告の控訴を却下した。
(22) 2021年3月29日、連邦最高裁判所は、原告の上告受理申立を却下した。

2021年5月25日

各　位

会 社 名　東京電力ホールディングス株式会社
代表者名　代表執行役社長　小早川　智明
（ｺｰﾄﾞ番号：9501 東証第１部）
問合せ先　総務・法務室株式グループマネージャー　工藤　誉大
（TEL. 03-6373-1111）

米国における訴訟の完結に関するお知らせ

当社は，2018 年 3 月 19 日付「米国における当社に対する訴訟の提起に関するお知らせ」にてお知らせしたとおり，米国コロンビア特別区連邦裁判所（以下，「本件裁判所」といいます。）に訴訟（以下，「本件訴訟」といいます。）を提起されておりましたが，2021 年 5 月 20 日（現地時間），本件裁判所より，原告と被告が共同で行った訴え取下げの申し出を認める旨の決定が下され，本件訴訟は完結いたしましたので，下記のとおりお知らせいたします。

なお，当社は，本件訴訟のほかに，米国カリフォルニア州南部地区連邦裁判所に同種の訴訟を複数提起されておりましたが，いずれの訴訟も完結しております。

記

1.　訴訟の提起から決定に至るまでの経緯

（１）2018 年 3 月 14 日，米国居住の個人（米国空母の乗組員等）が，福島第一原子力発電所の事故に起因する被ばくにより身体的，経済的及び精神的損害を受けたことなどを主張し，少なくとも 10 億米ドルの基金の創設等を求め，当社に対して訴訟を提起しました（本件訴訟完結時点の原告数は 209 名）。

（２）今般，原告と被告が共同で本件裁判所に対して訴え取下げの申し出を行ったことを受け，2021 年 5 月 20 日，本件裁判所がこれを認める旨の決定を下し，本件訴訟は完結いたしました。

2.　今後の見通し

本件訴訟の完結に伴う当社の業績への影響はございません。

以　上

第４章　フクシマへの道

双葉地区はいわき市と相馬市の中間で原野や田んぼが多く、浜通りのチベット地帯といわれた。産業開発はおぼつかない地域だったが、幸いなことに木川田東京電力社長に目をつけてもらい、日本では最初で最大の原子力発電所が建設されることになった。すでに第一期工事に着手したが第四期までで出力二百三十五万、将来はもっと伸びる状態だ。木川田さんには、日の当たらないところに日を当ててもらったわけで喜びに堪えない。

元福島県知事　木村守江（『福島民報』一九六八年新春号より）

一九五四年三月――原子力予算案

一九五四年三月、改進党の中曽根康弘をはじめとする国会議員は「原子力研究開発予算案」を提出し、後に採択されている。だが、電力会社をはじめ財界は、実際に稼動できるかどうか懐疑的であったといわれる。

一方、このころのアメリカは「核開発」の真っ只中にあり、当時のソ連にすでに追いつかれていたことを尻目に、アメリカ政府は日本などに積極的に輸出攻勢をかけようとしていた。

このときから十五年余を経て、福島県に「原子力発電所」が誕生することになる。そのあたりの経緯や当時の関係者による意気込みを以下に紹介する。

まずこれは『福島民報』一九六八年一月一日付新春号の記事からの抜粋であることをお断りしておきたい。この年は明治百年にあたり、その記念すべき年に福島県が時代の先端を行く原子力の夜明けとなり、原子力発電の分野で日本一のエネルギー産業として脚光を浴びつつある「福島第一原子力発電所」をテーマに、当時の木村守江知事、東京電力木川田一隆社長、東北電力平井寛一郎社長による新春座談会が組まれた。少し長いが、ここに掲載する。

司会者　東京電力が双葉地区に着目したのはいつごろでしたか。

木村知事　（昭和）三十年ごろではないかな。私もそのころから数回、あの海岸へ行ってみて、ここでは大きな会社が大きい仕事をすべきだ。将来、原子力発電所ができるだろうと確か三十三年の衆議院選挙立会演説会で話した。そうしたら夢のような誇大妄想と批判されましてねえ。（笑い）

木川田一隆社長　着目したのはかなり前だが、知事さんの方が早いかもしれませんよ。僕は生まれが福島だし、そうした郷愁も多分にあったが、大体福島県を歴史的にみると、工業開発の中心となる電力に対する県の考えは非常に進歩的だ。猪苗代・東京間二〇〇㎞に一一万五千ボルトの長距離送電線が架設されたのは大正三（一九一四）年で、これは日本でも初めてだった。今度は最も文明の先端を行く原子力発電所が建設される。五〇万ボルトの送電線二回線で東京とつなぐわけだが、この電圧は世界一ですよ。また歴史を作ることになる。第一期の猪苗代、第二期の原子力を通じてわれわれの会社と福島県との結びつきは一層深まるわけだが、同時に福島県がいかに近代的かの証明にもなると思う。それに福島県民は、地味だが誠実で物ごとを素直に見る特質がある。

司会者　木川田社長には県民も感謝しています。

木村知事　名誉県民に値する偉大な人ですよ。

〈**筆者注**　一九二六年に東京帝国大学経済学部を卒業した木川田は、第二志望だった東京電燈に入社。入社後十年間は、国内外の電気事業の調査や電力料金問題などに取り組んだ。太平洋戦争中は発電所と送電設備が日本発送電に統合され、東京電燈など首都圏の配電事業各社も関東配電会社に統括された。一九五〇年十一月に連合国最高司令官総司令部（ＧＨＱ）の政令によって、政府が管理していた電力会社は民営・分割化されることになった。これによって、木川田の思いは成就したかに思われた〉

司会者　科学は日進月歩で、もう原子力の安全性は確実でしょう。

木川田社長　絶対安全ですよ。技術的に最も高水準のアメリカ方式で二重三重の設備がある。中心部にしても五〇㎜の厚い鉄板を二メートルのコンクリートで固め、万一の事故がないようにする。危険物は全部水で消してしまう。中性子にしてもホウ素で吸い上げるなどの配慮をし、向こうでは町の真ん中でやってますよ。

木村知事　全面的に信頼している社長のことだから心配はないよ。県民が何も言わないのは信頼度の反映だ。

木川田社長　その点は信頼していただいて結構ですよ。しかし、世の中の進歩のために福島県の協力は偉大ですよ。

（『福島民報 新春号』一九六八年一月一日より）

以上が、原発を取り入れた当時の福島県と東京電力の姿勢である。

「絶対安全」と言い切った木川田社長の強硬な姿勢には、それから四十三年後に起きる二〇一一年三月十一日の「大惨事」を予測する感は微塵もない。

一九八六年にチェルノブイリで起きた事故ではすでに、「絶対安全」の神話を覆している。だが、当時の日本には共産圏で起きた事故――技術の脆弱さ――として片付ける空気があった。しかし、それ以前にアメリカ・スリーマイル島の惨事（一九七九年）が、安全神話の崩壊に目覚める大きな機会だったはずだ。

このとき、アメリカは「大騒動」になる前に事態を収束させた。その背景にあったのは、被ばく者たちとの金銭授与での和解（一生困らないほどの）と引き換えの口封じだった。

しかし、原発が乱立する日本では、二つの事故が教訓として「ウェイクアップ・コール（警鐘）」になるはずが、「対岸の火事」として片付けられてしまったのだ。あるいは、日本の技術は世界最高の水準にあるとした傲慢さが、世界でもまれに見る大惨事へとつながっていったのではないか。

しかも福島第一原発は日本の技術によってつくられたものではなく、純然たるアメリカ製で、まさに「ターン・キー・オペレーション（一括受け入れ方式＝スリーマイル島と同じ技術工事）」であった事実が忘れ去られていたのではないだろうか。「絶対安全」という過剰な自信と驕《おご》りは、「人命軽視」そのものである。

同時に、原子力への知識が乏しかった日本国民にとっては、「専門家」の話を信じるほかなかったであろう。相手が高水準の教育を受けた原子力専門家たちであるため、信頼したのであろう。しかし、ここで忘れてならないのは、原発に従事する者にとって原子力発電の稼働は「生活の糧」であるため、公の場で「危険性」について語るはずもないということだ。ここに、国民たちがいかに欺かれやすいかという「体質構造」による根本的な問題がある。

たとえば近年、医学的見地にセカンド・オピニオンが導入され、日本の医学は改革されつつある。要するに、専門家であるからと言って全面的に信頼するなかれ、との目覚めが著しいなかで、原発の危険性においても、両サイドの、しかも複数の専門家の意見に耳を傾ける重要性が求められる時期がきている。

それでもなお、今日に至って再稼動を決定した日本政府。彼らは低線量であれば健康被害はない、と今なおうそぶく。たとえ少数派とはいえ、良識ある人々はその欺瞞を見抜いているが、彼らは堂々と虚偽の論陣を張っている。

一方の国民の姿勢はどうなのか。政府が言う「低線量に健康被害はなし」とする見解を認めるか、認めないか。それは、国でもなく電力会社でもない。国民一人ひとりが自ら判断しなければならない義務であると考える。日本国民は、世界に類のない「三度」の被ばくに見舞われたのだ。もっといえば「ビキニ水爆実験」による「(第五福竜丸)マグロ漁船被ばく」を入れて「四度」もである。

二〇二三年、フクシマの事故から十二年目を迎えた今、事故によって生活の糧や健康を奪われた人々は、もはや立ち上がるエネルギーさえも奪われようとしている。だが、忘れてならないのはフクシマの人々は「被害者」なのであり、被害を強いられた者なのである。その彼らが、泣き寝入りをするようなことは決してあってはならないし、させてはいけないのだ。これ以上「原発被ばく」という悲劇を繰り返さないために、加害者である東京電力をはじめ関連企業は責任を取らねばならないし、取らせなければならない。しかもその背後には「国」の存在があるのだ。日本の人々にとって日本政府は「加害者」なのであり、またレーガン訴訟を起こした「トモダチ作戦」の被害者たちにとっては「被告」なのである。

原子力に夢をかけるかのように「国民」を欺き、その命を軽視どころか無視し続ける東京電力の大罪を、今こそ原子爆弾――放射能――の脅威や悲惨さを体験した唯一の「国」は直視すべきであろう。七十八年前の広島・長崎の姿に驚愕した世界中の人々を前に、「原子力発電」の欺瞞に対して「ノー!」と今言わずに一体いつ言うのか。日本はいつから、被ばく者たちを国と企業が一体となって攻撃し、無視するような国になっていったのか。また多くの国民がそのような体制を容認したまま今日を迎えてしまったことも反省すべき点ではないだろうか。

いみじくも二〇一六年、空母レーガンの被ばく兵士たちの実態に向き合おうと渡米した小泉元首相は、「原発は絶対安全、コストが安い」と専門家たちに嘘を吹き込まれ、信じたその身を悔い嘆いている。

さかのぼって、一九七一年にフクシマ原発が稼動し、東電は楢葉町において第二原発の設置に動こうとしていた。地元宝鏡寺の早川篤雄住職は「原発」に疑念を抱き、悩み続けていた。（後に大惨事となる）第一原発は稼動した直後から「トラブル」が起きていることを耳にしていた。以後、原発に関する反対運動に積極的に参加し、安全対策を訴え続けてきた。それが町民として、そしてひとりの宗教者としての務めであり「義務」だと考えたからである。彼らの運動はやがて「福島第二原子力発電所の設置許可取り消し請求訴訟」

として発展するが、一九八四年七月二十三日、福島地方裁判所の「判決」で彼らの訴えは棄却された。落胆した関係者のひとり、当時いわき市在住の今は亡き吉田信《よしだまこと》はその日に一編の「詩」を残した。
その一部を、ここに紹介する。

それにしても空しい判決だった
むなしさはどこから来るのか
裁判官が真実から目を背けたから
権力に尻尾を振ったから

空しいのは彼らであって
私たちではない

〈真実〉はいつも少数派だったが
今の私たちのように
しかし原発はいつの日か
必ず人間に牙を剥く
この猛獣を
曇りない視線で監視するのが私たちだ

この怪物を絶えず否定するところに
私たちの存在理由がある

私たちがそれを怠れば
いつか孫たちが問うだろう
「あなたたちの世代は何をしたのですか」と

「重い歳月」吉田信（享年五十四）

最後に、先の新春対談で東電木川田社長が締めくくった言葉を紹介する。

「いま日本人に一番欠けていることは独立国の国民であるという自覚が必ずしも出来てないという点だと思う。戦争に負け、条約ができて独立したんだということを忘れて経済成長も生活向上もみんな自分でやったと酔っているみたいな気がする。国際的に通用する良識に目覚めていないんですね。たとえば核問題にしても日本に持ち込まれればアメリカの犠牲になり核戦争に巻き込まれるという。しかし憲法上制約されている日本の防衛をアメリカに頼ってきた以上、日本は国際的なおつとめを当然やるべきなんです。」

筆者の見解を述べる。

東電が断言した「絶対安全」神話は四十三年後、もろくも崩れ去った。

放射線によって自然は汚染され、福島県民や周辺の人々は故郷を追われた。大地震の非業を前に、人命救助に従事したアメリカ兵たちのそれぞれに息吹く命を消し去って今日がある。彼らは放射能の脅威にさらされながらも、日本人を救助するという崇高な任務を成し遂げたということにならないだろうか。もっと言えば、彼らは木川田が言うところの「国際的なおつとめ」を果たしたのだ。しかも「同胞」ではなく、同盟国の日本のために、である。福島の人々の命も少なからず奪われていった。親や子を、妻や夫を失った者の悲しみは、国の別を問うものではない。そこに寄り添い、情けをかける、それが古くからの日本人の精神ではなかったのか。だが、無情にも東京電力は福島の人々を切り捨て、アメリカ兵たちを排除した。最終的には被ばくの事実は認めたものの、健康に影響を及ぼすものではないと断言。さらには救済にやってきたのはアメリカ政府の決断であり、その責任は海軍にある、とした。

それにしても振り返れば、フクシマ事故当時の日本政府は「直ちに被害はない」と繰り返した。しかしこれは、直ちにではなくともやがては迫り来るものだという解釈になる。もっと言えば、いくら自然災害による「想定外」の水素爆発だとうそぶいても、東京電力の「企業災害」であることはまぎれもない事実である。「東京電力の中興の祖」といわれた木川田一隆（一八九九～一九七七）は、一九六一年に東京電力の社長に就任した。以後、経済同友会の代表幹事を務め、日本の経済界を牽引するひとりとなっていった。一説によると「財界の良心」とさえ言われるほどの人物であったという。

一九七四年、電気料金値上げに反発した国民は不払い運動を展開した。その際、自民党をはじめ財界からの反対にあいながらも、木川田は企業としての政治献金をやめる英断をしている。その背景には、参議院議員だった市川房枝（一八九三～一九八一）による強い要請があったともいわれる。電力会社と国家は一体でない時代が続いていたのである。木川田は、今の東京電力のさまを「草葉の陰」からどんな思いで見つめているのだろう。

『ドキュメント東京電力』を書いたジャーナリストの田原総一朗も、木川田が当初は原発反対の立場だったと指摘するひとりだ。田原は、『ブルームバーグ・ニュース』のインタビューで、「初めのころ、木川田氏は原子力を悪魔だと言った。悪魔と手を結ぶんだと言った」と語る。田原はその木川田が原発を自分の故郷に持ってきた背景には、何か問題が起きたときに、最終的に民間に付けを回すような官僚や政治家には任せられないという信念があったとみている。

田原は「戦前・戦争中の電力は国有だった。国が仕切っていた。国対民間の戦いがあった」と指摘。「木川田さんがもし東電で原発を導入しないとすると、政府が導入していた。そうすればまた国営になる。どちらが主導権を取るかという戦いだった」との見方を示した。

かつて筆者は、長崎県の離島「壱岐」を訪れたことがある。そこは、戦時中に軍部が中心となって推進した、国家による電力管理に徹底して反対した松永安左エ門（一八七五〜一九七一）の出身地である。今も生家跡が残り、そばには彼の生涯を展示した記念館が建っている。館内には「電力の鬼」と影でいわれた松永の想いとは裏腹に、戦争に走る時代の鬼気迫る空気が漂っていて圧倒された。松永は明治八（一八七五）年に生まれ、少年時代をここ壱岐で過ごした。勉学のために上京し、日本銀行などに勤めた後、自ら会社を立ち上げ、次々と事業を展開し大成功を収めている。とりわけ近代日本の象徴となる「電気事業」に立ち向かうその姿はまさに「鬼」のようであったといわれる。敗戦後の母国を前に「日本の復興は〝人心の高揚〟そして〝エネルギーの拡大〟なくして発展なし」をモットーに敗戦の復興のなかを駆け抜け「経済大国」日本の姿を世界に見せつけた超人であった。

その松永に傾倒したのが木川田なのだ。一九三七年、国会に提出された「電力国家管理法案」が翌三八年に通過、以後一九五一年まで電気事業は国の管理下にあった。つまり電力の国家による管理、もっと言えば、戦時下の「経済統制」が敷かれたということになる。ファシズムの時代、軍部は強大であり、軍部と手を結び電力の国家管理を進めた官僚たち、彼らこそが「満州国」建国にひた走り、結果として日本をぺしゃんこにした張本人たちだ。そのなかには、二〇二二年銃撃されて亡くなった安倍元首相の祖父、岸信介もいた。

一九六〇年代から七〇年代にかけて電力を国家から独立させていた木川田である。言うまでもなく「原子力」には反対だった。原子爆弾という人類史上初の悲惨な体験をした日本が、決して受け入れられるはずもない。それが彼の強い思いだった。その木川田が豹変したのだ。それも、彼のふるさと福島へ「原子力発電所」をもたらすという形で……。木川田の「変節」は東京電力の「変節」、もっと言えば人間の「傲慢さ」を露呈させたのだと言えよう。以来連綿と続いたその「傲慢さ」こそが、フクシマの大惨事を招いたのだ。

アトムズ・フォー・ピース

フクシマの大惨事から二〇二三年三月で十二年目を迎えた日本。今もって世界は、日本政府の「福島第一原子力発電所」事故による対応に不信感を抱き、あらためて東京電力の管理上の誤りについて厳しい眼を向けている。

では、なぜ二度の「原子爆弾」によって人類史上最初の「被爆国」となった日本が、「原子力」を抱く国にならざるを得なかったのか、その点について述べていきたい。

原子力の利用を推し進めたのは、一九五〇年代のアイゼンハワー大統領であった。アイゼンハワーは、第二次世界大戦中ヨーロッパ戦線における最高司令官であり、戦後、皮肉にもアメリカの指導者のなかでただひとり、日本への原爆投下を批判した人物でもある。一九六一年一月十七日の任期満了にあたって、軍と軍需産業の結託による危険性をも批判している。ところが皮肉にも、彼の在任中は「冷戦」の真っ只中。ソ連と対決するため軍事予算が膨大となり、アメリカ経済における予算比率が跳ね上がってしまう。そこでアイゼンハワーは、従来の「兵器」戦力ではなく、比較的安価な「核兵器」に焦点をあてるようになっていく。つまるところ、大統領就任の暁にはアイゼンハワーの「原爆」に関する見解は一変してしまっていたのである。それは一九五三年のこと。アメリカによる日本への「原爆投下」から八年の歳月が流れていた。

太平洋戦争中、日本に原爆投下を命じたトルーマン大統領は、原爆使用は戦争終結の最終手段と見なした。だが「冷戦」構造により、アイゼンハワーは原爆使用を防衛戦略の基盤と見なした。このときからアメリカの核による戦争準備体制に、英国を中心としたヨーロッパの同盟国は恐怖感を抱くようになっていく。

同年三月、NSCにおいて、核戦争の正当化にやっきとなる政府に、国民感情は強く反発し、激しさを増していた。そこで政府は「原爆使用」に関するタブーを打ち破るべく周到な論陣を張っていく。ダレス国務長官は、原爆使用を許さない当時の世界的な意見の流れのなかで「原爆使用」の難しさを覚え、このような世界的流れに歯止めをかける努力が求められる、と断じた。その結果として考案されたのが「アトムズ・フォー・ピース（原子力を平和のために）」の政策であった。原爆の軍事使用に対する批判の目を逸らすには、原子力の社会的な平和利用に焦点を当てるのが最善策と目論んだのだ。同年十二月八日、国連においてアイゼンハワーは世界に向け「アトムズ・フォー・ピース」政策を発表。原子力の平和的利用を国内のみならず、国外においても広めることを確約した。ところが、政策実行にあたろうとしたところで予想もしない事件が発生する。

それこそが世に知られる、「第五福竜丸」の悲劇である。

一九五四年三月、アメリカはマーシャル諸島ビキニ環礁で水爆実験を行ったが、水素爆弾の強力性を見誤り、マーシャル諸島に住む島民たち、さらには「第五福竜丸」の乗組員二十三名が水爆の灰を浴びるという大惨事が起こった。実験現場から八五マイル（約一三七㎞）離れた危険区域外にあっての被ばくは、世界中の人々を震撼させた。これによって国際社会のアメリカに対する批判はさらに厳しいものとなる。

ベルギーの外交官ポール・スパークは第五福竜丸の惨事を受け、「アイゼンハワーのアメリカが、原子力を平和的目的で利用するのだ、という意志を再び世に訴えるのであれば、何らかの手を打たなければならない。さもなくばアメリカという国はヨーロッパにおいて、『野蛮国』あるいは『恐怖国』と見なされるであろう」と警告。さらにインドのネール首相は、「アメリカの指導者たちは自己中心的な狂信者の集まりである」とまで言い切った。

アイゼンハワーは続く五月、ＮＳＣの席上、「今や、世界中の人々はわれわれアメリカ人をスカンクのようだといい、戦争好きの国だと見なしてしまったかのようだ」と自ら発言している。

特に最も厳しい批判は「日本」からであった。東京都杉並区では、主婦を中心に原水爆の禁止署名運動が始まり、瞬く間に日本中に拡大した。翌一九五五年になると、日本の総人口のおよそ三分の一が署名したといわれる。その理由のひとつに一九四五年から五二年にかけて、つまりアメリカによる占領期には、広島・長崎の原爆投下に関する一切の論議が封印された背景がある。その抑圧された怒りも起爆剤のひとつとなったのであろう。これに対しアメリカは、日本の左派政権登場を憂慮。政府はいっそう原子力の平和利用キャンペーンに力を注がなければならなくなっていく。そこでアメリカは日本政府に対し、実験的な原子炉建設を提案する。ＡＥＣ（原子力エネルギー委員会）のトーマス・マリーは、「いまだ広島、長崎の記憶が生々しく残る日本で、このような原子力発電の建設が平和的利用と考察するなら、電撃的な出来事になるであろう。あるいはキリスト教的隣人愛としてのゼスチャーを示すことになり、過去の悲惨な『被爆体験』の記憶を超越するきっかけになるであろう」と論じた。

その結果、一九五五年の初め、アメリカ議会において、まず被爆地である広島において、原子力を「殺戮のためではなく、発電を目的として」六万kwの原子力発電所建設の提案が出された。この年の六月には、アメリカと日本は原子エネルギーを発展させるべく研究するための協定を結んだ。

だがこの計画を日本にもたらすのは容易なことではなかった。

アメリカの予想を越える日本国民の根強い反対、世論の厳しい視線を無視できないところまで追い込まれていたからである。そこで登場するのが、ＣＩＡおよびアメリカ大使館、さらにはＵＳＩＳ（アメリカ政府課報機関）である。彼らは日本における「原発肯定」のキャンペーンの必要性を痛感した。そうなると日本側の協力者が不可欠である。そこでアメリカ政府が着目したのが、読売巨人軍の創設者であり、初代オーナの正力松太郎である（後に彼は日本の「原子力の父」といわれる）。彼は終戦の年の十二月にはＡ級戦犯の疑いで巣鴨に収監され、二年後の一九四七年九月、釈放されている。

アメリカ政府が彼に着目した理由のひとつに、正力の確固たる「反共主義」があった。正力への打診は、カール・ムント上院議員の接近によるものだった。彼は当時世界で広がりを見せていたＶＯＡ（ボイス・オブ・アメリカ）、つまり共産主義撲滅構想を打ち出した人物である。結果として正力はアメリカの意向をくみ、コードネームを与えられ、「原子力の平和利用」と名を打つキャンペーンの一環として、展覧会開催のスポンサーとなっていく。開催初日の一九五五年十一月一日、神道による「清め」の儀式の際、アメリカ大使はアイゼンハワー大統領からの激励文を読み上げ、これより日米両国は原子力の偉大な力を平和利用のために捧げることとなった、と言明。展示は東京を皮切りに広島、さらには六都市で開催された。内容はあくまでも原子力発電の有効性であり、「がん」の治療、食料保存、害虫の制圧、科学研究などを促進させる「源」として紹介され、軍事使用には一切言及していない。だが、次々と「原子力」によってもたらされる市民生活への有効性を紹介する展示物は、原子力の脅威を身をもって知る日本国民の目にはどのように映ったのであろうか。

会場を訪れる人々の目には、原子力の未来が安全かつ豊かなものであり、いかにも平和的な存在であるかのように映ったといわれる。入場者の数は予想をはるかに超え、京都では十五万五千人という驚異的な記録が残る。

各新聞は大いに取り上げ、講演会やドキュメンタリーの上映が続き、その結果、わずか一年の間に世論は著しく変化した。

しかし、すべてのマスコミがこのキャンペーンに対して賛成したわけではない。一九五六年六月七日付ニューヨークタイムズによると、毎日新聞が「放射能に満ちた雨で日本は洗礼を受け、つづいて外国から平和のための『アトムズ・フォー・ピース』という商業ベースをもたらされた。だからこそ、その原子力の背景にある『白い手』を国民はじっくりと検討すべきである」と、勇気ある記事を載せている。

「黒い雨」に対し、次は「白い手」である。

もちろん、キャンペーンによって原水爆反対運動が消滅したというわけではない。左派政党や労働組合は引き続き反核運動を展開させていった。だが、アメリカのプロパガンダ・キャンペーンの効果は徐々に現れ、一九五八年になると、五六年には原子力が有害であるという意識が七〇%だったのに対し、三〇%に減少している。日本にはエネルギー資源が乏しく、科学的産業国家として立ち遅れてはならないという国家かつ国民の切望によって、原子力は安全で環境汚染も広がらないという「利点」に、いつの間にか日本は納得させられていった。さらに言えば、これによって広島・長崎の教訓はかき消されてしまったか、というところまできたのである。

日本政府は一九五四年、初めて原子力研究計画の予算を組み始めた。翌年十二月には原子力基本法を打ち立て、成立させている。さらにはアメリカのＡＥＣ（原子力エネルギー委員会）を模範として、原子力委員会を設立することになる。正力は一九五五年二月、衆議院議員選挙に出馬して当選。翌五六年一月、その最初の委員長に任命され、五月には初代科学技術長長官となる。さらに翌五七年七月にはこの二つの重要ポジションに加え、国家公安委員会委員長にも就任。これによってアメリカの「もくろみ」は見事に成功、正力松太郎に名誉回復のきっかけをもたらした。

その結果、日本は最初の産業用原子炉を英国から購入する。だが直ちにアメリカ製に切り替え、購入を開始した。そして一九五七年半ばまでに、さらに二十基の購入契約をしている。以後、この五〇年代の半ばに始まり、六、七〇年代を経て、さらにはフクシマの惨事が起きるまで、日本における原子力産業は発展し続けてきた。

ここで再び、木川田の「変節」に戻ろう。企業の「社会的責任」を柱に原子力の安全性に疑いの念を強く抱き「原発導入」に反対していたはずの彼が、一転して故郷の福島に「原子力発電所」建設の推進者となっていったその背景とは……。一九五五年十一月、東京電力は木川田の命令により「原子力発電課」を設ける。翌年、日本政府は「原子力委員会」を立ち上げ、正力松太郎をリーダーに、大がかりな「原子力平和キャンペーン」を展開していく。つまりここで、国家的事業と民間電力会社が一体化していくのである。このような木川田の変節を、後年日本設備工業新聞社の高倉克也社長が次のように振り返っている。

関西電力の美浜と運転開始時期を競い合った福島第一原発は、一九七一年三月から一号機の稼働にこぎつける。初めて原子力の火が点ったとき、興奮した社員たちは口々に万歳を叫び、日本酒を酌み交わした。完成を見届けた木川田は同年、十年勤めた社長の座を退いて会長に就任する。日中国交回復に熱心で、両国による共同声明の調印に先駆けて訪中し、周恩来首相と会談。一九七四年、電気料金値上げに反対する不払い運動が巻き起こったときは、参議院議員の市川房江の要望を受け入れて企業としての政治献金を廃止した。このまま何の問題もなければ、木川田は先見の明のある理想派経営者として燦然と輝き続けていたのだろう。だが、二〇一一年三月十一日に発生した東日本大震災によって栄光の歴史は一変する。福島第一原発はずさんな安全対策で、炉心溶融や施設の爆発など、チェルノブイリと同様のレベル七に分類される重大事故を引き起こした。後世のこととはいえ、福島に原発を建設した木川田の結果責任は免れない。「これからは原子力こそが国家と電力会社の戦場になる。原子力という戦場での勝敗が電力会社の命運を決める」と原発推進の号令を全社に発した木川田は、企業の論理を優先させて「悪魔のような代物」と手を組んだ。それは「企業を原点に社会を見るのではなく、社会に原点を置いて企業を見る」という持論と明らかに矛盾していた。歴史を後戻りさせることはできない。とはいえ木川田が生きて震災後の故郷を見たら、いかなる社会的責任を果たそうとしたのだろう。

震災以前のフクシマ

木川田の「変節」を書いた以上、彼が言ったように福島県下で最も貧困に喘いだ一帯を豊かにさせたその代表地域が、大熊町であり双葉町であったことも書く必要がある。

福島第一原発の建設は、この二つの町にとってなくてはならない存在になっていたのは確かである。二〇一一年三月十一日までの「フクシマ」は、明らかに一帯住民の日常を豊かにしていた。いみじくも、木村元福島県知事が言ったように、そこは「福島のチベット」と呼ばれていた。出稼ぎ家族や貧困家庭が多く、過疎地になりつつあった。

そんな町に「原発」が建てられるという噂がどこからか流れてくる。やがて、それが事実となり、町議会は「全会一致」で原発誘致を決議した。建設着工の場所はかつて陸軍飛行場のあったところで、長年開発は進まず、置き去りにされていた。道路周辺の土地は高値で払い下げられ、漁師たちにも補償が出た。人々は、原発関連の作業に従事する仕事に恵まれ、出稼ぎもグンと減った。町は原発関係者であふれ、気がつくとかつての過疎地が嘘のように店ができ、人々で賑わっていく。おまけに東京から来る関係者の利便性を考え、

「特急」まで停車するといった有様である。

福島県で最下位だったはずが、一九七〇年代初頭には有数の「富裕」家庭を生み出していった。駅周辺は大いに賑わい、どんどん家屋の新築工事が始まっていった。一号機が運転を始めると、漁師たちは大いに潤っていく。彼らはすでに多額の保証金を手にしていた。それを元手に、漁業は栄えていった。恵まれた教育施設や公民館など、町の様子は激変。二つの町は「原発マネー」で潤い、人々は幸せをつかみとっていた。だが、彼らは「原発」の危険性をわかっていた。それでも、「真の原発反対派」にはなれないでいた。


その幸せな日常が、たった一日で木っ端微塵になった。東京電力は「想定外」の事故に直面したとして、この大惨事に対して曖昧な判断に終始した挙句、二つの町の人々（半径三㎞圏内）を緊急避難させたのだ。「安全」だ、と繰り返されたはずが、たった一日で崩れ去った。このとき人々の胸に去来したのは「何」であったのか。もとより大混乱の最中、そのような余裕はなかったのであろうが。彼らを責めようとは思わない。だが、国民や世界の人々を震撼させた原発事故による「放射能汚染」の実態に、歳月を経て後の彼らはどのように立ち向かおうとしたのか胸中を語る者は少ない。

フクシマ事故は人々のつながりを粉々に打ち砕き、もはや以前のような関係を取り戻すことさえ困難にした。それだけに、「心の傷」を抱えつつも自らの「復興」に立ち向かおうとする多くの人々がいることもお伝えしたい。

双葉町の隣、浪江町にある「津島」地区（ここは、敗戦後旧満州から引き揚げてきた人々に国有地が広いことから政府が提供して、第一歩から開墾した地区としての特色も持っている）。菅野みずえはそうしたひとりだ。

三月十二日、原発から一〇㎞圏内の人々が一万人近く避難してきたその日、彼女は避難者の受け入れ先となった。公民館や学校、さらには寺院を含めても、到底収まりきれない数だったという。さいわいにも広い敷地でゆとりがあった。門の中は、彼らの車でいっぱいになり、受け入れ準備にみずえは大わらわだったという。おむすびや味噌汁を避難者たちに提供し、疲弊する彼らのために寝床を用意した。

少し落ち着いたころ、ふと玄関先に出てみた。

すぐに白いワゴン車が目に入ったという。道の脇には避難してきた車が、少しの隙間もなく止まっていた。車中から男がなにか叫んでいた。彼女の家の前は、国道一一四号線が走る。その道を、若い女性が横切ろうとしていた。ワゴン車から男が叫んでいた。何ごとか、とみずえが近づいていくと車には、防護服にガスマスク姿の男が二人いた。

「頼む、逃げてくれ！」

仰天するみずえ。

「そんな……ならばみんなに伝えてやって！」

やむなく降りてきた男たち「放射能が広がっているんだ」。

車から次々と出てくる人々に、彼らは車に戻れと大声で叫ぶ。

混乱するなか、白いワゴン車はあっという間に走り去った。

「一〇㎞圏外は、安全だと政府はいっていたはず……」

みずえは不思議に思ったが、急いで家の中に入り、避難者たちにそれを伝えている。だが、多くの者が納得しない。家の外に出てあたりの様子を伺う者や、行政から連絡があるまで待とうという者、論議が繰り返されていく。外に出ていた避難者の目に、数台のバスが避難先の公民館に入っていくのが見えた。

みずえは再び不安に駆られていく。白いワゴン車の防護服を着けた二人の男。彼らは何者なのか。訝しく思いながらもさらに遠くまで避難するよう説得を続けていく。一人、二人と去るなかにあって、ひとりでみずえ宅まで車を運転してきた女性が、「早く逃げなさい」と子どもを連れた夫婦に車を譲って、彼女自身は、避難所からバスで逃れたのだ。みずえは、周辺の人たちに白いワゴン車の男たちのことを伝えて回った。そんなとき、ある男が妙なことをいうのが耳に飛び込んできた。

「東電で働いていたんだぞ。自分たちのつくった原発が危ないはずはない」

彼は、原発事故からではなく、「ツナミ」から逃れてきていた。

みずえの家から避難者の多くが去っていった。だが、津島地区には多くの避難者が残されていた。

当時のタイムラインは次のようになる。

三月十一日　午後九時二十三分　三km圏内避難指示
　　十二日　午前五時四十四分　一〇km圏内避難指示
　　　　　　午後三時三十六分　一号機水素爆発
　　　　　　午後六時二十五分　二〇km圏内避難指示
　　十四日　午前十一時一分　　三号機爆発

十五日　午前六時ごろ　二号機衝撃音、四号機爆発
午前十一時　二〇～三〇km圏内屋内待避指示

十三日、みずえ宅を去った避難者を見届けたあと、彼女はあらためて激動の一日を振り返っていた。十二日の夜、枝野官房長官は言ったはずだ。「放射能が大量に流れたわけではない。二〇km圏外の人々に影響をあたえることはない」のだと。

ならば、ここ津島は原発から三〇kmだ。だから安全なはずだ、と信じた。

それなのに、白いワゴン車の男たちは、「頼むから逃げてくれ」と言った。

彼らの正体は何だったのだろう。ずっと彼女の心にしこりが残った。

東電の関係者か、あるいは政府筋の人間なのか……。福島方面へ向かおうとして国道を走り続け、いきなりカーブしたところで膨大な数の人間が飛び込んできた。しかも駐車数も膨大だ。彼らも度肝を抜かれたであろう。このようなところに人がいることをだ。だから、手当たり次第に逃げろと声を張り上げていたのだ。

二〇二三年二月、みずえはそのように筆者に語っている。

三月十二日、一号機で水素爆発が起こる前、文部科学省原子力安全技術センターはＳＰＥＥＤＩを実施していた。放射性物質が津島地区へと飛び交っていた。福島県はその結果を把握していたという。だが、首相官邸にも住民にも告げなかった。十二日夜の時点でみずえたちは放射能のデーターを求めていた。だが福島県からそのデーター（放射能の飛散）が知らされるのは二カ月近く経った五月のことである。

浪江町役場が二本松市に役場機能を移設したところへ県の担当者が訪れて、その実態が判明した。

二〇二三年二月二十八日、菅野みずえは筆者にこのことを語ってくれた。ヨウ素剤も届けたと県庁は後に語る。だが、届いた数は村人たちに配れるほどの数では到底なかった。

結局、迷いながら「断念」した。

「配られなかったヨウ素剤は、その後どうなりましたか」

筆者の問いに対して、みずえが答えた。

「返却しろといわれたの」

言葉を返せないでいる筆者に、彼女はポツリと言った。

「国に見捨てられたのかもね」

菅野みずえに関しては後日談がある。二〇二三年二月、筆者の仮寓を訪れてくれたときに交わした会話が実に切実なものであった。

事故当初は、肌が妙にチクチクと刺し、怪訝に思うばかりであった。しかもスターダストでもないのに、両目がぼやけチクチクとする。口の中は、安物のスープを含んでいるような味が絶えずした、という。これはトモダチ作戦に従事した兵士たちと共通する症状である。

二〇一六年の検診でみずえに「甲状腺がん」が見つかった。即座に「被ばく」が原因ではないかと疑った。だが、医師は即座に言った。「くよくよするからがんになるのだ」と。

みずえの父は、広島で入市《にゅうし》被ばく（原爆投下から二週間以内に爆心地から約二km以内に立ち入ったことによる被ばく）をしている。

幼いころから病弱な父を見続けてきた。姉と弟がひとりずつ。みずえは幼少時から病弱だった。父と同様に風邪をひきやすく、熱が出た。仮設住宅に移ってからもその症状は変わらなかった。歯の痛みに悩まされ、気がつくと歯が欠け、いつの間にか痛みが顎全体に広がっていた。やむを得ず奥歯を抜歯する羽目になった。仮設住宅の仲間たちにも共通の症状が出ていたという（これはレーガンの兵士にも多く見られる症状である）。

① 気力が出ず、絶え間なくだるさを訴える。

② 得体の知れない不安感に絶えずさいなまれ、何かを食べていないと落ち着かない精神状態に置かれ、異様な食欲に悩み、体重が増える人が続出した。彼らは口々に「食べているときだけが不安感を解消してくれるのだ」と語る。ところが、そうした彼らの姿をメディアを通して垣間見た人々から心ない声が飛ぶ。「避難者はふくよかで、豊かなんじゃないか」

③ 血圧が異常に高い。

④ 突然失神状態に陥り、事故を起こす。

⑤ みずえ自身も右折しようとしたところで、いきなり失神し、車にぶつかる事故を起こしている。医者に駆け込むと「血圧を測るように」と言われるだけだった。このころは、二〇〇前後の血圧が頻繁であったという。

やがて、仮設住宅を出て関西に避難先を移した。このころ、甲状腺がんが発覚した。兵庫県神戸市で甲状腺摘出手術を受ける際に、医師から声を失ったりかすれ声になる可能性があると聞かされ呆然とした。だが、命には換えられないと手術に同意した。

手術後、摘出した「がん」部分を提供して欲しいと申し出たところ、医師は「摘出したがんを心配するより、自分の予後を心配しなさい」と言った。みずえの症状は深刻だった。ふつうの「がん」とは違い、リンパ節に転移していたのである。

とりあおうとしない医師の態度に、放射能の影響ではないかとみずえは疑心暗鬼になった。だが、その答えは今もって誰も出してくれない。焦燥感のなか、置き去りにされたフクシマの人々の惨状をみずえは各地で訴えている。十二年経った現在、「原発事故」の重大さが人々から次第に希薄になってきたと憂慮する。

二〇一一年三月十二日、自宅前の国道一一四号線を走る白い車から叫ぶ男たちの声に耳をすましたみずえに、そのときの様子を繰り返し聞いてみた。

午後二時から四時ごろにかけてのことだったという。

先述したように、おそらく政府から派遣されてきた人ではないか。なぜならガスマスクのようなものを着け、防護服に身を包んでいたからだ。走行方向を考えると福島県庁に向かっていたのだろうとみずえはいう。海側から走ってくるとゆるやかではあるが、突然カーブにさしかかる。彼らはそのとき、目の前に多くの人がいたことに愕然とし、「逃げろ、逃げろ、逃げてくれ」と叫んでいた。だが、窓を閉めたままで相手の意向が汲み取れない。そこでみずえは車の窓を叩き、彼らの意図を確かめようとした。彼らの手にはガイガーカウンターが握られていたという。たまたま外の様子を見ようと出てきたみずえだったが、彼らの慌てぶりに驚いた。彼らは、道路の両側にぎっしり止まる車両。相当数の避難者や道路脇に出て歩く人、ただ突っ立っている人の姿を前に最後は車から出て「車に戻りなさい！　逃げなさい！」とパニック状態で、最後は涙声になっていたようだと回想する。それを見たみずえは、近くにいた数名と避難所になっている浪江町津島支所や活性化センターへと「逃げる必要があること」を知らせに走る。だが、その場に着くと誰ともわからぬ「車から出てきた人」の言うことを信じて簡単に避難させることなどできないと、避難所関係者の冷静な対応ぶりに複雑な思いに打ち沈むばかりだった。

最後に「ヨウ素剤」の配布について詳しく尋ねた。

当初配られた際、地元津島診療所の医師からは、飲み合わせによっては危ないからやめようという進言があった。津島地区に避難した八千人を対象としたというが、わずか五百錠足らずではいきわたるはずもない。三月十三日のことである。

先の記述と外れるが、日付が変わった十四日午前一時半ごろに放射線医学総合研究所（千葉市）のモニタリングカーが津島地区を通過している。そこには多くの避難者がいた。彼らは放射線の測定器を積んでいたという。だが、なぜかスルーした。関係者は資材を運ぶのが目的で、放射線量を測定するものではなかったと後に発表したが、それは明らかに虚偽であった。津島地区の関係者たちは「あまりにも線量が高すぎて、測量しなかったこと」にしたのだと憤慨する。

三月十五日、郡山体育館において津島の人々が測定をしたが、線量計が一〇万cpmを振り切った。

「故障していませんか？」津島地区の人が思わず聞いた。

「どこからきたの？」津島と聞いて、測定関係者は何も言わなかった。

それがどれだけの被ばく結果であるか、知らない者はない。だが、測定関係者は彼らの「不都合」な結果をあらかじめ用意されたのか大きな厚い「袋」に入れていく。順番が回ってきた津島地区の人々を前に、関係者からの心ない声が聞こえてくる。

「また、津島か」

二〇一一年三月十三日〜十四日にかけて、津島地区の人々の受難には胸がつぶれる思いである。換気ができないのでストーブを消せ、窓を開けるな、換気扇の隙間は目張りをせよ、エアコン止めろ、と車が拡声器で怒鳴り倒している。春なお遠い北の国である。しかも、多くがお風呂もトイレも屋外にあるのだ。

避難が決まっても、べこ（牛）がいるのに、彼らの行き先が決まらないまま逃げられるはずもないと避難を拒む農家の人々。ようやく春がめぐるころ、彼らは体調のあらたな変化に悩まされていく。半袖のシャツからむき出した腕に赤いぶつぶつの斑点。それが次第に頭や肩、さらには手のひらへと広がり、激しいかゆみに苦しみ、最後は悶絶するのだ。「被ばく」を理解しないものにはわからない苦悶の日々。

原発事故によって故郷を奪われ、かけがえのない命までも置き去りにされる日本の現状に、明治以後の近代国家の在り方が重なる。西洋の技術を無条件に取り入れた政府の姿勢、特に戦後は原子力によるエネルギー政策を柱のひとつとして経済は動いてきたその先に起きた原発事故。だが、いったん事故が起きると、社会全体が被災者たちを支える姿に世界の人々は圧倒された。だが、それは一時的なことだった。

津島の人々の声が届くたび、そして空母レーガンの被ばくした兵士たちの苦悩に耳を傾けるたびに思うこと。それは、いかにして放射能の放出の元を遮断するかだ。放射能放出を防ぐことは言うまでもなく危険と隣り合わせである。一刻も早く処理を行うことだ。被ばくの危険性から逃れることは、直後の行動が左右する。放射性物質は、炉心から粒子となって放出され、風にのって拡散されていく。それはプルームと呼ばれ、人々の目には見えない煙霧である。だからこそ、事故周辺の人々は一刻も早く逃れる必要があった。また子どもたちの避難も最優先だったのだ。チェルノブイリ事故では、子どもたちの甲状腺がんの発症は大人たちのそれに比べ百倍以上である。子どもたちを被ばくから守ることは日本社会全体の責任であるはずだ。目に見えない放射能、だからこそ線量がわかれば人々もより適切な行動ができたはずだ。それを、政府も地方自治体も、東京電力も情報開示を怠った。

事故から十二年後、菅野みずえの言葉に耳を傾けながら、筆者の脳裏にはひとりの良心的なアメリカ人がよみがえっていた。当時のアメリカ原子力規制委員会（ＮＲＣ）委員長グレゴリー・ヤツコである。スリーマイルの事故以来、アメリカでは原発の建設が停止していたが、三十四年目にして建設を再開するかどうかがＮＲＣで採択されたのだ。その席でヤツコひとりが反対した。その後、彼は辞任に追い込まれた。

二〇一二年八月、ヤツコは浪江町を訪れた。防護服を見にまとい、周辺を見て回っている。その際、町長の馬場保と面会。馬場は原発から三〇㎞近く離れた津島地区への町民の避難を決めたが、その実、その地は高レベルの放射性物質が降り注いでいたのだ。

「われわれは放射能を追いかけながら避難したことになる」と苦渋に満ちた表情で語る馬場。ヤツコの目には涙が光った。

「家族も散り散り。二度と戻れないかもしれぬつらい日々……再びこのようなことが起きないという確証がないかぎり、私は原発の建設など断じてできない」

原子爆弾の犠牲となった世界ただひとつの被爆国が「原子力の平和利用」という美名の下で原発を抱え込んだ現代日本の姿を問わざるを得ないのは筆者だけではないことを信じる。

第５章　ＦＵＢＡＲ――救いようがない！

ＳＰＥＥＤＩ（緊急時迅速放射能影響予測ネットワーク・システム）

日本政府は、一九七九年アメリカのスリーマイル島原子力発電所事故を前にして、日本原子力研究所（現・日本原子力研究開発機構）が開発したシステム――ＳＰＥＥＤＩ――を持ちながらも、活用することはなかった。これを「useless treasure ――宝の持ち腐れ」と言わずして、なんと言うのだろうか。

フクシマ事故の翌年の二〇一二年九月にスタートした原子力規制委員会は、自分たちのミスを反省するかと期待されたが、その実、彼らは国民の期待を裏切った。なんとＳＰＥＥＤＩの試算は、あくまで「参考」に過ぎないと言い出し、しかも正確性を欠くという理由で二〇一四年十月、「緊急事態にはＳＰＥＥＤＩを活用しない」と決定したのである。

原子力発電所およびその施設から放射能が放出された際、緊急時には周辺の被ばく線量や大気中の濃度などを気象状況や地形をもとに、コンピューターのシミュレーションによって汚染地域や放射性物質、被ばく線量を予測するシステムがSPEEDIなのである。そこには、放射性物質の種類ごとに分けた放出量が含まれる。三月十二日、一号機の水素爆発が起きる二時間程前、文部科学省所轄の「原子力安全技術センター」は、SPEEDIによるシミュレーションを行っている。その結果が福島県にメールで届いていたのだ。だが、そのデータを重視しなかった。避難を管轄する原子力災害対策本部は、文部科学省のSPEEDIのデータを活用しなかった。いや、そのような意志さえほとんど見られなかったということになる。しかも、菅首相はじめ政府は、SPEEDIの「存在」さえも把握していなかったのだ。ところが、フクシマ事故ではそれが稼働していたという。

本来、住民が避難するために用いられるはずが、フクシマ原発からの放射性物質の放出データを得られていないという理由で、二〇一一年三月二十三日まで公表されなかったのである。ここに原発周辺の人々をはじめ「トモダチ・オペレーション・三・一一・二〇一一」に従事した乗組員たちの受難がはじまっていったのだ。当日の風向きや風速のデータさえ知らされていない彼らは、放射性物質の汚染が広がる地帯、あるいは海上へと向かっていた。後にアメリカ軍には「早い」段階で伝えられていたと批判されているが、その実態はこれまで述べてきたようなことである。

さらに言えば、SPEEDIによる放射性物質の汚染エリアは「同心円状」に広がるのではなく、様々な「帯状」を形成していくのだ。その一つでまさに、「レーガン」が停止して活動を開始していた（この点からもより広範囲の福島の人たちを避難させる必要があったのだ）。

また、文科省はこのようなデータを出すのが責務であり、その先は「原子力対策本部」、つまり首相官邸でなければならない。ところが、その官邸がSPEEDIの詳細どころか存在さえ知らなかったとは、どういうことなのか。官邸は三月十一日午後七時三分「原子力対策本部緊急事態宣言」を発出した（大地震発生からほぼ四時間後のことである）。それによって、官邸には「原子力災害対策本部」が設置された。

経産省の「原子力安全・保安院」

その一方、経産省の「原子力安全・保安院」は、緊急時対応センター（以下ERC）を立ち上げ、各省庁から人材を集めていた。SPEEDIのデータは、普段は文科省が「原子力安全センター」を通して一時間ごとに予測し、それが保安院に送られることになっていた。だが、彼ら保安院は独自の予測データを試みたのである。彼らは三月十一日午後九時十二分に一回目の予測を、続く十二日午前三時半に、二号機がベントを施行した場合には、放射性物質はフクシマから南東にある太平洋上に飛散するという結果を出している。

まさにこの時刻、レーガンは太平洋を北上していたのである。

保安院は、様々な情報を収集したうえで放射性物質の放出量を推測していた。それらは文科省が出した以上の精密度であったといわれるが、それがなぜ災害対策本部に届いていないのか、疑問が生じるばかりである。繰り返すが、原子炉の規制を司るのは原子力安全・保安院なのである。

本来、首相官邸はここでSPEEDIのデータを参考に避難区域を定めるはずである。しかし、不幸にして地震によって通信回線がストップしたままだった。到底予測できる状況にはなかった、そうなると、首相官邸と保安院が頼みの綱になる。それなのにこの二つの機関で重大な行き違いが生じていた。一体彼らは、近隣住民の緊急避難について、いかに対応できると考えたのだろうか。避難の際には「放射性物質」の拡散予想が柱になるのだ。保安院は必死だったはずだ。菅首相のたっての依頼で、太平洋上では「空母レーガン」が日本海域に入ろうとしていた。

ところが首相を取り巻く対策本部は、現地の対策本部が機能しないと知った以上、「避難区域」を定めるのは、自分たちしかいないと決定付けようとしていた。不幸にして官邸は、SPEEDIの存在すら認識できていなかった。それだけ大混乱だったのだ。確かなことは、官邸は避難計画プランを情報なしで進めていたと言えるのだ。もっと言えば、ERCは一回目のSPEEDIによる「放射性物質」の拡散予想図を手にしている。放出された放射性物質は、風によって同心円状にはならず、「帯」のように広がっていく。しかもSPEEDIは七十時間以上も拡散状況が予測できるとされる。だからこそ、保安院は汚染範囲を予測したうえで近隣住民の「被ばく」の危険性を予想し「避難」させようと試みていた。しかし、官邸は違っていた。三月十一日、九時二十三分、原子力災害対策本部長菅直人は、原発から「同心円状」に「避難」区域を定めた。フクシマ原発から三km圏内は「避難」、一〇km圏内は「屋内退避」としたのである。原子力災害対策本部の「柱」は保安院、つまり「ERC」である。にもかかわらず双方の連携も確認もないまま、官邸が一方的に「決断」を下したのである。十二日午前五時四十四分に避難区域は、原発から一〇km、その日の午後六時二十五分には二〇km圏内へと拡大していった。「同心円状」にである。もはや、ERCにおける「避難区域」案は消滅し、彼らはSPEEDIの予測を繰り返したものの、避難区域を定めるものではなく、官邸が決定した区域の「検証」のためであったという。

官邸の混乱によって、次々と避難命令が出される原発周辺の人々。想像を絶する混乱のなか、わずかな時間のなかで人々はどのように行動したのか。ここでふたりの証言を紹介する。

フクシマ原発から一〇km圏内に家を構えていた谷田《やつだ》みさ子（当時六十二歳）は、三月十二日の早朝に隣町の双葉町に住む娘一家が「危険だから一緒に逃げるんだ」と駆け込んできたという。福島第一原発の建設が始まった当時、彼女は中学生だったそうだ。浪江町で子育てをしながら、原発所の作業員を相手に居酒屋をしばらく開いていたが、その後は東電の社員寮で食事係として二〇一〇年の夏まで勤めている。振り返ると、人生の多くを東電と関わってきたという。避難後は家族がバラバラになった。この年の八月、三km圏内の者は広野町の体育館で「防護服」に着替え、準備されたバスに乗り込んで一時帰宅した。窓から見える荒廃した村々に胸が押しつぶされそうになっていく。猫の死骸を目にしたときは涙がこぼれた。バスから降りると二匹の犬が足元に駆け寄ってきたという。

元高校教師の門馬洋は、同じ浪江町の原発から一〇km圏内に居住していた。三月十二日早朝、「津島に逃げろ」と地域の消防無線から緊急連絡が入り、慌てていったんは津島地区の知人宅へと避難するが、翌十三日朝、再び南相馬へと逃げている。その後、十四日の水素爆発を前に飛行機で東京に移動した。彼は教師時代から「福島第一原発」の完成を前に反原発運動に関わり続けていた。このころは楢葉町に住んでいて、数名の住民たちと始めたのがきっかけである。以来、県知事や各町長らに原発の危険性を訴えてきた。東京電力とは、事故が起きる前から毎月一回は交渉に入っており、この年の三月二十二日にも交渉が予定されていた。

門馬は、水素爆発が起こる二十一年前、福島第二原発反対で裁判を起こしている。だが敗訴した。仙台高等裁判所裁判長は次のように述べたという。

「反対ばかりせず、落ち着いて考える必要がある。原発を止めるわけにはいかないだろうから」なんということだろう……。「落ち着いて考えた」からこそ安全性に疑問を抱き続けたのだ。この判決の責任は誰がとるのか。だが、浪江町にも東北電力の原発計画が四十年以上前からあったのだ。先述した木川田たちの新春対談がそれを物語っている。当時の町議会は誘致を望んでいたのだ。事故が起こる前、町議会では「これで、浪江町の未来は明るくなる」と吹聴していたのだ。それなのに、事故後には手のひらを返して東電や政府を非難する。長く反対してきた者たちにとって、これほどの屈辱はなかったはずだ。門馬は二〇一四年七月に亡くなった。死の直前まで「原発を何としても止めるべきだった」と言い続けたという。

空母レーガンの被ばく

三月十二日、合同演習のために韓国に向かうため日本近海を通りかかった空母レーガン。ワシントンからの命令を受け、急遽針路を変えて東北沖で「トモダチ作戦」を開始した。その一方、横須賀海軍基地では衝撃が走っていた。

「放射線量が、ふだんの数値を大幅に超えている……」

横須賀は、事故の起きた福島第一原発から約三〇〇㎞も南西にあるのだ。基地の関係者から驚きの声があがるのも無理はない。だが、異常事態が起きていることは誰もが認識した。当時「原子力空母ジョージ・ワシントン」は定期点検のため、基地の十二号バースに停泊していた。そして三月十五日朝までの十二時間に、二〇ミリレム（〇・二ミリシーベルト）の放射線量を探知していた。これは通常の十倍の数値である。それによって、米軍基地内の住民には外出を控えるよう警告が出ている。

この事態にアメリカ本国にも衝撃が走った。

ＮＲＣエンジニア部門のジャック・グローブ副局長は次のように発言している。

「風向きが変わった。フクシマから太平洋側に吹いていた風が、内陸に吹き始め、東京に向かっている。すぐそばにはわれわれのＧＷが停泊中」

しかし、再三にわたるアメリカ側の要請に対し、この時点でも日本政府から何の説明も回答も出ていない。敏速な対応のない日本政府に、アメリカ側は苛立ちを募らせるばかりだった。日本の「救援活動」が最優先であることに変わりはない。だが「在日アメリカ軍」にも「危機」が迫っているのだ。彼らは自分たちが検知した放射線数値をもとに対応するほかなかった。

この間も「レーガン」は作戦を続行していた。

ただし、数値の変化に対応し、風下からは離れている。

三月十四日、司令部を横須賀海軍とする「アメリカ海軍第七艦隊」は、プレスリリースを発表した。

「災害救助のため、日本の東北沖に派遣した艦船と航空機は、フクシマ第一原子力発電所の近海から一時的に避難。海上で展開中のアメリカ軍が（放射能）汚染を探知。仙台近郊で災害救助にあたっていたヘリコプター要員ら十七名がレーガンに帰還後、低レベルの放射性物質が検出された」

作戦開始直後、海上自衛隊の護衛艦「ひゅうが」から「レーガン」に戻ったヘリコプターパイロットの軍靴やエンジンからも低レベルの放射性物質が検出されていることはすでに述べた。後に詳しく述べるが、作戦開始直後からレーガンは、高レベルの放射性プルームにたびたび遭遇した。乗員たちは厳しい環境に置かれていた。しかし原子炉専門部の士官は、レーガンが東北沖に進むころから「異変」に気づいていたという。彼は小泉元首相との面会の場で、彼が探知した「異変」は、自分たちが搭載する「原子炉」とはいささか異なるものであったと証言した。レーガンでは、放射能事故に直面した事態に対応する訓練が実施されている。特に原子炉部や被害対策の要員たちには不可欠である。作戦開始の十三日、要員たちから放射性物質が検出されたことで、十四日には作戦を中断している。士官は言葉を続けた。

「まさか、自分たちにフクシマのような大惨事と言っていいほどの災害など想定できるはずもありません。私たちは、人命そして災害救助に派遣されたのです。たとえ原子炉要員であっても、フクシマから放出されている放射性物質に対処すべき手段を持っているはずもないのです」

十三日の作戦が終了すると、レーガン艦内へは放射性物質が入り込まないよう、あらゆる対策が行われていた。バスタオルを窓枠に突っ込む兵士たちもいた。また、甲板から艦内に入る際には放射線探知機をくぐり抜けなければならない。線量が高い乗員たちは、すぐさま軍服・ブーツ・フライトジャケットを脱がされている。

原子力を搭載するレーガンには、万一に備え「ヨウ素剤」が用意されているはずだ。なぜ、それを服用させなかったのか。

「救援物資を届けるヘリコプターパイロットや乗員たちには服用させた（はず）です。ところが、他の乗員たちには配布されていません。しかも、この日甲板を除染する兵士たちはすでに汚染された海水を使い、防護服さえも身に着けていないのです」

航路図

REPORT SYMBOL OPNAV 3100-10

SHIP'S DECK LOG SHEET

IF CLASSIFIED STAMP SECURITY MARKING HERE

USE BLACK INK TO FILL IN THIS LOG

	SHIP TYPE	HULL NUMBER	YEAR	MONTH	ZONE	DAY	
D A	C V N	0 7 6	1 0	3	1	1 6	E
1 2	3 4	5 - 7	12	13 - 14	15	16 - 17	22

USS RONALD REAGAN (CVN 76)

AT / PASSAGE FROM HONSHU

TO YOKOHAMA, JAPAN

CLASS U / HANDL / (78 79)

POSITION ZONE TIME	POSITION ZONE TIME	POSITION ZONE TIME	LEGEND
0800	1200	2000	1 - CELESTIAL
L ______ BY ____	L ______ BY ____	L ______ BY ____	2 - ELECTRONIC
λ ______ BY ____	λ ______ BY ____	λ ______ BY ____	3 - VISUAL 4 - D.R.

TIME 16 - 21	ORDER 23 - 29	CSE 30 - 32	SPEED 33 - 36	DEPTH 37 - 40 / RECORD OF ALL EVENTS OF THE DAY 41 — 77
/				2000-0000 (CONT)
2240				ASSUMED THE DECK UNDERWAY AS BEFORE
2301				CO IS ON THE BRIDGE
2313				CO IS OFF THE BRIDGE
2330				CWO2 [redacted] HAS THE CONN
2338				NAVIGATOR IS OFF THE BRIDGE
2339				NAVIGATOR IS ON THE BRIDGE
2356				LTJG [redacted] HAS THE DECK
/				X [redacted]
/				[redacted] LDCR, USN
/				
/				0000-0400
2356				ASSUMED THE DECK. UNDERWAY AS BEFORE.
*2345				ENTERED NUCLEAR RADIATION PLUME AT LAT 37:25 N, LONG 144:00 E
2359				END OF DAY [redacted]
/				[redacted]
/				[redacted] LTJG. USN
/				
/				
/				
/				
/				
/				
/				
/				
/				
/				
/				
/				
/				
/				

NO FURTHER ENTRIES THIS PAGE

OPNAV 3100/99 (Rev. 11/2006)　IF CLASSIFIED STAMP REVIEW / DECLASSIFICATION DATE HERE　IF CLASSIFIED STAMP SECURITY MARKING HERE

3・16・11
23:45
空母レーガン「放射性プルーム」に入る。
北緯 37:25　東経 144:00

REPORT SYMBOL OPNAV 3100-10

SHIP'S DECK LOG SHEET

IF CLASSIFIED STAMP SECURITY MARKING HERE

USE BLACK INK TO FILL IN THIS LOG

	SHIP TYPE	HULL NUMBER	YEAR	MONTH	ZONE	DAY		
D A	C V N	0 7 6	1	0 3	1	1 7	E	
1 2	3 4	5 - 7	12	13 - 14	15	16 - 17	22	

USS RONALD REAGAN (CVN 76)

AT / PASSAGE FROM HONSHU

TO YOKOHAMA, JAPAN

CLASS U HANDL /
78 79

POSITION ZONE TIME	POSITION ZONE TIME	POSITION ZONE TIME	LEGEND
0800	1200	2000	1 - CELESTIAL
L ______ BY ____	L ______ BY ____	L ______ BY ____	2 - ELECTRONIC
λ ______ BY ____	λ ______ BY ____	λ ______ BY ____	3 - VISUAL 4 - D.R.

TIME 18 - 21	ORDER 23 - 29	CSE 30 - 32	SPEED 33 - 36	DEPTH 37 - 40 41 RECORD OF ALL EVENTS OF THE DAY 77
/				0000-0400 (CONT)
0140		000		009 DFGMC
0144				HELM HAS 3 DEGREE RUDDER RESTRICTION
0150				CO IS ON THE BRIDGE
/	AAF		095	RPM
0153	AAS		080	RPM
0156				CO IS OFF THE BRIDGE
0204				CO IS ON THE BRIDGE.
0215				CO IS OFF THE BRIDGE
0216				CO IS ON THE BRIDGE
0219	L3R			
/	R000			
/				CO IS OFF THE BRIDGE.
0223		000		009 DFGMC.
0235				RIVER CITY CONDITION FOUR HAS BEEN SET.
/				SET MOPP LEVEL ONE.
0236				NAVIGATOR IS OFF THE BRIDGE.
0250				NAVIGATOR IS ON THE BRIDGE.
0259				NAVIGATOR IS OFF THE BRIDGE.
0300				SWITCHED TO CHART 97005
0311				NAVIGATOR IS ON THE BRIDGE,
0314				NAVIGATOR IS OFF THE BRIDGE.
0321	AAS		075	RPM.
0324				SET LOW VISIBILITY DETAIL.
/				NAVIGATOR IS ON THE BRIDGE.
0326	L350			
0329				LT [redacted] HAS THE CONN.
0334		350		000 DFGMC.
0346				NAVIGATOR IS ON THE BRIDGE.
0349				NAVIGATOR IS OFF THE BRIDGE.
0350	RAMID			

OPNAV 3100/99 (Rev. 11/2006) IF CLASSIFIED STAMP REVIEW / DECLASSIFICATION DATE HERE

IF CLASSIFIED STAMP SECURITY MARKING HERE

3・17・11
03:00　航路（海路）地図　97005　に　変更
（筆者注：大船渡・三陸方面にいたが、プルームを避けるべく全速力で南下、つまり横浜方面を目指している）

REPORT SYMBOL OPNAV 3100-10

SHIP'S DECK LOG SHEET

IF CLASSIFIED STAMP SECURITY MARKING HERE

USE BLACK INK TO FILL IN THIS LOG

	SHIP TYPE	HULL NUMBER	YEAR	MONTH	ZONE	DAY	
D A	C V N	0 7 6	1	0 3	I	1 6	E
1 2	3 4	5 - 7	12	13 - 14	15	16 - 17	22

USS RONALD REAGAN (CVN 76)

AT / PASSAGE FROM HONSHU

TO YOKOHAMA, JAPAN

CLASS U　HANDL /　(78 79)

POSITION 0800	ZONE	TIME	POSITION 1200	ZONE	TIME	POSITION 2000	ZONE	TIME	LEGEND
L		BY	L		BY	L		BY	1 - CELESTIAL 2 - ELECTRONIC
λ		BY	λ		BY	λ		BY	3 - VISUAL 4 - D.R.

TIME 16 - 21	ORDER 23 - 29	CSE 30 - 32	SPEED 33 - 36	DEPTH 37 - 40	RECORD OF ALL EVENTS OF THE DAY 41 - 77
/					2000-0000 (CONT)
2240					ASSUMED THE DECK UNDERWAY AS BEFORE
2301					CO IS ON THE BRIDGE
2313					CO IS OFF THE BRIDGE
2330					CWO2 [redacted] HAS THE CONN
2338					NAVIGATOR IS OFF THE BRIDGE
2339					NAVIGATOR IS ON THE BRIDGE
2356					LTJG [redacted] HAS THE DECK
/					X [redacted]
/					[redacted] LDCR, USN
/					
/					0000-0400
2356					ASSUMED THE DECK. UNDERWAY AS BEFORE.
*2345					ENTERED NUCLEAR RADIATION PLUME AT LAT 37:25 N, LONG 144:00 E
2359					END OF DA[redacted]
/					[redacted]
/					[redacted] LTJG, USN
/					
/					
/					
/					
/					
/					
/					
/					
/					
/					
/					
/					
/					
/					

NO FURTHER ENTRIES THIS PAGE

OPNAV 3100/99 (Rev. 11/2006)　IF CLASSIFIED STAMP REVIEW / DECLASSIFICATION DATE HERE　IF CLASSIFIED STAMP SECURITY MARKING HERE

3・17・11
0507: 放射性プルームからようやく抜け出す
緯度 3724.9 北　東経 143.359 東

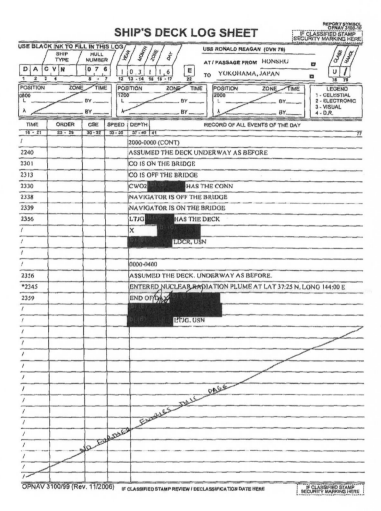

作戦開始から三日目、トム・バーク艦長自ら警告を発した。

「海水が汚染されているようだ。水を飲まないように！」

「レーガン」では海水を脱塩蒸留したうえで、皆が飲む。調理にもその水を使用している。艦内に衝撃が走った。

自分たちは「被ばく」しているのだと。乗員たちの「衝撃」は計り知れなかった。

放射能で汚染された水を飲み、食事をした。しかもシャワーやトイレの水は浄化されていない……、もちろん飛行甲板を洗い流すのも海水だ。乗員たちの「身」も「甲板」も、放射能に汚染された海水で洗っていたのだ。

先の地方裁判所の口頭弁論において、原告団弁護士は情報開示請求によって開示された「レーガン航海日誌」の中で、十六日夜から十七日朝にかけておよそ五時間、プルームの直下にいたことが記録されている。

三月十六日、アメリカ・ワシントンでは、ＮＲＣの警告を受け、在日アメリカ軍および日本在住のアメリカ人の安全の検討に入っていた。このときアメリカでは、東京電力が福島第一原発一号機～三号機の制御に失敗し、さらには四号機の「使用済み燃料プール」が空焚き寸前となっており、この四機はギブアップ状態になりつつあるのでは、といった報道が続いていた。電話会議に集められた関係者は六十名。進行係は東アジア・太平洋地域担当カート・キャンベル国務次官補。

まず軍部のひとりが発言した。原子力空母を持つ海軍は「放射線」の知識が深い。「直ちに影響はない」

と繰り返すだけの日本政府と東京電力の軟弱な姿勢に、軍関係者の苛立ちは頂点に達しつつあったのだ。

「在日アメリカ軍および東京周辺のアメリカ人は直ちに国外に退避させるべし！」

日本政府の対応を待つばかりでは、横須賀基地も使えなくなるのは時間の問題であり、Asian pivot を推し進めるオバマ政権にとっても多大な影響が出てくるのだ。のんびりムードの日本政府の対応に我慢の限界が来ていたことも確かである。特に、軍関係者からは厳しい発言が飛んだ。

「FUBAR！（救いようがない）」

軍隊ではしばしば用いられる表現である。

およそ一時間の電話会議が終了すると、キャンベルは直ちに国務省へ通達した。

「在日アメリカ人を退避させよ」

ついに、アメリカが日本政府のフクシマに対する対応に見切りをつけた瞬間である。日米関係の発展に、長きにわたりベストを尽くしてきたキャンベルだ。「放射能」にまみれつつある日本人を置き去りにしたまま、アメリカ人を退避させなければならない過酷な事態や、フクシマへの対応に、キャンベルの目には涙がにじんでいたといわれる。

十七日にはアメリカ大使館が、在日アメリカ人に対し福島第一原発八〇㎞圏内からの退避を勧告。このとき、日本政府の勧告は二〇㎞圏内である。

横須賀基地では、黄色いスクールバスがアメリカ兵の家族や子どもたちを乗せて、横田基地などに向かった。その後、チャーター機で本国へと脱出したのである。

そして三月二十一日、「原子力空母ジョージ・ワシントン」も技師たちとともに、横須賀を慌ただしく出航する事態となった。

これまで繰り返し述べてきた日本政府による対応の甘さには、流石《さすが》に同盟国アメリカも開いた口が塞がらなかった。

ところがそのような日本政府の「迷い」に「惑う」ことなく、町役場が一丸となって町民を「被ばく」から守ろうと、必死になっている小さな町があった。福島県三春町である。フクシマから大量に放射能が放出された三月十五日、三春町役場の職員たちは、東海村で普段のおよそ百倍の放射線量が確認されたニュースをインターネット上でつかんだ。水素爆発のあったフクシマから一〇〇km以上は離れている茨城県東海村でこのような数値が観測されたとあれば、四五km西にある自分たちの町も放射能の危険にさらされるのは時間の問題であると判断した。とっさに彼らは「風向き」を調べた。するとこの日は、北風が東風になることがわかった。

東風……何人かが急いで屋上に駆け上がった。前日、風向きを示す吹き流しを立てていたのだ。ところが吹き流しはぐるぐる回るばかりで、明確な「向き」がつかめない。

そのときひとりの職員が言った。

「沢石に立てればいい」

沢石地区は高台四五〇メートルの地だ。町一番の高さである。そこに銭湯施設があった。三春町議会議長の娘が職員として勤めていた。彼は自分の娘に、「風向き」の変化を逐一知らせるように命じた。しばらくすると、「風」が東に変わった。報告を受けた議長は、職員らと直ちに対策を推し進めていく。

「風の向きが変わり、午後は予報によると雨になります。そうなると放射能が落下します。もはや猶予はない。（役場が準備した）薬を、町民に飲ませたい」

職員たちは、鈴木義孝町長に決断を迫った。彼には苦渋の決断である。なぜなら、その背景にはアナザストーリーつまりただならぬ「事情」があったのだ。

それまで、原発事故などおよそ意識することもなかった三春町である。

兵士たちの発症

「トモダチ作戦」に従事した兵士たちの健康被害がフクシマ事故による「被ばく」の影響によるもの、として国内で報道されたこともあり、アメリカ連邦議会は国防総省に対し「報告書」を提出させた。

それによると、「レーガン」乗組員の一部に調査が及んだものの全員ではなかったこと。しかも、二〇一四年に提出されたその「報告書」には、作戦当初の検査において「汚染水」による脱塩水には「汚染」がなかった、とある。先の士官が呆然としたのも無理からぬことだった。これぞ、まさに「F―U―B―A―R」でなくて何と言うのか！　その後、彼は現役士官の立場でありながら、部下たちの思いに寄り添い「原告」のひとりに加わったのだ（後に病状が悪化、退役した）。

だが大半の乗組員たちは、艦内に設置された放射能数値を検知する機材を目にすることはなかった。つまり、彼ら自身が「放射能」の危険性を認識するはずがなかったことを意味する。

これまでの法廷では、被告東京電力の弁護団は「乗組員全員が高レベル（有害レベル）の放射能にさらされたことは否定しない」と言った。だが彼らは続けて言う。

「しかしながら、それはあなたたちをそこに向かわせたあなたたちの政府、つまりアメリカ政府の責任である」

ＮＲＣには空気中の放射線量が通常の三十倍に達したという記録がある。このことは病に苦しむ兵士たちにとって重要な問題である。

帰国後、重病を発症した別の士官は冷静に振り返る。

「自分たちは、アメリカ軍に忠誠を誓った身。作戦中にどのような情報がもたらされようと、命令がないかぎり最後まで軍の秩序を守り、乗員たちがパニックを起こさないよう任務を続行させなければならなかった。もし『被ばく』の危険性が迫っていることを若い乗組員たちが知れば、大騒ぎになっていたことは間違いない」

さらに、彼は言葉を続けた。

「被ばくしたかどうかは、もはや問題ではないのです。問題は、帰国後私のように兵士たちが次々と病に倒れていったこと。その事実を前にして誰の責任なのかと追及する以前に、誰が正確な情報を握り、またわれわれにもたらされていたのか……もしもたらされていたとするなら、自分たちはどのように行動すべきであったのか。それが問題なのです。これは人道支援に向かった自分たちだけの問題ではなく、フクシマ周辺で避難を余儀なくされた日本人の問題でもある。彼らも、十分な救済を受けていないと聞く。もはや起きてしまった事故を変えることはできない。しかしながら人体に影響を受け、病に苦しむ人々を救済することはできる」

そして最後に、「事実と向き合う」ことが不可欠なのだと言葉を締めくくった。

話は兵士たちが起こした裁判に遡る。

第三次訴訟に到達したとき、原告団は驚くべき事態に直面する。なんと南カリフォルニア連邦地方裁判所のサン・マルティーノ裁判長がこれまでの判決を覆したのだ。終始一貫して、アメリカでの裁判を認めてきたはずの地裁が、あろうことか結論を変転させたのである（二〇一九年三月四日）。つまり曖昧な表現であるが「日本でできなくもない」という表現に変えたのだ。その背景には一体何があったのか。彼らが、日本で裁判を受けられるなど到底無理な話である。

兵士たちの失望は計り知れないほどだった。

自分たちは大規模災害での支援活動も、軍事作戦の一つとして主要任務に位置付けていた。日本周辺や東南アジアでの大地震や津波、台風などに伴う混乱、地域の治安維持が安全保障の問題に直結するとの認識を常に忘れていなかった。その証拠に、ルース駐日アメリカ大使は十四日の会見で「日本がこれだけひどく傷ついた今、今度はわれわれが駆けつけるときだ」と同盟国の姿勢を強調したではないか。それなのに、自分たちの救援活動に水を差すような、もっと言えば恩を仇で返すかのような日本政府による「法廷助言（人）」が、決定的なものとなっていった。


「法定助言（人）」とはアメリカにおいて「アミカス（Amicus）・キュリエ（Curiae）」と呼ばれる。ラテン語を語源とし、アミカス（Amicus）とは日本語で『友』、キュリエ（Amicus）とは『法定』を意味する。法廷訴訟に直接参加することはないが、訴訟の内容に関わる特定の見解を有するものによって、裁判官に対し「助言」となる見解を書面陳述するのである。日本政府は「法定助言人」の立場でもって東電の主張を支持する陳述を行ったのである。これは、日本におけるフクシマ関連裁判においても当初から極めて重要な陳述内容であり、ここに内容を一部紹介する。なお、本文はアメリカ高等裁判所に宛て、東電代理人が（英語で）提出したものである。

日本政府はまず、東京電力の主張に沿って、米国内での裁判の必要性を認めないとする。米国で裁判が行われると、米国の判決が日本の原発補償制度と異なる結果となり、「補償問題」に矛盾が生じる可能性を懸念するというのだ。具体的には補償金額や内容に「相違」が生まれた場合、日本政府が三・一一以後に設立した「原子力損害賠償支援機構」が維持できなくなる可能性がある。

陳述が示す日本政府の懸念の一つは、福島原発事故による放射能放出と健康被害との因果関係の認定であり、もう一つは、それに伴う損害賠償補償額の増大である。たとえば、日本政府はいまだに三・一一後のがん発症と低線量被ばくとの因果関係を否定する。このため、すでに七人の死者を出した「米兵」たちの遺族に対する「賠償」を認めた場合、日本で因果関係・損害賠償を認めていないこととの矛盾が生じることになるのだ。

一方、原告側は、東電と日本政府が主張する日本での裁判管轄権が決定すれば、訴訟は事実上、終結と反論する。なぜなら、四百五十人以上の兵士のうち七人はすでに死亡し、残る多くが様々な病状に苦しむなかでは、訪日どころか滞在できる身体的な余裕はない。しかも長引くであろう裁判を考えれば、とても費用捻出の余裕などあるはずもないのが現状だからである。

日本の裁判は原告に不利だとして、日本政府の陳述に対して、河合弘之、海渡雄一の両弁護士氏が米国原告弁護団に「親書」を送付したことは先の章で紹介した。

いうまでもなく、原告弁護団が日本の裁判所でのこうした諸事情を知るはずもない。それを承知で東電はあくまでも日本での裁判を主張、それを支持する日本政府。実に誠意のない対応であり、ここには、「トモダチ作戦」への敬意も謝意もまったく見出せない。

小泉純一郎元総理が、「トモダチ作戦」参加時の被ばくによって若者の生命と健康が蝕まれている現状に心を痛めて米国を訪問した行動にさえ批判の声が上がる社会の風潮、なぜフクシマではなく米国なのか、と。アメリカ人は当初まさかと思っていた元総理の誠意ある行動を素直に受け止め、称賛した。その姿勢には、とかく物議を醸し出す保守派のフォックスニュースさえも、記者会見に出席して報道している。このあたりは日米の報道における温度差が如実に表れているといえる。

サン・マルティーノ裁判長は、先の「判決」を覆した背景として先述したように「international comity（国際礼譲）」が最優先である、と位置付けた。彼は判決において次のように述べている。

「日本での裁判はアメリカでの裁判よりも困難であるという元兵士たちの主張は正しいかもしれない。しかし、元兵士たちが日本で裁判を行った場合に支障となるような事実および法律は存在しない。原告・被告双方の主張には、それなりに論理があるが、日本政府ならびにアメリカ政府の見解を考慮し、外交政策上の利益および国内政策上の利益を比較・検討した結果、元兵士たちの主張は認められない」

これを受け、高等裁判所も最終的にはサン・マルティーノ裁判長の「判決」を支持する形で幕引きを図ったのだ。

自分たちはアメリカ人であり、アメリカの領土である「空母レーガン」の甲板で被ばくしたのだ。アメリカで裁判を進めることに何ら異議があるはずもない。これが、原告兵士たちの強く主張するところだ。

結果として、原告側弁護団はアピールに成功しなかった。

もっと言えば、アメリカは日本政府の意向に従ったということになる。

後に判明するが、日本政府からの「法廷助言」は地方裁判所の判決が出る前に提出されていた。それ自体が「問題」なのだ。これで東電と政府が結託していることが浮きぼりとなった。それによって兵士たちがますます窮地に追い込まれた。それが救援を依頼した日本政府のやるべきことなのか。まさに、兵士たちが言う「恩を仇」で返したといっても過言ではない。ましてや、地方裁判所において、同じ裁判官が同じ事件で結論を変えるなど、前代未聞ではないだろうか。あまりにも非情というほかない。そしてこれはまさに安倍政権およびトランプ政権下で起きたことを忘れてはならない。

アメリカも日本も、ともに法治国家である。そのため、その国の法律は何より優先すべきことだ。「空母レーガンはアメリカの領土であり、そこで起きたことはアメリカの法廷で裁く」。それが絶望的となった彼らに、東京電力からの「医療援助」の道は閉ざされた。東京電力は勝ち誇ったかのようにプレスリリースを出した。最終手段として、原告団は最高裁判所に訴え出た。

アメリカの最高裁判所は、これまでの「判決」がアメリカ合衆国の憲法に「反する」ものかどうか、を判断する。

最高裁判所は、兵士たちの声に対し一度は耳を傾けたが、「違憲」性はないものと決定付け、原告の訴えを却下した。結果として、アメリカの最高裁判所は、地裁と高裁の判決を支持したことになる。

高等裁判所も一度は地方裁判所の判断を支持した。しかし、反転した地方裁判所の判断を覆すことはなかった。

こうして東京電力から「医療費請求」の望みが絶たれた兵士たちに唯一残された「よりどころ」は、小泉元首相が一年間という期限を設けて急ぎ設立した「小泉基金」だけとなった。これに頼る以外、治療を受ける手立てはなくなったのである。

城南信用金庫本店

さて、「小泉基金」とはどういう経緯でつくられたのか？　どのように多額な寄附を集めたのか？　以下、筆者が受けた「週刊東洋経済」（二〇二三年四月八日号）のインタビュー記事から一部抜粋する。

――「小泉基金」設立の経緯は

当時の城南信用金庫相談役の吉原氏と河合弁護士とともに小泉元首相と話す機会があった。席上「トモダチ作戦」の話題になり、兵士たちの現状を話す流れで、元兵士たちの窮状を知ってほしいと渡米を要請したことがそもそものきっかけだった。

小泉氏は二つ返事で了承し、同年五月に自身で米カリフォルニ

基金発足の記者会見（城南銀行本店にて、吉原毅氏提供）

ア州サンディエゴを訪れたうえで、全米から駆け付けた十二人の元兵士たちと面会した。

小泉氏は「日本を助けてくれた元兵士たちが大変な目に遭っている。自分にできることはないか」と考え、救援基金の創設を呼びかけた。小泉氏のほかに細川護熙元首相、大野剛義元さくら総合研究所社長（当時）、吉原毅・城南信用金庫相談役の四名が発起人となって基金を設立。本店での記者会見には外国人報道陣もやってきた。城南信金グループの城南総合研究所が事務局となり、私も基金の運営に関与してきた。

――どのような経緯で、元兵士たちの窮状を知ったのですか

私の元に、トモダチ作戦の従軍中に米海軍の原子力空母ロナルド・レーガンの艦内で数人の兵士が撮影した携帯電話の動画が、知人を通じて届けられた。撮影された日時は二〇一一年三月十三日。信じられないような光景を目にした。

当時、レーガンが活動していた日本の東北沖には、水素爆発を起こした福島第一原発からの放射性物質の雲（プルーム）が漂っていた。空母の入口ゲートでは放射線を感知するガイガーカウンターが鳴り響き、ある兵士が「俺たちは核のホロコーストの中にいる」と叫ぶ映像に身震いした。わずか数十秒の動画だったが、パニックの状況を映し出した映像は生々しく、後に私が日本のあるテレビ局に提供してその内容が放映された。

原発事故直後から約二カ月にわたって米軍の救援活動は続き、健康状態の悪化から除隊を余儀なくされる兵士が相次いだ。

――元兵士たちはどのような病気になったのでしょうか

基金に一時金の支給を求める場合、医師の診断書を必要としている。管理簿から集計したところ、吐き気、体重の激変（激増および激減）、手足の腫れ、脳腫瘍、甲状腺がん、甲状腺肥大、睾丸がん、白血病、肛門出血、ぼうこうがん、脳下垂体異常、大腸がんなどの症状が多い。

レーガンの甲板要員の兵士（トモダチ作戦当時二十一歳）は、帰国後に慢性的な睾丸の痛みを発症し、治療が必要との理由から海軍を名誉除隊となり、軍の病院で四度も手術したと語っている。ただし、医師からは被ばくとの因果関係は認められていない。

エンジニアとしてレーガンに乗り組んでいた男性は一四年に三十五歳で息を引き取った。骨髄腫を発症して腎臓や肝臓の機能不全を起こし、亡くなる直前は身体が膨れ上がって黄色くなり、壮絶な最期だった、と彼を看取った男性の知人は証言している。男性はトモダチ作戦当時、艦内で航空機やヘリコプターの除染作業に従事していた。

トモダチ作戦当時二十七歳だったレーガンの元乗組員で原子炉動力部門に所属していた男性とは一七年六月にサンフランシスコで再会した。結腸にポリープができ、肋骨から全身に激痛が走るなど、身体はボロボロになっていると非常につらそうだった。

健康被害を訴える兵士の多くは二十～三十代。そうした兵士が次々と体調を悪化させ、除隊を余儀なくされたことは尋常ではない。

――なぜ空母の乗組員の間で健康被害が広がったのでしょうか

元兵士の証言によれば、原発事故当時、レーガンでは海水を脱塩処理して飲料水やシャワーの水として使用していた。ＰＥＴボトルの飲み水は被災地に送り届け、自らは汚染された水を飲んでいたという。それに艦内の食事係は調理の際に大量の水を使用していた。つまり、汚染された水で食事をとっていたことによる内部被ばくの影響だと見られる。

空母は艦載機の発着などで艦内の開口部が大きく、外気の出入りが多いという点で、放射性物質を取り込みやすい。密閉構造のイージス艦などとは大きく異なる。元兵士によれば、レーガンでは任務開始から三日後の三月十五日になって初めて、「水が汚染されているから飲むな」との艦内放送があった。しかしそれまでにかなりの量の被ばくをしていたと考えられる。上官などほんの一部の関係者を除いて、甲状腺被ばくを防ぐための安定ヨウ素剤は配られていなかったと証言する兵士も多い。

――米国防総省は、乗組員の健康状態の悪化と放射線被ばくとの因果関係を認めていません

一四年に国防総省が連邦議会に提出した3では、脱塩水は汚染されていなかったとし、レーガンの乗組員が全身に浴びた放射線量についてもわずか八ミリレム（〇・〇八ミリシーベルト）以下、甲状腺等価線量は一一〇ミリレム（一・一ミリシーベルト）以下というものだった。これは、一一年三月十二日から同五月十一日までの六十日間、毎日二十四時間にわたって甲板で肉体労働をしたと仮定した数字だという。当時の状況から見ても、ありえない低すぎる数字だ。航海ルートの信憑性など、報告書

にはほかにも多くの問題がある。

――元兵士たちは東電を相手に訴訟を起こしました

米軍の兵士は、従軍中の傷病に関して軍を訴えることはできない、という決まりになっている。入隊時に、いかなることがあっても政府や軍を訴えないという文言に署名する。そうしたことも理由となり、「放射性物質の放出を知らせなかった」として元兵士たちは原発事故を引き起こした東電を相手取って、被害者救済のための基金を設立させるべく米国で提訴した。

しかし審理に入る前に、日米のどちらで裁判を開くかという裁判管轄権をめぐって連邦最高裁判所まで争われた後、兵士たちの望みはかなわず、裁判管轄権は日本にあるという結論になった。もはや兵士たちには日本で裁判を起こす資力も体力もなく、泣き寝入りを強いられているのが実情だ。

――〝小泉基金〟の支給実績は

約三百五十人に総額約一億五千万円が支給された。

民間人として「トモダチ作戦」中の給油船で勤務していた女性は、作戦開始から一週間ほどして体調が激変した。途中下船して横須賀海軍基地の病院で診察を受けた結果、直ちに「子宮摘出」の大手術を受けなければならなかった。私が面会したときは、それ以前の写真から想像もできない変わりようで、驚愕した。彼女は軍人ではなかったため、その後民間の医療機関で受診せざるを得ず、莫大な医療費に苦しんだ。

小泉基金の上限額はひとりあたり一万ドル。少しでも多くの兵士たちに医療費が行き渡るように、と定めたためだ。それでも、彼女はとても感謝していた。また、亡くなった元兵士の家族には弔慰金

2016年サンディエゴにて。兵士たちへの面談後の記者会見場

を出している。

――基金の今後は

小泉氏ら発起人をはじめ私自身も高齢になり、基金の運営作業の継続は難しい状況になりつつあった。元兵士の救済に一定の役割を果たしたとの判断もあり、残った約一億五千万円は米国赤十字社に引き継ぐべきという結論に至った。今後は米国赤十字社を通じて、被害者支援が続くことになる。

そのため昨年七月、ささやかな贈呈式を東京都内で執り行った。小泉元首相や吉原氏らに加え、米国赤十字社のアジア・太平洋局長、米海軍少将らが出席した。

――元兵士たちの前途は

私が把握できているだけでも二十人が亡くなっている。元兵士たちは貧困家庭出身者が多いうえ、健康を害して仕事も失い、医療費が高額なことから、大変な困難に直面している。ホームレス状態の人も少なくないと思われる。

小泉は、兵士たちと面会した帰国直後から外務省にも働きかけたが、日本政府は元兵士たちの支援には動かなかった。

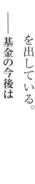

そうしたなかで〝小泉基金〟だけが彼らの命綱になってきた。

少なくとも、当時の民主党政権下にあった菅直人や枝野幸男・福山哲郎をはじめ、中枢にあったものは兵士たちに関心を寄せるべきである。

筆者は、京都で福山哲郎と話す機会があったとき、彼が兵士たちの「被ばく」について知らなかったという事実に驚愕した。一体、あの時の執行部はフクシマ事故の何を追い、何をとらえ、福島の人々のために走ろうとしていたのか、というこちらの問いかけに福山は一言だけ返してきた。

「菅（直人）さんは、このこと知っていますか？」

私は開いた口が塞がらなかった。彼らこそが、オバマ大統領に支援を要請したのだ。菅直人に至っては、事故から十年目を前にした二〇二一年三月八日、憲政記念館でのシンポジウムにおいて「脱原発」（元）総理大臣の三名が登場して喝采を浴びる場面があった。小泉を含む菅直人・鳩山由紀夫である。

その際、いったん降壇した小泉が、何を思ったのか再び登壇し「トモダチ作戦」に参加した兵士たちが大勢「被ばく」した。彼らの健康支援を訴えて全国を行脚したところ、有名・無名の人々から義援金が集まったことを説明したのだ。目の前で小泉の言葉を聞く二人の元総理からは何の反応もなかったことに遺憾な思いがした覚えがある。

小泉純一郎元総理が、「トモダチ作戦」に参加した若き兵士たちの命が奪われ、健康を蝕まれている現状を確かめようとして渡米の覚悟があると知った人々からは批判の声が多く上がっていた。「なぜ、フクシマでなくてアメリカなのか」と。渡米を即断した小泉の胸中にはフクシマ原発事故に危機感を告げようとするまさに、「炭鉱のカナリア」としての使命を感じていたと、帰国後ほどなくして筆者に語っている。

第6章　国防総省への「異論」――兵士の証言とともに

「アメリカ海軍はトモダチ作戦開始当初から、フクシマ第一原発における数基の原子炉が損傷、放射性物質放出の危険性があるとの報道は探知していた。

二〇一一年三月十二日、横須賀を母港とする米第七艦隊司令官は、ロナルド・レーガンを含む米海軍艦船に対して、福島第一原発から一〇〇カイリ（約一八五㎞）の範囲から離れるよう、進入禁止ゾーンを設定した」

これがアメリカ国防総省の発表である。しかしこれまでの証言にあるように、乗組員によると作戦開始時から陸地が目に入り、瓦礫に流される人々を救助している。だが「報告書」は、いかに敏速にレーガン群が退避したか、を強調する。

第5章で紹介した航海日誌をひもとけば、レーガンは東北地方太平洋を北上、福島第一原発を通過したうえで、十三日早朝、宮城県金華山沖に到着したとある。この間十二日午後一時三十六分、第一号機が水素爆発を起こしている。続く二号機、三号機の原子炉格納容器の破壊を恐れ、「ベント」を十三日の午前中に実施。これによって、大量の放射性物質（およそ八〇％）が太平洋上に放出されたことは、二〇二三年現在、広く知られている。

国防総省による「報告書」の主旨は、「トモダチ作戦で兵士は被ばくしたが、それは健康被害をもたらす程のものではなく、また被ばくを避ける対応を現地で実施していた」というものである。まず「報告書」の主な抜粋を載せ、次にこれに関わる（原告団）兵士たちの証言とともに筆者の補足・考察を記述していくことにする。

国防総省による「報告書」

報告書①「レーガン」空母打撃群の航行について

三月十三日、午後一時（日本時間）、福島第一原発から約一一〇カイリを航行中のレーガンの飛行甲板で採集した空気中のサンプルから、福島第一原発由来の放射性物質を検知。以後は放射性物質との遭遇を避けるべく、レーガンは北緯四〇度（福島第一原発の北方一二〇カイリ以遠）に移動した。それによってアメリカ時間二〇一一年三月十二日、アメリカ海軍第七艦司令官は、「原子力空母ロナルド・レーガン」を含むアメリカ海軍艦隊軍に対し、第一原発から一〇〇カイリ（約一八五km）離れるよう命じた。

二〇一一年三月十三日から十六日まで、トモダチ作戦に従事する艦船は、風下を避け（この期間、ほとんど風は海に向かって吹いていた）、福島第一原発から少なくとも二〇〇カイリ離れるようにした。十六日から十九日にかけても福島第一原発から一〇〇カイリ以上、原発の風下方向の中心から九〇度の範囲では一五〇カイリ以上の距離を保つよう指示。十六日には一時的に二〇〇カイリ以上とした。これは、日本の自衛隊が福島第一原発三号機の建屋上空で異常に高いレベルの放射線を検知したことを受けた予防措置である。十九日には一二五カイリ以上、八〇度に距離と範囲を縮小した。放射線防護に妥協することなく、人道支援任務をしやすくするためである、として艦隊群の位置を調整した。

では、兵士たちの証言をみてみよう。

ウィリアム・ゼラー　空が白んでくるにつれ、海上の様子が目に入ってきたんだ……。信じられないほど多くの家屋に……車や船、そして子どもたちのおもちゃもあった。

ダニエル・ヘアー　「報告書」では一〇〇カイリも離れて停泊したなどと書いてあるらしいが、全く嘘っぱちだよ。レーガンからは岸が見えていた。海上には、信じられないほど瓦礫が浮かび、救助を求める人もいた。遺体も流されていて……。

リンゼイ・クーパー　突然……とても巨大な、熱い空気の塊を感じさせるようなものが甲板上に吹いてきたの。変だなと思ったとたんに口の中で血が噴き出しているような味がしてきて……。もっと言えばアルミホイルを噛んでいるような、そんな味がしたの。

〈**筆者補足・見解**　これまでも述べたように、十三日の作戦当日、開始前から甲板で作業を行っていたリンゼイは、いち早くレーガンの甲板上で「異変」を感じとった。彼女が訴える口の中の感触、甲板にいた兵士たちの多くが同様の体験をしている。ある兵士は銅のような味だったと言い、また別の兵士は金属の味がしたと同時に、いきなり激しい頭痛に襲われたと語る。彼らの証言からレーガンが海岸から遠くない位置で作業し、放射性プルームに包まれたことは、もはや否定の余地がない。〉

報告書②「レーガン」の被ばく対策について——その1

レーガン乗組員らは任務につく前から放射線防護の訓練を受けていた。艦船に装備された放射線検知器（β線・γ線も探知）を常に確認し、乗組員の被ばくを最小限に抑えるべく訓練していた。指揮官を中心に乗組員たちは艦船の速度・航路変更により、核兵器の事故の際には放射性物質の降下から避難するべく訓練されていた。

十八人の海軍放射線衛生将校と百二十五人の海軍放射線管理技術者、そして医療従事者らが米軍艦船や地上施設に配置された。ロナルド・レーガンでは、艦内の汚染を防ぐため、飛行甲板から艦内に入る際にすべての乗組員が放射線検査を受けた。甲板要員は被ばくを最小限にするための個人防護装備を使用した。救援任務から戻ってくる航空要員らも検査を受け、必要であれば除染された。ロナルド・レーガンの飛行甲板は洗浄システムを備える。甲板は何度も検査され、表面の浮いた汚れは除去された。こびりついた汚れは除染が完了するまでの間は覆って、広がらないようにした。

ダニエル・ヘアー　船首のあたりに空母内に通じるところがあり、飛行甲板にいた者たちは、全員そこからサーベィ（調査）が行われたんだ。

ロン・ライト　一九九〇年生まれで、初めての航海でした。レーガンの甲板にずっと立ち、艦載機発着の補助や、救援物資を積み込むのが任務でした。もちろん甲板の除染もしています。このときは放射能のことなど全く知らず、考えたこともありません。軍服も単に雨雪よけのジャケットを着用しただけです。ヨウ素剤も放射線防護服も、もらったことは一度だってありません。

〈筆者補足・見解　先述したように、物資救援を終え、空母甲板に戻ってきたとき、ヘリ関係の兵士たちは直ちに「ガイガーカウンター」による被ばくの検証を行った。彼らは、鳴り響く測定計器が示す放射線量の高さに恐れおののき、愕然とする。一方、艦内の兵士たちは、急いで汚染された軍服を投げ込む袋を用意し、甲板から降りてきた兵士たちは脱ぎ捨てた軍衣や軍靴をそこに放り込んだ。その様子は、筆者が動画を提供したテレビ番組に一部報道されている。

また作戦初日、ライト兵士の証言にあるように、甲板を除染する兵士たちは防護服を身に着けることもなく、すでに汚染された海水を飲料水として使っていた。すでに指摘したが、大半の乗組員たちは艦内に放射能数値を検知する機材が設置されていることも知らず、目にすることさえなかった。つまり大半の兵士たちはレーガン内において「放射能」の危険性を認識するはずもなかったことを意味する。以上の証言を重ね合わせても「乗組員の被ばくを最小限に抑え」たなどと、とても言えたものではない。その後に待ち受ける、兵士たちの様々な発症・健康被害からもそれは明らかである。しかも作戦初日の各兵士たちに、放射線量の測定は行われていなかったのである。〉

報告書③「レーガン」の被ばく対策について——その2

二〇一一年三月十八日までに、ロナルド・レーガンの指揮官や海軍のメカニック専門家たちはレーガン艦内に専用の指揮所を設置し、放射線や環境データなどを収集した。ほかの艦船群にも安全に任務を行うための情報をできる限り提供した。指揮官は船の放射能汚染状況を乗組員たちに艦内放送や毎日のブリーフ資料などで伝えている。乗組員たちはテレビやインターネットでＣＮＮやＦＯＸなどのニュースも見ることができた。

〈**筆者見解**　三月十八日までに放射能汚染状況を兵士たちに知らせたとあるが、初日（十三日）とは言っていない。筆者が最重視するのは十三日未明から夕刻にかけてのことである。確かに日本に派遣されたＮＲＣは北澤防衛大臣とフクシマ事故に関する対応会議を開いている。太平洋軍司令官ウォルシュを統合支援部隊（ＪＳＦ）の司令官として派遣した。これは、大震災の人道支援ではなく、フクシマ事故における日米間での協議であり、国防脅威削減局（ＤＴＲＡ）を中心に放射性物質の拡散を防ぎ、被害を最小限度に抑えることを目的としたものである。データ開示によって汚染の詳細が判明していくプロセスを伝えたのではない。当時の兵士たちがこの間——三月十八日まで——に見たとされる報道では直接「被ばく」についてのものでない。もし、その事実が明るみとなれば第3章でスティーブ・シモンズが語ったように、艦内の若い兵士たちは大パニックとなったに違いない。〉

報告書④「レーガン」乗組員の被ばくについて

乗組員の衣服や皮膚から汚染が検知されると、すみやかに除染した。一般的に皮膚の汚れは石鹼と水で簡単に洗い流せ、汚染された衣服は脱がせて管理した。このような状況からして、病気になるような放射線被ばくにつながったという兆候はない。

〈**筆者補足**　これまでの原告団証言が、報告書の欺瞞性を如実に物語っている。〉

報告書⑤使用水によるレーガン乗組員の内部被ばくについて

飲料水の分析と管理に関しては、福島第一原発から大気中に放出された放射性物質を検知したことを受け、ロナルド・レーガンでは艦内の飲料水（海水の脱塩蒸留水）の検査を始めた。三月十五日の初期分析で三つの飲料水サンプル（二つは飲用噴水装置、一つは飲料水タンク）から低レベルの放射性物質の存在が示唆された。検査をする間、乗組員の飲料水装置の使用を一時停止した。

飲料水タンクのサンプルを再検査したところ、放射性物質は検知できなかった。飲料水タンクの追加サンプルや飲用噴水装置のサンプル、海水蒸留装備の水のサンプルからも放射性物質は検出できなかった。十五日以降のトモダチ作戦期間に収集したレーガンの飲料水サンプルからも放射性物質は検出できなかった。よって、レーガンでは、十五日の初期の三サンプルが放射性物質を含むという、誤った報告をしたと結論付けた。バックグラウンドの放射線がサンプルに影響したものとみられる。

また、二〇一四年二月、海軍はこれらの飲料水サンプルについて、放射線の専門家らに独立した調査・解析を依頼した。バックグラウンドとサンプルの両方の多様性をもとに、専門家らは飲料水装置が汚染していなかったと結論付けた。レーガンの海水蒸留装備は設計上、海水の放射性物質の粒子のほとんど（九九～九九・九％）を除去する。海水蒸留装備のサンプルから放射性物質は検出できなかった。また、レーガンは当時、福島第一原発から十分な距離（一〇〇カイリ以上）をとっていた。圧倒的多数のデータは、レーガンの飲料水装置は汚染していなかったことを示している。

しかし、誤報告だった飲料水の放射能検査の数値が仮に正しかったとしても、レーガンの乗組員らが受けた被ばく線量は極めて少ない。専門家によると、三月十一日の地震・津波発生から飲料水サンプルに放射性物質が検知された疑いのある十五日までに、レーガンの乗組員らが飲んだりシャワーを浴びたりしたことによる推定被ばく線量は、多めに見積もっても、米環境保護局が定める一般米国人が飲料水から特定臓器（この場合は甲状腺）が受ける年間被ばく線量の上限、四ミリレムより少ない。これは、米国の東海岸と西海岸を結ぶ航空便搭乗や自然界で受ける放射線量とほぼ同じである。

〈**筆者補足**　報告書ではレーガンの乗組員、さらには艦隊群の全員に検査をしたとは書いていない。しかも、飲料水の汚染に関しては探知器の「誤作動」だとうそぶいている。三月十五日には、艦長自らが「水を飲むな」と命じているのに、だ。しかも、すでにみんなは水も飲み、シャワーにも汚染された海水を使ってしまっていたのだ。国防総省の報告書は『欺瞞』でしかない。

飲み水に関してはすでにかなりの証言がある。分析の結果、レーガン乗組員らの飲料水——海水の脱塩蒸留水——は汚染していなかったとする一方、たとえ汚染していたとしても低レベルのものと「報告書」は言う。ならば、トム・バーク艦長による艦内放送で全乗組員が聞いた「使用禁止」の号令が出た後、どのように「水」を補給したのか疑問。たとえペットボトルの「飲料水」が補給可能であっても（証言ではほとんどが十三日被災地に運ばれていた）、調理に始まりシャワーや洗濯には水が必要不可欠であり、当然ながら給水装置で使用は再開されたはず。そうなるとレーガン乗務員は少なくとも作戦終了後日本海域を出るまでは「汚染水」で調理された食事をとっていたことになる。つまり、内部被ばくは避けられなかった可能性を示しているのだ。また、リンゼイ・

クーパーによると、作戦開始十三日の午後には、下痢や頻尿で女性兵士たちが頻繁にトイレに駆け込み、列が途切れることがなかったという。また、このような現象はかつてなかったため、何かが「おかしい」と皆でささやきあったという。作戦開始以前にも兵士たちは「朝食」をとっているし、「昼食」も準備された。もちろん、小休止タイムには汚染された水で沸かしたコーヒーや紅茶を口にしている。〉

兵士たちの証言をもとに「報告書」を検証

「ヨウ素剤」の配布と使用について

甲状腺に集まりやすい放射性ヨウ素の吸収を抑えるには、ヨウ素剤が使われる。その配布と使用については、レーガンは全乗組員に最低でもひとり一個は配布できるだけの十分なヨウ素剤を備えていた。福島第一原発からの放射性プルームに遭遇したあとには、トモダチ作戦にあたるレーガンとほかの艦船に追加のヨウ素剤も支給された。米太平洋艦隊司令部の医療ガイダンスに従って、ヨウ素剤は航空要員や原発周辺の沿岸部の救援活動にあたった要員らに配布された。

ロン・ライト　私はヨウ素剤をもらったことも、自分の周りで与えられていた気配もありません。指揮官たちは服用したかもしれません。軍隊ですからそこは、階級次第なのです。情報も同じですよ。知るべき立場にあるものだけに伝えられるのみ……。

ウィリアム・ゼラー　友人の兵士の部隊では、ヨウ素剤を与えられたというサインをしないと下艦させないと強要されています。一度も与えられていないのにです。その部隊では、一刻も早く下艦したいために、やむなくサインをした人もずいぶんいました。

チャド・ホルト　自分たちの部隊は、全員が「拒否」しました。もらっていないものをサインするなどできません。しかも、サンディエゴに入港するまでに自分の周りでも病気に苦しむ仲間や体の異常を訴える声に驚いていたばかりか、いつこの自分にも……とずっと心配したのですから。上官ですか？　彼は、部下たちの拒否に対して何も言いませんでした。当たり前です。もらっていないことを誰よりも知っているのですから。

呼吸や飲食による内部被ばくについて

放射性プルームの中を飛行した航空要員や、汚染した艦船や航空機のメンテナンスにあたる要員らは、呼吸や消化によって放射性物質に体内（内部）被ばくする恐れがあった。このため、レーガン乗組員のうち約千三百六十人が内部被ばくの検査を受けた。最高の全身被ばく線量は、一般の米国人が自然界から受ける年間平均線量の一〇％未満だった。最高の甲状腺への線量は連邦の年間放射線被ばく上限の一％未満だった。レーガン乗組員の甲状腺の最高線量は、最も敏感な子どもや妊婦らにヨウ素剤を与えることが推奨される線量の一％未満であり、レーガン乗組員全員にヨウ素剤を配布しなかった決定は正しかったと言える。当初、内部被ばくの検査をしたレーガン乗組員の九六％には体内汚染が見られなかった。

〈**筆者補足**　五千五百人以上の要員がいるレーガン乗組員のうち内部被ばくの検査を受けたのは約千三百六十人。ならば、残りの約四千四百人は受けていないことになる。しかもその九六％に体内汚染がなかったとして、千三

百六十人の四％にあたる約五十人については明らかに「内部被ばく」の事実を認めたことになりはしないか。〉

トモダチ作戦後の放射線防護措置と健康被害に関して——その１

トモダチ作戦中やその後、レーガン艦内のスペースや装備に汚染が見つかると、すみやかに除染した。除染が完了するまで、簡単に除去できない汚染は覆っておいた。福島第一原発からのフォールアウトによって、レーガンで見つかった最高レベルの汚染スポット（五万五千カウント／分）は飛行甲板にあった。そのほとんどがヨウ素（半減期は数日）で構成されていたので、レーガンが福島第一原発からの放射線プルームに遭遇した三月十三日から数週間後には、汚染は急速になくなった。甲板の汚染レベルは、横須賀基地のように、トモダチ作戦中もその後も、日本の地上施設と同じ程度だった。よって、トモダチ作戦に参加したレーガンの低レベル汚染による健康への影響は考えられない。

生殖不能となったレーガン乗組員の男性が若干増えたものの、これには様々な要因が考えられ、低線量の放射線被ばくが主な要因だという科学的証拠はない。

レーガン艦内の通常立ち入る場所は二〇一一年五月までに改善されたが、福島第一原発事故による低レベルの放射能汚染は残った。汚染は主に換気装置や空冷式電気モーターなどにこびりついていて、簡単には除去できないが、それが飛び散って吸い込んだりすることはない。

スティーブ・シモンズ　兵士たちは放射能にさらされ続けたが、当時は誰もそれほどのリスクがあるとは予想もしなかった。自分たちは人道支援に携わったのであり、放射能による大惨事が起きているなど、誰も考えてはいない。もし東京電力が、正しい情報をわれわれに伝えてくれていたなら、対応がとれないはずはなかった。

〈筆者補足〉 スティーブ・シモンズは作戦当時一九七七年生まれの三十四歳、レーガンにおいて艦載機部隊の管理官であった。トモダチ作戦終了後、帰国した彼を待ち受けたのは予期せぬ症状の発症。二〇一一年の終わりに車を運転中、突然失神した。以来、高熱に悩まされ、リンパの節々が腫れ、足の筋力が一気に衰えていく。しかも、髪の毛は抜け、体重は著しく減少、急激な体調の変化に打ちのめされ続けた。少しは落ち着いたかと思ったころ、急に全身の筋肉が切り裂かれるかのような痛みが襲いかかってきた。体のあちらこちらが腫れ上がり、膀胱不全なども発症。治療を受けていた（退役）軍人病院の医師までが放射能の影響ではないだろうか、と言うくらいにまで症状が悪化している。だが「報告書」では、乗組員が受けた放射線量は一般のアメリカ人が自然界から受ける線量より低いのだと強調し、あくまでも兵士たちの健康被害との因果関係はないと主張する。海軍では主に行政部門の専門家として職務を遂行。トモダチ作戦終了後から、彼の人生はこれまでの自分自身とは予想もつかぬ日々を送らなければならなかったという。

帰国した後、健康状態は最悪になり原因不明の発熱、重度の体重減少、震え、筋肉のけいれん、寝汗、筋肉の衰弱が始まっていく。合わせて神経膀胱炎・腸炎、および神経系統の異常から二〇一七年三月二十三日、放射線によるミオパチーとニューロパチーと診断される。その結果、両膝の上の切断を決意。今日まで、極めて悲惨な状況下に置かれている。

また、士官の立場から乗組員たちの「家庭状況」についても憂慮している。「国に尽くしたはずが、いや忠誠を尽くしたことで背負ってしまった〝被ばく〟という悲劇に家族が次々と追いつめられている。離婚や別居も増えている。たとえ、家族が元兵士たちを支えたくても健康保険もないし働けない。生活の困窮は余りにも悲惨だ。なんとかして、経済的な安定を確保してやりたいと奔走するが体力的には限界がある。そこがジレンマだ」と。

スティーブの妻は、二〇一二年一月が彼自身が自らの足で歩いた最後だという。その後、足を切断する悲劇に見舞われるのだが、二〇一四年が明けると、主治医から残酷にも「彼の葬儀の準備」をするよう宣告を受けた。このとき、彼は延命治療の拒否にサインをしている。彼女は、一日中襲う激しい痛みが少しでも和らぐ方法を求めて奔走した。このような思いを妻にさせるなんてあまりにも酷すぎると筆者の前で、慟哭した。〈膝上を残し〉両足切断後は、残された部分が常に紫色に変色し、氷水のように冷たくなっているという。ときには、ドライアイスを当てられたときのような焼けつく痛みが襲いかかる後遺症に、医師たちはやがて血液に菌が入り込みSepsis（敗血症）が発症するといった報告にも、衝撃を受けている。数年後、彼の妻はスティーブの元を去った。〉

ロン・ライト　ある日、突然、睾丸の左にある血管が膨らんでいることに気づいたのです。よく見ると、三つのボールが入っているような感じなのです。仲間に見せてやりましたよ。彼らは冷やかしていましたが内心は驚いていたはずです。

医者に診てもらうと、帰国して手術をするようにすすめられましたが、上官が受け入れてくれませんでした。結局、九月にサンディエゴに帰還するまで、鎮痛剤で痛みを抑えるほかありませんでした。

〈**筆者補足**　帰国後、軍人病院で「睾丸」の治療が不可欠という理由で海軍を除隊。このときの診断は「静索静脈瘤」となったが、放射能の影響ではないという。だが、痛みに悩まされる日常。投薬を続けながら、やがて内臓が壊れるのではないかと心配する。そして彼は言う。人は自分自身が「怪我」をして痛みを知ることによって、初めて他人の「痛み」を理解できるのだ、と。ライト元兵士は「睾丸」の異常も痛みもかかえながら今後の人生を送っていくしかないと覚悟をぶっつけた。〉

報告書・補足　トモダチ作戦後の放射線防護措置に関して──その2

トモダチ作戦に参加した一八九機の航空機（レーガン艦隊群による）からも汚染が見つかった。汚染した航空機のメンテナンス要員は被ばくしたが、検査の結果、米国人が自然界から受ける平均年間被ばく線量の一カ月分未満だった。

〈**筆者補足**　海軍は、故セオドア・ホルコムをはじめ、艦載機の除染にあたったエンジニア・メカニックらの被ばくは認めた。しかし、健康に被害が及ぶところまでは認めていない。甲板で作業に従事した要員たちの多くから被害が出ている現状にあって、彼らが被ばくした放射線量を自然界の平均年間被ばく線量と比べるなど、見識に問題がある。〉

報告書・補足　被ばくと兵士の健康被害および死亡との因果関係について

レーガン乗組員のうち放射線由来と認められる病気は、ひとりの急性リンパ線肥大と、二人の甲状腺がんだけである。これは、五千人近くが乗り込んだレーガンにおいては異例の事態とは言えない。放射線由来の病気については、被ばくした時期から病気が発症するまでの「潜伏期間」を理解することが重要である。国連放射線影響科学委員会（ＵＮＳＣＥＡＲ）によると、放射線由来の最低潜伏期間は二年、固形がん（甲状腺がんを含む）は五年。また、世界保健機関（ＷＨＯ）による福島第一原発事故の健康リスク評価によれば、白血病の潜伏期間は二年、甲状腺がんは三年、他のすべての固形がんは五年。つまり、ホルコム以下三名の乗組員らは、トモダチ作戦期間の低線量被ばくより以前に、病気のプロセスが始まっていたことを強く示唆している。

死者　セオドア・ホルコム——二〇一四年四月二十四日死亡。直接原因は骨髄腫。享年三十五歳

〈**筆者補足**　彼の死はトモダチ作戦終了からほぼ三年を経てのこと。トモダチ作戦当時、被災地に支援物資を届け、放射性物質を浴びながら空母レーガンに帰還するヘリコプターや航空機の除染にあたっていた。彼の死後（二〇一四年六月）、米国防総省（海軍）は、調査報告書を連邦議会に提出し、トモダチ作戦従事による放射線被ばくと兵士らの病気との因果関係を否定している。

彼が信頼していた幼馴染のマニュエル・レスリーによると、二〇一三年十二月二十八日、ホルコムは呼吸が困難になり、トイレで倒れ、レスリーは急ぎ退役軍人病院に運んだ。もはや、息ができる状態ではなかった。すでに片方の肺が停止、もう片方がわずかに働いていたという危険な状態にあった。胸腔から一リットル以上の液体を出したことで呼吸は少し楽になり、様々な検査が実施されていく。レスリー宅に居候しているホルコムだが一月にいったん自宅に戻っている。だが、そのとき彼の主治医はがんの診断を下している。このときから彼の健康は急速に悪化、ホスピスに入院して亡くなるまで十七カ月の間で約二十回、レスリーは彼を緊急治療室に運んでいる。彼の最終診断は滑膜肉腫であった。〉

死者　シャリーメン・アテラド——二〇一四年九月十六日死亡。急性白血病。享年二十七歳

〈**筆者補足**　彼は強襲揚陸艦エセックス乗組員であった。海軍病院に入院中、同時期にスティーブ・シモンズが別

病棟にいた。スティーブの看護師が、シャリーメンの様子をこっそりと知らせている。あなたと同じ病状に苦しんでいるもうひとりの兵士がいる、と。それを聞いたステイーブ・シモンズはなんとか会えないものかと打診しているときに彼の死を知らされ、衝撃を受ける。なお、残された彼の遺児たちに小泉は「弔慰金」を送った。ホルコムの遺族は、娘のために将来の「学費資金」口座を開設している。〉

死者　ジェーシー・ジェイムズ——二〇一五年二月六日死亡。享年二歳三カ月

〈**筆者補足**　生まれつき頭部に損傷があり、背骨の異常をもって生を受けた。何度も、手術を施行されるが力尽きている。彼の父ジェーレミ・ジェームズは「空母レーガン」の乗組員。〉

死者　ブレンダ・マスィンデ——二〇一六年十月二十三日死亡。死因は多臓器がん。享年二十三歳

〈**筆者補足**　「トモダチ作戦」による放射能の影響に彼女の死因があるとして、地元メディアは報道した。小泉元首相は「弔慰金」を原告団弁護士を通して送金した。〉

以後、死者の数は増えているが「公表」の制限がかけられるようになっていった。

小泉インタビューから得られた証言

貴重な証言として、空母レーガンの通信兵ウィリアム・ゼラーが、二〇一六年小泉元首相とのインタ

ビューで語ったやり取りを紹介したい。

ゼラー兵士は、ヘリコプターの連絡係および故障受付が主な仕事である。レーガンには二〇一一年から四年間乗り込んでいた。なおインタビューは、筆者に送られてきた艦内の様子を知らせる兵士たちの短い動画を小泉に見せてから話に入った。その動画には、任務を終えて甲板から戻る兵士たちが、レーガン艦内に入るためにくぐらなければならない「放射線探知機」から、警告音が止むことなく響きわたる様子が映っていた。そのことに度肝を抜かれた小泉が、ことの真偽を確かめようとする様子も同時に伝わってくる。

兵士　平素は艦内で作業をしているのですが、作戦が始まると何度か艦外に出されました。そこでアンテナやヘリコプターのラジオの点検をすることになりました。

小泉　外に出されたとは？

兵士　艦内ではなく「レーガン」の甲板上に出たのです。また、複数回甲板の出入り口の内側に立ち、誰も外に出られないように警備をさせられました。もし人が出ることがあれば、艦内に戻ることは不可能でした。

小泉　中というのは甲板から艦内に入る、という意味ですね。

兵士　はい、その通りです。

小泉　ところで、目的地を日本に変更するというのは、いつ聞かれましたか？

兵士　日本に向かうことになったと聞いたときは起きており、これから救援活動を行うと伝えられました。スピーカーから流れてきたので、みんなが聞いたのはこのときが初めてです。

小泉　それは韓国に向かおうとしたときに？

〈筆者補足　これまで兵士には幾度となく聞いていた……だが、聞かずにはいられなかったのか。目的地を日本に変更したアメリカに心を打たれている様子がありありと見えた〉

兵士　その通りです。韓国に向かうはずが、日本に変更されたのです。ですから、正確に言えばサンディエゴから日本に向かった形です。ハワイを過ぎた辺りだったと思います、日本に向かったのは。自分たちの艦が日本に一番近いのだ、とも伝えられました。

小泉　福島に入ると具体的にはどのような活動を？

兵士　主に艦の後方でアンテナの修理をしていました。すでにフクシマの近海に入っていたと思っています。雪が降り始めていましたから。あのときは、あっという間に全身が雪にまみれてしまいました。

小泉　それは、すでに原発事故が起きているとき？

兵士　その通りです。

小泉　福島沖に着いたときは放射能を浴びているとわかりましたか？

兵士　現地に着いたときには、そのような事故が起きていることは知りませんでした。夜のシフトで働いていたため、シフト時間が始まったときに聞かされました。十二日の夜から十三日の朝にかけてのことです。

通訳　放射能を浴びているのは十三日の朝なのでは？

兵士　そうだと思います。ただ、十二日に（水素爆発）事故があったと聞いていましたので、われわれは、その日の夜にはすでに日本に入っていました。私はそのとき、甲板上で雪の中を任務に就いていたのです。そのときキャプテンからスピーカーで、ボトルに入ったミネラルウォーターをなるべく飲まないように、と指示されました。

小泉　なぜミネラルウォーターを飲むな、と指示があったのですか？

兵士　艦内に飲み水があるので、少しずつ飲めという指示でした。すでにあったボトルに入った水は、救援活動のために寄付していたため、艦内にはペットボトルのミネラルウォーターはほとんどなくなっていたのです。今になれば、なぜ「少しずつ」飲まなければいけなかったのか、その理由がわかります……。一本でも多く被災地に届けたかったのです。

小泉　〈理由を聞いて絶句する。ひと呼吸おいて問いかける〉シャワーを浴びた人、浴びなかった人の二パターンありますね。あなたはシャワーを浴びた？　そのときは、ガイガーカウンターが鳴っていることはご存じでしたか？

兵士　はい。作戦が開始され、しばらく経ったころのことです。シャワーを浴びている最中にキャプテンから、「水を使うな、水を飲むな」と指示が出されました。もちろんスピーカーからです。福島の汚染された水を取り込んで循環させているので、急に心配になったためだと思います。

艦内にガイガーカウンターがあることは、そのときまで私は知りませんでした。私の任務は放射能にかかわる部門ではなかったため、探知器をくぐる必要がなかったからです。甲板で従事した兵士たちは、当然そこをくぐります。彼らは直ちに軍服を脱ぎ、バスタオルを巻きながらシャワールームに飛び込んでいったと聞いています。

小泉　飲み水は海水を淡水に変えて飲んでいたのですよね？　食料もその水を使っていた？

兵士　それについては、兵士のみんなと、何度も何度も話しました。「禁止令」が出たのは確か十五日のことでした。それまで自分たちは、三度の食事や水・コーヒーにお茶まで、もっと言えばシャワーも海水を汲み上げて「脱塩水」にした水を使っていたのですよ。それまで、放射能に汚染された水で食べて飲んでシャワーを浴びていました……。

〈**筆者補足**　ゼラー兵士は、最初にインタビューされたことで緊張感がピークを迎えていた。彼の視線はぐるぐると動き、この時点でも、目の前の人物がはたして「本物」なのか疑っているようだった。そんな彼に、小泉は「楽にして」と声をかけている。インタビュー後、小泉からかけられた言葉の優しさに、逆に戸惑ってしまう結果となり、猛省していると繰り返し述べていた〉

小泉　ところで、どんなものをそのときは食べたのですか。

兵士　温野菜にチキンなど……です。スープも各種あったように思います。すべて汚染された水で調理しています。

小泉　料理人が作ったものですよね？

兵士　はい、その通りです汚染水を使って調理をしたのです。だからみんながとても心配しているのです。

小泉　内部汚染が心配になりますよね？

兵士　はい、その通りです。空気はサークルミリアムという仕組みがあり、空調の循環を止める装置がありました。三月で寒かったはずなのに、なぜか生暖かかったことを覚えています。本来であれば空気の循環を止めたはずだったのですが、完全には止まっていませんでした。大きなドアに服を詰めたりして空気の遮断を試みましたが……。

小泉　実際にあなたが身体の異変を感じるのはいつごろですか？

兵士　二〇一二年まではあまり気にしませんでした。作戦当初から常に体がだるく疲れるため、任務時間以外はベッドに横たわっていました。それ以外にも様々な症状は出ていましたが、直接それらの症状を放射能と結びつけることはありませんでした。でも、振り返るとすごく心配になってきたことがあります。それは、福島沖を出て佐世保に到着する前に、アンテナなどの「汚染された箇所」を数名で掃除させられているのです。そこが不安の始まりになっています。

小泉　防護服を着けないで？

兵士　〈だまって頷く〉そのとき与えられたのは、船から落ちないためのロープと、軍服だけでした……。

小泉　除染活動とはどういうことをしたのですか？

兵士　金属ブラシと石鹸と水で掃除しました〈注・石鹸をつけたブラシでゴシゴシこすり、水で洗い流す〉。

小泉　……今、身体の具合はどうですか？

兵士　呼吸器官のスペシャリストに診てもらっています。寝ている間は無呼吸になってしまうので、寝ているときは機械につながって寝ています。

小泉　機械につながって！〈驚きの声を上げる〉ところで薬は？

兵士　ないです。

小泉　ない！　なんということ……。現在は除隊されているのですか？

兵士　いいえ、現在のところは上司の計らいで事務的な補助をしております。今日ここに来ることも、理解してくれました。日本の総理にお目にかかれるなど部屋のみんなは半信半疑でした。

小泉　〈少し小泉の表情がやわらいだ〉咳は二〇一二年からですよね？　連続的に今まで？

兵士　はい。ずっとです。寝ているときは機械がありますが。咳は二〇一二年から出ています。医者は原因不明だと言います。ですが、どうも神経系統にかかわる病気らしく、全身が痛くなることがよくあります。

小泉　医者は、咳を止める薬をくれないの？

兵士　はい。のど飴くらいです。

小泉　のど飴！　大体医者は、咳をすると咳止めの薬をくれるけどね。

兵士　くれましたが、強めののど飴ぐらいでした。一晩中胸の左側が激しく痛むことがあるのですが、それでも医者からは、心配するほどではないと言われ続けていました。……ところが最近になって、骨に妙なものができているというのです。

小泉　骨に？　それまで医者に診てもらっていたのに、ようやくわかったのですか？

兵士　そうです。何回も診察に行っていたのにです。ようやくレントゲンを撮ってもらい、判明しました。明日はＭＲＩを撮りに行きます。左ほほに違和感を感じていたのですが、診察の結果「口と鼻の間の骨がなくなっている」といわれました……。

小泉　〈絶句する。目頭を押さえながら〉今、おいくつですか？

兵士　三十五歳です。なので、医者は何がなんでも放射能に関係しているとは言わないのです。あちらこちらに異常を感じると言って診察してもらっていましたが、四年もかかってようやくその原因がわかりました。それまで海軍医からは、あなたは運動不足だから痛くなる。だからもっと運動しろと助言されていたのです。

小泉　普通は運動すると悪くなると言うけどね。

兵士　私がさらに驚いたのは、ようやくそこに異常があるとわかったのにもかかわらず、ＭＲＩを受ける前に、医者は整体のようなところに行けと言い、難色を示すと、そこに行かない限りＭＲＩは受けられないと言われたことです。仕方なく通ったのですが、その点は非常に不満があります。そこに通ったことによってさらに痛みが広がった気がするからです。

小泉　普通は病気の人には安静にしなさいと言うものだけどね。病気のときに運動しすぎるとかえって身体は衰弱すると言われていますよ〈強い口調で発する〉。

兵士　そのように言っていただいて、うれしく思います。元首相のご理解にありがたく……〈声を詰まらせる〉。ただ、ぜひとも最後に申し上げておきたいことがあります。それは、友人の兵士の部隊で、ヨウ素剤を与えられたというサインをしないとレーガンから降ろさないぞ、と強要されたことです。一度も与えられていないのにです。私たちも同様です。だが幸いにも私の上官はいい人で、われわれが「拒否」したことに対して強要はされませんでした。脅迫された「部隊」では、「レーガン」から一刻も早く下船したいために、やむをえずサインをした人もずいぶんいます。

小泉　脅迫されて……。任務によってそれぞれ放射能の影響に差があることが少しずつわかってきました。よく話しに来てくれましたね。被ばくの証拠を出せと言われているようだが「証拠」よりも「心証」が大切なのだ……。最後にきっと、日本に対して言いたいことがあるはずです。どうか聞かせてくれませんか。

兵士　われわれの部隊は、みんな日本が大好きなのです。でもまさか、元首相が自分たちのところまで来てくださるとは、いまだに信じられない気持ちでいます。本当にありがとうございました。

〈**筆者補足**　ゼラーは二〇一六年、治療を終えて帰宅途中に、突然平熱から高熱になり失神した。正気に戻ると母に電話をした。死んでしまうと思い、母に別れの電話をかけたと言う〉

以上が、国防総省が国民に向けた「報告書」を、兵士たちの証言とともに検証したものである。「被ばく」に苦しむ兵士たちの証言と報告書の程遠い現実に、空母ロナルド・レーガン艦隊群をはじめ、トモダチ作戦に参加した艦船乗員の放射線被ばくを「隠蔽」しようとする姿勢が明白となっている。

アメリカ軍はこう主張する。「放射能汚染」とは、エネルギーを発している放射性物質の粒子が空気中に拡散されること。「トモダチ作戦」による「汚染源」は、福島第一原発からの放射性プルームによるものであり、粒子（フォールアウトと呼ばれる放射性降下物）が表面に付着し、空調システムやそのほかの濃縮機（コンセントレーター）に蓄積した。また、放射能汚染には二種類ある。「遊離性」（対象物をこすることで簡単に除去できる汚染であり表面の直線的な測定で検出できる）、これはフィルターペーパーで表面を拭く（拭き取り）作業で除去が可能となる。そしてもう一つのカテゴリー「固着性」は、対象物の表面に付着していて簡単に除去できない。拭き取りでは固着性汚染物質が検出されないとする。

しかし「やすりがけ」やワイヤーブラシの使用などで除去が可能になるという。ウィリアム・ゼラーなどは、まさにこちらにあてはまる。作戦中ずっと甲板上にいた。喉の違和感にも悩まされ、海軍病院で検査したところ多量の「小結節影」が見つかっている。

さらに言えば、国防総省によるこのような「報告書」は、先章に登場したロバート・エルドリッジ（元アメリカ海兵隊政務外交部次長）をめぐる報道に重なる。国の体制側に居座る人間の「人命」を軽んじる姿勢。まさに一兵士は「捨て石」であり、「兵士の命は鴻毛より軽し」とあしらった、かつての日本軍の傲慢さが、戦後七十八年を経たアメリカでいまなお続いていることに愕然とする。

ふたりの女性兵士たちの証言

最後に、近年届けられた女性兵士たちの証言を報告してこの章を閉じることにする。

リン・コーディ（一九六一年三月十二日生まれ）の証言から

私は海軍に三十年以上にわたり従軍してきました。二〇一一年三月十二日から二〇一一年五月四日までのトモダチ作戦では、USSロナルド・レーガンで士官でした。日本のために人道支援を行ったことに誇りを持っています。ところが作戦以来、数え切れないほどの健康問題に悩まされてきました。重度の偏頭痛、記憶喪失、特に脱毛症は女性として悲しい限りです。眉毛も完全に失ってしまいました。二〇一三年のことです。顔・手・足の神経障害、混合性失禁にあわせ、耐え難いほどの全身の痛みです。これは「線維筋痛症」と診断されています。中等度の不安、うつ病、パニック発作、過敏性腸症候群があります。

二〇一一年以降、体重が約四〇～四五ポンド（約一八～二〇kg）増えました。普段通りの健康的な食事をしているのにです。もちろん毎日の運動は欠かしていません。それなのに体重は増える一方で、その理由がわかりません。しかも毎日非常に疲れやすく、体中の痛みに襲われ、朝の起床時間が苦しくなってきています。トモダチ作戦の前は、健康上の問題は全くありませんでした。

医師の診断では、結果的に「繊維筋痛症」だなんて言われ、なんだかさっぱりわかりません。

ひどくなっているのは、喉が狭くなったのか、飲み込むのが難しくなり、咳をしたり「ワッハハ」と笑うと、すぐに喉の奥がただれて痛みが続きます。

セシリア・グテラスの証言から

私は一九七〇年生まれです。教師をしていましたが、海外での軍事活動を支援する何かができれば、と「民間人」として軍隊に務めるようになりました。そこで、「軍事艦隊支援コマンド」としての職種を提供されたのです。それには海軍によるテストを受ける必要がありました。そのときの健康状態を報告するにあたり、唯一の問題は低血圧だったことです。そして二〇一〇年九月、四十歳で民間船員になりました。

バージニア州ノーフォークでのトレーニングを完了後、サンディエゴを経て、二〇一一年一月に日本の佐世保へ派遣される船に乗り込むことになりました。それは、海軍に雇われた「ペコス」という給油船です。偶然にも日本で大地震が起きたとき、もっと言えば原子炉のメルトダウンと爆発の朝に、私たちの船は佐世保を離れ、海に向かっていました。

ところが海軍から、トモダチ作戦を支援するために引き返すように命令が下されたのです。その日から、私の運命が暗転していきます。つまり、恐れていた放射能に被ばくしたのです。

セシリア・グテラス

作戦前のセシリア（本人提供）

三月二十八日から二十九日の夜にかけて、船体の安全を確認するために監視室に上がっていました。しばらくして、屋外デッキからデッキへと橋で渡るようにして、外から船内の様子を見回っていました。つまり、船全体を点検し、警備するのがその日の役目でした。

監視室に戻ると、危険地域となっているため、座標を注意しながら航行し、危険海域から退避するように、と伝える無線送信に気づいたのです。三回ほど座標を確認していると、無線で回避するように中継された正確なエリアに自分たちの船がいることがわかりました。船長とナビゲーターを急いで起こして、待避準備に入っていったのですが、放射能危険地域にいたことが判明しました。つまり、私たちはすでに被ばくしていたのです。数日以内に説明のつかない妙な症状が現れ始めました。二〇一二年の初めに五分以上立つことも歩くこともできなくなってしまったのです。

海軍病院であらゆるタイプの医者に診てもらい、三年間理学療法を受け、考えられるあらゆる種類の医療検査を受けた結果、三回の手術が施術されました。一回目は、作戦中に出血が止まらず、停泊した横須賀基地の病院で、詳しい説明もないまま子宮を切除されてしまったのです。それはとっても悲しいことでした。子どもを持つ夢が断ち切られたからです。その後も原因不明の病状に苦しみ続けたのですが、ついに自費でドクターのところに行きました。それは二〇一五年八月のことです。

そのときに初めてわかったことがあります。それはそれは恐ろしい宣告でした。私の体内にはウラン・セシウム・ガドリニウム・タリウムが入り込んでいたのです。なぜ海軍の医者はそのことを言ってくれなかったのか。苦しかった。しかし命を落としたくなかった……。以後、二十一回の治療を受けました。ときには、一度に数分以上歩いたり立ったりできるようになりました。これが支えになりました、命がつながる「希望」が見えたのです。

しかし、アメリカでは私費で治療を受けるには限界があります。あまりにも医療費が高いのです。二〇一五年のクリスマス前が最後に受けた治療でした。このときは、ドクターからホット・パーティクル（プルトニウムを含む高放射性粒子）が見つかったと報告を受けました。絶望の谷に突き落とされたようでした。そのときの診断書をご覧になりますか？　必要なら送付します。フクシマの人々のために役立ててください。

〈**筆者補足**　セシリアは、ＥＤＴＡと称する治療を受けている。体内に入り込んだ「金属」を取り出す治療である。ホット・パーティクル（プルトニウム微粒子）は、人間の肺・消化器官さらには骨に溜まり、長期間かけてがんの原因になるといわれている。ただ、検出が難しいほどの微細放射性粒子である。ホット・パーティクルに関しては福島事故当初から警告を発したアメリカ人原子力工学者アーニーガンダーソン博士がＣＮＮでのインタビューで「ホット・パーティクル（プルトニウムを含む高放射性粒子）」に言及している。〉

二〇一七年六月、テレビ局の取材で帰国した際、サンフランシスコで彼女と面会した。海軍に民間人として入った当時の写真を見せられ、あまりの美貌に目を見張った。

だが、目の前の彼女は、写真からは到底想像できないほどかけ離れた姿になっていた。巨体で歩くこともできず、母親に付き添われてシカゴから飛んできてくれた。そのときの模様は、後に日本テレビ「ＮＮＮドキュメント」で放送された。

セシリアの診断書のコピー

B. For each day in Japan since March 2011, list location (city), primary duties, and whether if you were primarily inside or outside a building. (e.g., Mar 12: Yokosuka, Naval Hospital, inside)
19 - 21 MARCH 2011 IN PORT SASEBO JAPAN - OUTSIDE
21 - 28 MARCH 2011 UNDERWAY CONDUCTING REPLENISHMENT OPERATIONS NORTHERN JAPAN - OUTSIDE
29 - 31 MARCH 2011 INPORT YOKOSUKA JAPAN - OUTSIDE
31 MARCH - 04 APRIL 2011 UNDERWAY CONDUCTING REPLENISHMENT OPERATIONS SOUTHERN JAPAN - OUTSIDE
4 - 6 APRIL 2011 INPORT SASEBO JAPAN - OUTSIDE
6 - 12 APRIL 2011 UNDERWAY CONDUCTING REPLENISHMENT OPERATIONS SOUTHERN JAPAN - OUTSIDE
12 - 13 APRIL 2011 IN PORT SASEBO JAPAN - OUTSIDE
13 - 15 APRIL 2011 UNDERWAY CONDUCTING REPLENISHMENT OPERATIONS - OFFICIALLY REMOVED FROM OPERATION TOMODACHI - OUTSIDE

PATIENT'S IDENTIFICATION: (For typed or written entries, give: Name - last, first, middle; SSN; FMP; Sex; Date of Birth; Rank/Grade.)

HOSPITAL OR MEDICAL FACILITY USNS PECOS TAO - 197	STATUS CIVMAR
DEPARTMENT / SERVICE MSFSC	RECORDS MAINTAINED AT
SPONSOR'S NAME GUTIERREZ, CECILIA C	SSN [redacted]
RELATIONSHIP TO SPONSOR	

NAVMED 6470/16 (3-2011)　　Page 1 of 4

Pg. 7

〈日本語翻訳〉

2011.03.12	体調異変により横須賀海軍病院へ搬送される
.03.19-21	佐世保海軍基地入・出港
.03.21-28	補給活動開始
.03.29-31	横須賀海軍基地
.03.31-04.04	補給活動再開
.04.04-06	佐世保海軍基地入・出港
.04.06-12	補給活動再開
.04.12-13	佐世保海軍基地
.04.13-15	補給活動再開——トモダチ作戦から正式離脱

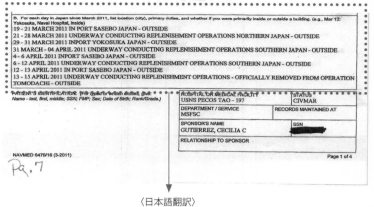

C. List non-routine events location, day/time, and duration (Example: emergency response (3 hr), Search and rescue (3 hr), provide aid (4 hr)):

DURING THE NIGHT OF THE 28TH OF MARCH AND THE EARLY MORNING OF THE 29TH OF MARCH PECOS WAS TRANSITING SOUTH TO YOKOSKA AND MADE WATER IN A CONTAMINATED ZONE. THIS WATER WAS TESTED IN JAPAN AND THE RESULTS WERE NOT DISIMINATED.

DURING OUR PORT VISIT IN OKINAWA PECOS HAD A DECON TEAM ABOARD WHO FOUND ALPHA PARTICALS IN THE VENTILATION SYSYEM OF THE SHIP.

DURING OUR PORT VISIT IN YOKOSUKA I WAS ASSIGNED TO SCAN ALL ON COMING CARGO WITH A HAND HELD RADIAC BY THE SHIPS CBR OFFICER. I WAS NOT TRAINED, AND THE SETTINGS ON THE RADIAC WERE SET TO HIGH ACCORDING TO THE OTHER THIRD MATE TO READ ANY POSSIBLE CONTAMINATION OF THE ON COMING CARGO THAT HAD BEEN SURVEYED. I HAD ALREADY COMPLETED CONDUCTING THE SURVEY OF THE ON COMING CARGO WHEN I WAS INFORMED THAT THE SETTINGS WERE TO HIGH AND THAT IF THERE WAS CONTAMINATION IT WOULD NOT HAVE REGISTERED ON THE METER.

4. MEDICAL HISTORY

A. Current Medications (list all)
NONE

B. Potassium Iodine (KI) doses	☐ Yes	☒ No	Number of Doses:
Source of KI (Example: Yokosuka Clinic, Ship, other):			
C. Previous Decontamination	☐ Yes	☒ No	If Yes, when and where?
D. History of Major Illness or Injury	☐ Yes	☒ No	
E. History of Hospitalization or surgery	☒ Yes	☐ No	
F. History of Cancer	☐ Yes	☒ No	If Yes, list type(s):
G. Do you Smoke?	☐ Yes	☒ No	If Yes, packs/day
H. Do you have Allergies	☐ Yes	☒ No	If Yes, what allergies
I. Are you pregnant	☐ Yes	☒ No	☐ NA
J. Breast Feeding?	☐ Yes	☒ No	☐ NA
K. Blood Disorders (i.e., Anemia)	☐ Yes	☒ No	If Yes, list type(s):
L. Other (List) GALL BLADDER REMOVAL / CAR ACCIDENT / THIRD DEGREE BURNS / BROKEN NOSE			

PATIENT'S IDENTIFICATION: *(For typed or written entries, give: Name - last, first, middle; SSN; FMP; Sex; Date of Birth; Rank/Grade.)*

HOSPITAL OR MEDICAL FACILITY USNS PECOS TAO - 197	STATUS CIVMAR
DEPARTMENT / SERVICE MSFSC	RECORDS MAINTAINED AT
SPONSOR'S NAME GUTIERREZ, CECILIA C	SSN [redacted]
RELATIONSHIP TO SPONSOR	

Pg 8

NAVMED 6470/16 (3-2011)

〈日本語翻訳〉

＊28日夜から29日未明にかけて、ペコスが横須賀へと航海する中で汚染水の調査を行った。われわれは汚染された海域で飲料水を作っていた。この飲料水は日本ですでに検査の結果が出ていたにもかかわらず、自分たちには知らされることもなかった。

＊私たちが沖縄に寄港すると、ペコスに放射能を探知する専門家が乗船してきた。彼らは船の換気（空調）システムにアルファ粒子が吹き付けられていることを発見している。

＊横須賀での寄港中、私は乗り込んでくる貨物をガイガーカウンターでチェックするように命じられた。私自身そのような使用方法を何ら教えられて経験はなかったにもかかわらずだ。後で知ったことだが、そのガイガーカウンターの放射線量を測るスイッチは、驚くことにはじめから「高め」の設定だったという。

筆者補足　診断にあたっては上官に欺かれていたことを訴えたが記述はなかった。いかに自分たちは上官たちに欺かれていたかと強く証言している。

M. History of Exposure to Ionizing Radiation

- [X] No know previous exposure
- [ ] If p[...]usly exposed, current lifetime exposure: ______ (mrem)
- [ ] Previously exposed, unknown lifetime exposure

- [ ] Previous Radiation Screening and Risk Assessment completed: [ ] Yes [X] No If Yes, Dates

N. Do you have any concerns regarding your exposure during this period in Japan (please list)?

OTHER THAN WHAT I HAVE ALREADY STATED I HAVE NO OTHER CONCERNS AT THIS TIME. BUT RESERVE THE RIGHT TO ADDRESS THIS ISSUE IN THE FUTURE.

5. ACKNOWLEDGEMENT OF HEALTH CONSULTATION AND COUNSELING

I understand today's health consultation and was provided information or where to find additional information regarding ionizing radiation exposure.

A. PRINTED NAME	B. SIGNATURE	C. DATE
GUTIERREZ, CECILIA C	Cecilia C. Gutierrez	06-07-2011

6. PROVIDER

A. COMMENTS

- [X] No Comments
- [ ] Further evaluation recommended: medical examiner must comment if checked

B. NOTES

NO FURTHER MEDICAL EVALUATION REQUIRED AT PRESENT

C. PROVIDER'S NAME	D. PROVIDER'S SIGNATURE	E. DATE
LOUIS W. PARSONS, MSO Ships Doctor		07 Jun 2011

PATIENT'S IDENTIFICATION: *(For typed or written entries, give: Name - last, first, middle; SSN; FMP; Sex; Date of Birth; Rank/Grade.)*

HOSPITAL OR MEDICAL FACILITY	STATUS
USNS PECOS TAO - 197	CIVMAR
DEPARTMENT / SERVICE MSFSC	RECORDS MAINTAINED AT
SPONSOR'S NAME GUTIERREZ, CECILIA C	[redacted]
RELATIONSHIP TO SPONSOR	

Pg 9

NAVMED 6470/16 (3-2011)

Page 3 of 4

〈日本語翻訳〉

私がこれまでに説明した症状以外、現時点で懸念するところはありません。しかしながら近い将来においてこの症状に対処する権利は保留しておきたい。

（以上、診断書はセシリア提供による）

第7章　二つの「トモダチ作戦」

三月十二日（土）十五時三十六分　福島第一原子力発電所一号機原子炉建屋が、水素爆発によって崩落した。テレビの映像を見ても、にわかには信じがたい出来事であった。正確な情報は得られなかったが、現場で活動している隊員、とりわけ原発近傍を航行・飛行している艦艇乗員や航空機搭乗員の健康状態が心配であった。

三月十三日（日）発災時、米海軍のロナルド・レーガン空母打撃群（ＲＲＮＣＳＧ：ＣＶＮ原子力空母一隻、ＣＧミサイル巡洋艦三隻、ＤＤＧミサイル駆逐艦五隻）は、米韓演習に参加するため西太平洋を西航中であった。大地震発生の報に接し、米海軍は急きょ米韓演習を中止し、ＲＲＮＣＳＧを三陸沖に急行させた。米空母群のカウンターパート（日米共同部隊）には、最も被害が大きい地域を担当している第一護衛隊群を指定した。

高嶋博視　海上自衛隊元横須賀地方総監

「トモダチ作戦」には二つの面がある。一つは「美談化」され、もう一つは「隠蔽」されてきた。この章ではそのことに言及したい。

三月十一日――横須賀地方総監部

この日高島総監は、総監室で十四時四十六分ごろ地震の揺れを感じ、とっさに時計を見つめたが、揺れは二分程度だったという。急ぎテレビのニュースに目をやった。「大地震」発生に応じ、十四時五十一分には可動艦艇「のとじま」そして特務艇「はしだて」に、救急出向を命じている。

一分後、自衛艦隊司令官・倉本海将が大号令を発した。

「全可動艦艇は三陸沖へ向かえ！」

三分後、第二航空軍司令・真木海将補は、任務飛行中のP－3Cを三陸沖に向かわせた。

二分後、UH－60J救難ヘリが、調査のため大湊航空基地を離陸。

さらに十四時五十八分、護衛艦隊司令官・松下海将が横須賀・大湊に在泊する可働艦艇に緊急出港を発令した。

横須賀の海上自衛隊には、横須賀地方総監部および自衛艦隊司令部の二つの大司令部が置かれている。この日の両司令部は、テレビが映し出す惨状に可動全艦艇が緊急出動の準備にかかり、艦載を終了した艦艇が次々と出港していった。最初に出港したのは護衛艦「さわゆき」で十五時四十四分のことである。

この日は金曜日であり、業務で外出している者や休暇で街に出ている隊員たちに、非常呼集（緊急招集）をかけて帰還させている。アメリカ第七艦隊でも同様の行動を起こしていた。各艦に残っていた隊員はエンジンなどの点検や準備態勢に入り、救援物資や燃料などの艦載に慌ただしく準備を整えていた。

この日の横須賀は震度五弱だった。だが、海面は岸壁に届くほど上がっていたといわれる。これは、明らかに異常事態だ。東京湾にも津波が押し寄せていたということになる。

「潮の満ち引きは、およそ六時間をかけてゆっくり動くので、海面をじっと見ていても潮の変化を認識することはできない。しかし今日は注視していると、まさに海面がぐぐっと上がり、ぐぐっと下がるという感じがする」（『武人の本懐』二八頁）

高嶋総監は、その日の日誌にこう書いている。

後に判明するのだが、横須賀港の潮汐《ちょうせき》は「大震災」から一時間後には第一波がやってきており、以後四回にわたって異常な高低潮を認めている。二回目の到来では、一・八メートルという異常値が示されていた。つまり横須賀でもこれだけの高波があったのだ。

十六時十四分、横須賀地方総監は「大規模災害派遣計画」を正式発表。被災地に向けて佐官級の連絡官を急遽派遣した。

総監室にいた高嶋は、ふと見た窓の外に、対岸の川崎辺りで火の手が上がっているのが見え、驚いている。彼が最も恐れていた事態、東京湾に大量の油が流出し始めていたのだ。

またこの日は「空母レーガン」の派遣は決定されていないものの、二日後の到着を待って作戦会議に入る予定の「ひゅうが」が前日の三月十日、定期検査のために横浜の造船所にドック入りしたばかりであった。

海上自衛隊のシンボルであるヘリコプター搭載の大型護衛艦である。本格修理に入る直前の「大震災」に、すでに陸揚げして復旧を待っていたはずの錨を上げて横須賀港へと回航していったのだった。

米兵特有の被ばく

午前三時、横須賀から緊急出港したイージス艦「ちょうかい」三陸沖に到着。

空が白み始めるころには二十隻の艦艇が次々に到着し、被災状況をはじめ生存者の捜索・救助活動を開始していった。

十五時三十六分　福島第一原子力発電所一号機原子炉建屋　水素爆発

海上自衛隊もアメリカ同様に、正確な情報は得られなかったが、現場で活動している隊員、特に原発近傍を航行している艦艇乗員やヘリ搭乗員の健康被害には憂慮していた。その時点では、放射線量の高さを探知してはいなかったということだ。また、異常も認められた様子はない。

だが高嶋は、夜半になると「フクシマ」の情報判断を全部隊に示し、メルトダウンによる注意勧告を出している。またこの時点で、海上自衛隊はアメリカ海軍「空母レーガン」打撃群——CVN（原子力空母）、CG（ミサイル巡洋艦）、DDG（ミサイル駆逐艦）——が西太平洋を、フクシマ沖を目指して航海中であることはつかんでいる。そして海上自衛隊は、日米共同部隊（カウンターパート）として、膨大な被害が出ている地域で活動を展開している「第一護衛隊群」を決定した。

十三日「レーガン」艦隊群、金華山沖到着。

「『ひゅうが』に日米両海軍の主要メンバーが参集して事前調整会議を行った。他国海軍との共同の第一歩は、情報を共有して頭を揃えることである」（『武人の本懐』五八頁）

日米両海軍とあるところが、引っかかる。海上自衛隊は「日本海軍」ではない。

また、このとき「ひゅうが」に飛来したヘリコプターが「レーガン」に帰還すると、けたたましい「探知音」に周囲が驚いている。直ちに徹底した除染作業に入り、メカニック（整備士）はヘリコプターの内部にまで「探知機」を入れ、エンジンの「被ばく」を認めている。この夜、第七艦隊バスカーク司令官が海上自衛隊幹部に放射能の「危惧」を示したのは言うまでもない。

筆者は、二〇一一年三月十三日以後、「空母レーガン」乗員の健康被害に関して繰り返し公表してきた。読者から「共同作戦」だったはずの自衛隊員の中から、あるいは少なくとも救援活動にあたった海上自衛隊員に、何ら健康被害がもたらされなかったのはなぜなのか、と疑問視する声が多々聞かれた。それは誰もが疑問に思うところであろう。

確かなことは、先の横須賀地方総監に限っていえば、冒頭にあるようにフクシマからの「放射能」に対する危機感の認識があったことは疑いもない。

ところが作戦終了後の（自衛隊の記録によると）二〇一一年六月一日以降、ひとりのＮＨＫ記者が高嶋に電話インタビューしたところ、彼は「ひゅうが」での（具体的な）調整会議（三月十三日八時半）まで、レーガンがどこを航行していたのか認識していなかったという。すでに航海日誌などの公表によってレーガンの航路は明らかにされていることである。しかも彼は、海上自衛隊の中から被ばくの影響に関する報告が出ていないことから、アメリカの原告に対しても懐疑的だったという。とすれば、解釈できるのは米兵たち特有の被ばくがあったのではないかということ、それは圧倒的に汚染された「海水」によるのではないかと考える意見もしばしば聞こえてくる。

二〇一六年五月、サンディエゴでのインタビューにおいて、レーガン艦内の様子を語るひとりの（レーガンに雇われた）民間人の声には、さすがの小泉も愕然とした。

民間人（アジア系）　私は、「空母レーガン」で部品の補給係でした。トモダチ作戦中は、特に飛行機（ヘリコプター）の部品が常に壊れるので、それを任されていました。それを直接この手で触れていいものかどうか、なんて考えたこともありませんでした。その間、三週間近くが経っていました。取り替えた古いパーツは、このような部屋（インタビュー室・十畳くらい）のあちこちに置いていました。それが危ないとわかったのは、それらが放射能スクリーニングに通されたときです。それ以後も、自分の手で触れていいものか上司に尋ねることは、アメリカに戻るまで恐くてできなかった。

小泉　貴方と同じような「民間」の雇われ人がいたことはご存じでしたか？

兵士　その部隊にひとりおりました。

小泉　どの地域からレーガンに乗ったのですか？

民間人　サンディエゴからです。先ほどの続きをもう少し話したいのですが……。測定器の目盛に一〇〇

cpmがあり、それ以下の部品はすべてこのような部屋に、それ以上のものは艦内のどこか別の場所に置いていました。ただ私は、その両方ともをアメリカに送り返す役目だったので、両方とも監視していたのです……。

小泉　放射線量の多い、少ないで変わってくるんだ。

通訳　この方は、両方とも（管理）しなくてはならなかったのです。

民間人　放射線量の値が高かったものは、（作戦終了後）佐世保に着いたときに「東京電力」の人間が引き揚げていきました。

小泉　東京電力が！　それはどんな部品なのですか？

兵士　主に、タイヤやヘリコプターの部品です。

通訳（補足）「レーガン」の艦内に、そのような汚染された部品を浄化するための「部隊」があったのです。なので、その部隊が汚染された部品を浄化し、除染した後一定の基準以下になった場合は、それをアメリカ本国に送り返すことができたということです。

民間人　しかし、除染レベルを下げられなかった部品は、二重三重の袋に詰め込み、東京電力に引き渡すことになりました。

小泉　アメリカの部品を東電が持って行ったのですか？

民間人　私には、アメリカには返してはならない、という指示がありました。

小泉　……それはかなりの量ですか？

民間人　五十～八十個ぐらいあったと思います。それほど広くない部屋でしたから。

小泉　それらの部品は放射能量が高いとわかっているのですね？

民間人　はい。誰かが知っていたのは間違いありません。一〇〇cpm以下の部品はすべてまとめ、厚木（基地）に送りました。そこには修理工場があり、そこで部品を注意深く検査し、レントゲンのようなもので検査していました。最初は一〇〇の制限以下であったものが、そのうちに一〇〇cpm以上の部品も出てきたはずです。

通訳　中を調べてみると基準以上の部品がいくつもあったということです。

小泉　救援活動が終わって、いつ福島沖を離れましたか？

民間人　（曖昧ですが）五月ごろに佐世保に向かいました。

小泉　では、佐世保からほかのところに寄って、サンディエゴに着いたのですか？

民間人　はい、そうです。私が監視義務を終えると、厚木に運ばれた部品は、東電が持っていった形跡はないと思います。別の従業員から聞いた話では、サンディエゴに似たような施設があるので、どうもそちらに行ったそうです。

小泉　五月までは福島沖にいたのですか？

民間人　そうです。ですからすべての汚染された部品は、太平洋上にいるときは厚木基地に送っていました。サンディエゴに戻ってからは、先に申したように東電と同様の別の組織に送っています。

小泉　そうなると、貴方は五月まで福島沖にいて、それから佐世保に寄ってサンディエゴに帰ったということになりますね？　全員が同じ行動ですか⁇

民間人　はい、そうです。
小泉　そうなると、「空母レーガン」は、事故後も全員が福島沖に滞在していたのですね。
民間人　四月になったら「エセックス」が交代する形でやって来ました。
小泉　「空母レーガン」が福島沖に停泊していたときは常に同じ場所ですか？
民間人　陸地の近くにはずっといたのですが、少しずつ移動はしていました。
小泉　ところで、現在あなたのお身体の具合はどうですか？
民間人　二〇一二年のどの月かは覚えてませんが、下痢（水便）が出始めて、その中に血が混じっていました。四、五日続いて急になくなり、また数カ月後同じような下痢が始まりました。医者にも伝えましたが、血液検査をしても問題ないといわれました。何回かそれが続き、今度は便秘になりました。今はとても心配しているのです。

最初はトモダチ作戦やレーガンのことなど考えてはいなかったのですが、私の友人が「レーガンのことを聞いたか」と……。その友人は多くの海軍の方が病気になり出していると言いました。そこから心配が始まりました。お腹も痛いし、下痢に血が混じるし。二〇〇一年から高血圧の薬を飲んでいるのですが、その後に急に値が高くなってきました。一七〇～一八〇に飛び上がるというのは経験したことがなく、以前は薬で普通に生活ができていました。今は薬を飲んでいても、急に一七〇などに飛び上がることがあります。高血圧がさらに高くなり、そのため仕事を休んだのです。今日は日本の元総理大臣にお話しするという、この私にとっては前代未聞の大事な会議と知って、息子の運転でここにやってくることができました。ますます心配ではあるのです。やはりフクシマ（事故）によって、私の病状が出ているのではないか？　と思うのですが、確信するすべはありません。

小泉　〈黙って頷く〉現在は、裁判の原告団のひとりですか？

民間人　はい、そうです。部品は全部汚染されただけではなく、自分が預かった（監視した）ものは、いったん壊れたもので、いずれは修理ができるものなので預かりました。汚染されたという理由だけで預かったわけではありません。そのころの作戦で使われたヘリコプターは、すべて汚染されたことによって使用不可になっています。

かなり汚染された部品でもサンディエゴに戻ってきたものもあります。どうしようもないものはユタ州のUSエコロジーという会社に預けられ、埋められたということです。

〈**筆者補足**　それまで真剣なまなざしで、厚木基地のせまい倉庫に閉じ込められたその民間人の声に耳を傾けていた小泉の表情に苦渋の色が浮かんでいく〉

小泉　貴方はヨウ素剤を飲んだというサインを強要されましたか？

民間人　いいえ、私は民間人だからそれはありませんでした。

一方で、「共同作戦」を展開させていた日米両軍であるが、報道については筆者としてもいささか不満を感じていた。なぜなら、圧倒的に米軍の活動が各紙面に登場するのに比べて、自衛隊の活動に関しては極めて少なかったからだ。これにはアメリカ軍の報道自体が、Strategic Communication（戦略的広報）と称して作戦の一部となっていることがある。これについては、やはり自衛隊のさらなる情報公開と、マスコミの変化が求められる。報道に携わるひとりとして、このときの海上自衛隊の活動をより詳しく知りたい、と報道を追いかけていたからだ。

三月十三日、作戦を開始したあの日、日本の自衛隊がレーガンの乗組員たちと共同で救援活動を実施したことは誰もが知っている。はたして、自衛官の中に被ばくした者はいなかったのか。当時の救援活動を振返る二〇一三年の記事がある。

「長期行動の途上にあったレーガンを中心とするＲＲＳＧ〈筆者注・Ronald Reagan Strike Group ―― 空母ロナルド・レーガン打撃群〉の震災対応は、海自第一護衛隊群との緊密な共同姿勢を構築するところから始まった」とあり、三月十三日の早朝、第一護衛隊群「きりしま」の艦上において、最初の日米調整会議が行われた、と記録されている。（『波涛』二二五号、一二頁）

レーガン打撃群の指揮官ギリア少将は、「災害の規模、海自部隊の活動の状況等を把握した後、海自との連携を重視」（同掲）したうえで、捜索救助や救援物資の輸送において「ＨＡ／ＤＲ（Humanitarian Assistance/Disaster Relief 人道支援／災害復旧）」に全力を尽くしたという記録が残っている。

この記録の執筆者は、現在海上自衛隊幹部学校副校長の岩崎英俊である。震災当時「第五護衛隊司令として、第一護衛隊分司令糟井《かすい》海将補（当時）の命を受け、二名の隊員とともに、直ちに海自艦載ヘリで『レーガン』に移乗、四月四日まで三週間あまりの間、海自部隊とＲＲＳＧとの連絡調整の業務に当たることとなった」とある。

確かに、このときの自衛隊は津波の犠牲者たちの救援に全力を尽くしていた。放射能の行方や汚染に関する意識が「希薄」であった可能性は大いにある。しかし作戦が開始され、レーガンのヘリが陸地に飛び、空母に戻ったとき、すでにガイガーカウンターは放射能汚染の反応を示していた。はたして空母から戻った海自の三人は、この事態を上官に報告していたのか。そして、この三人を運んだ海自のヘリの汚染についてはどうなのか。今もって明白にされていない。

岩﨑は「『レーガン』乗艦中に、多くの米海軍軍人が顕した被災地への寄付に関しては、強い感銘を受けずにはいられなかった。ＲＲＳＧ司令部が先行していた寄付活動であったが、それを知ったレーガン先任伍長が全乗員に寄付を募り、艦を挙げての対応となったのである」とも報告した。彼は、その寄付の集積場所に立ち会っている。

乗組員は、自分たちの衣服や下着、生活に必要になる様々の品を送り届けた。作戦が終了し、はじめて立ち寄った佐世保では、多くの兵士たちが衣服や下着を買いに走ったと聞いたが、まさにその通りであった。

岩﨑は「ＲＲＳＧは、極めて効果的に『ＴＯＭＯＤＡＣＨＩ（トモダチ）作戦』を遂行した。海上捜索において得られた情報を海自に提供するとともに、自ら救援物資を輸送した地点は七十カ所を超える」と記し、「米司令官は、海自の要請に基づいた作戦を計画、遂行することを第一義とし、海自との情勢認識にずれが生じないよう、また、支援が重複しないよう配慮を怠らなかった」という。

そして、空母レーガンによる「トモダチ作戦」は四月四日、北沢防衛大臣が空母へ乗艦し、式典を執り行って終了した。同日艦隊群は三陸沖を離れた。レーガン打撃群の指揮官ギリア少将、さらには空母レーガンの艦長は、自衛隊の構造には認識が深かったと言われる。

しかし作戦開始前に、これだけ徹底した連携、さらには確認を行いながらも、そこに「放射能情報」に関する記録が登場しない。はたして十三日の作戦開始当日に、空母レーガンは「放射能の行方」を知らされていたのか否か。アメリカ側は汚染されたことは認めている。だが、その線量は少ないとして、被害はないとした。一方日本側は、汚染されたということさえも認めていない。アメリカ側が認める事実をなぜ、日本側は認めないのか。背景の分析を進めながら、何らかの圧力によって伏せられているのか、あるいは何らかの忖度が働いているのかと疑念は広がるばかりである。だが確かなことは「真実」に逆らおうとすれば必ず不自然な動きが次第に浮きぼりとなってくるもの。その典型的なケースを次に紹介する。

アナザーストーリー——ロバート・エルドリッジ

これはまさに「トモダチ作戦」を語る象徴的なストーリーである。

ロバート・エルドリッジ（元アメリカ海兵隊政務外交部次長）をめぐる報道は、体制とマスコミが一体となって彼を「美談化」し、もう一つの真実を「隠蔽」する典型となった。

人は新聞を手にして、あるいはニュースを聞いて、これぞ「真実」とストレートに受け止めやすい。だが、実際は彼の行動が示すように、ニュースそのものが歪められた「通説」となることは大いにある。その最たる例が、アメリカの「イラク戦争」に関する報道であった。サダム・フセイン政権には「大量殺戮兵器」があるのだと、誰ひとり疑うことなく報道し続け、アメリカの「軍事侵攻」を肯定した。それが「欺瞞」であったことは、今や誰もが知る。

そこに「真実」があったにもかかわらず、なかったことにする。なぜ、このようなことになるのか。それは、各新聞の社主が政治路線を決定するゆえであり、それに従わない記者は「排除」されるのが通例であることによる。

「隠蔽」とは、言うまでもなく真実を曲げて偽証すること。しかしそれは、やがて暴露されることになるはずだ。だからこそ、「隠蔽」作戦はしたたかに遂行しなければならない。つまり都合の悪いことは一切述べない、ということなのだ。ロバート・エルドリッジは、この道を選択したのである。

その際たる例が「トモダチ作戦」による「被ばく」事件のみならず、フクシマの「放射能汚染」に関して一切触れないことであった。その「隠蔽」された真実について、経緯を含めて以下に述べる。


第1章でワシントンから「救援体制」が発出されるや、日本にある各アメリカ軍基地は、司令部のある横田基地を中心に救援体制をとったことに触れた。

その一つ、アメリカ海兵隊岩国航空基地は、沖縄から飛来する航空機や厚木基地の中継所となって救援物資を搭載する役目を担っていた。ロバートは東日本大震災が起きたとき、沖縄のキャンプ・フォスターにいた。日本に対する支援開始に向けて、普天間基地では海兵隊航空兵力の総力を挙げ、救援活動に投入するため、災害救援に不可欠な資機材や物資などの準備作業を夜を徹して進めていた。そして海兵隊KC－130Jスーパータンカー空中給油機の出発準備に奔走していた。同タンカーは、海兵隊とおよそ三・九トンの物資が積載可能となっていた。準備が完了すると、ロバートは十三日の未明に、先遣隊十二名とともに普天間飛行場から在日司令部のある横田基地へと向かった。

翌日、後に「トモダチ作戦」の立役者として賛美されることになるティンバーレイク大佐とともに「災害救援」の最前線となった自衛隊仙台駐屯地へと向かっている。同大佐は、震災による破壊と人的被害の甚大さに驚愕し、直ちに日本とともに救援活動に向かっていく。

またアメリカ空軍嘉手納基地では、救助支援準備が整い、18ＣＥＧ（第18工兵分遣隊）が三沢航空基地へと出発。彼らの任務は、地震で被害を受けた三沢基地の通信能力やインフラを復旧させることにあった。同分遣隊は、アメリカ空軍中最大の規模を誇る工兵部隊であり、その部隊は常に四百五十名の兵士とシビリアン（民間人）を擁している。なお沖縄という地形上、環境保護の専門家たちも所属している。さらにはＣＢＲＮＥ（Chemical 化学・Biological 生物・Radiological 放射性物質・Nuclear 核・High yield Explosive 高威力爆発物の頭文字を用いた）対処の部隊もここに属する。

三月十二日、すでに横須賀海軍基地を出港した第15駆逐艦隊の駆逐艦「カーティス・ウィルバー」「ジョン・マッケイン」「マキャンベル」は、宮城県沖で自衛隊艦艇とともに海上の状況調査に乗り出している。本来であれば「空母ジョージ・ワシントン」と行動をともにするはずが、点検中のために海上に出られず、変わって「空母ロナルド・レーガン」群との共同作戦となったのだ。しかし、レーガンに帰還したヘリコプターのパイロット十七名とヘリコプターは、海軍の規定で安全量とされる一カ月間に受ける放射線量を上回っていることが測定され、除染されたいう記録がある。

十三日（日本時間十四日）までにレーガンは、海上の捜索活動と仙台周辺への救援物資の送付を数十回実施している。この点から、仙台空港での救援活動に「被ばく」の事実がなかったとは、およそ考えにくいものがある。

なぜなら二〇一三年の時点で、先の駆逐艦三隻そしてレーガンからは、放射能の影響と思われる「重篤な健康被害」が布告されているからである。そして、レーガンは打撃群所属のイージス艦「プレブル」からへリコプターによって救援物資のピストン輸送が行われているが、ここからも「重篤被害」が出ている。フクシマの水素爆発は、この時点ではすでに判明している。だが、日本政府は原子炉格納容器には何ら異常がなく、発電所からは水素ガスが放散されているものの、「放射性物質」の放出は確認されていないと言う。同時にこのとき、自衛隊員十万人の投入を決定したという報道がある。

三月十五日（日本時間十六日）Marine News（米海兵隊ニュース）は、自衛隊主導による救援活動を在日アメリカ軍が支援するという合同作戦を初めて「OPERATION TOMODACHI（トモダチ作戦）」と名付けたと発表した。以後、さらなる海兵遠征部隊が次々と到着。未曾有の救援活動が展開されていったのである。

ほどなくアメリカ軍は、宮城県気仙沼湾に浮かぶ小さな島「大島」の存在を知る。かつては気仙沼の海に囲まれた風光明媚な島は、ツナミによって瓦礫が押し寄せ、内陸と結ぶフェリーは転覆し、たちまち孤島と化していた。しかも漁船から漏れたと言われるオイルに点火し、ボヤから火事になるといった惨事も広がり、極めて過酷な事態となっていた。大惨事からおよそ半月、島民たちは絶望の淵に立たされていたのだ。そこに上陸したのが、司令官マクマニス大佐率いる「第31海兵遠征部隊」である。言うまでもなく、彼らの旗艦エセックスは、先述したようにマレーシアから日本海域に向かい、ドック型揚陸艦「ハーバーズ・フェリー」「ジャーマン・タウン」も進路を日本へ舵と切り替えていた。海兵隊が強襲揚陸艦エセックスに搭載された二隻のLCU（揚陸艇）を使用して、気仙沼港からのフェリーが途絶え、陸の孤島と化した「大島」の海岸に上陸したのは三月二十七日のことだった。エッセクスの主力部隊が「大島」へ上陸し、救援活動が開始されたのである。それは四月一日の日付が変わる寸前まで続いた。エセックス艦内で兵士は上陸に備え、あらかじめ計画された約一週間分の物資・テント・寝袋・水などを背に、揚陸船へと乗り移っていった。部隊の野営地は、気仙沼湾を見下ろす島のキャンプ場であった。

「キッズのために、キャンディなどを持っていたら集めたい」そんなアナウンスが流れてきた（エセックス乗員ネイザン・ペトウスキー談）。

あっという間に、箱いっぱい。「これで少しは、チビちゃんたちがハッピーになればいいのだが」と、彼らは話したという。

余談だが、二〇一一年三月当時、筆者がまだ大学で教鞭を執っていたとき、ゼミの学生たちから被災地にキャンベルスープを送りたいと申し出てきた。あっというまに資金が集まり、ひとりの教え子が「高校時代の友人が横田基地に配属されているので、彼を通して送ると被災地にはより迅速に送れる」と提案した。そのときもキャンディを入れようということになった。被災地では老若男女を問わず、アメリカの甘ったるい飴が一番人気だったという。このように、アメリカの若者ならではの素直な気配りに感心した覚えがある。

もちろん「レーガン」でも同様のことが起きていた。

こうした行いは政治を超え、「日米同盟」という以前に、人として日本の惨状に心を痛め、救済しようとする心根が働いていたといえよう。

もっと言えば、海兵隊員は二百名近くが犠牲になった島民たちに「哀悼の意」を捧げることが何より優先すべきことだと感じていたのだ。島に上陸すると、彼らは海岸に直行し、そして静かに隊列を組んで「黙祷」を捧げたのであった。彼らの姿に、打ちひしがれた島の人々たちも涙した。背に重い装備を背負ったま

黙祷を捧げる海兵隊員

ま、島の玄関といわれる「浦の浜」まで一歩違わぬ足取りで行進し、浜に打ち上げられたフェリーを前に祈りを捧げる海兵隊員たちに圧倒されたと、後に島の人々は筆者に語っている。

さらに人々を驚かせたのは、夜明けとともに作業を始め、暗くなるまでひたすら続ける彼らの姿だった。凍てつく寒さの中で、それを厭うことなく淡々と瓦礫の撤去を推し進めていったのだ。だが兵士たちはわかっていたのだ、島の人々の方がどれほど辛いか、ということを。

兵士たちは大規模な瓦礫撤去作業を進めていく。その敏速さに島民たちは目をみはる。数人の兵士たちが瓦礫の中に埋まるコーヒーカップや湯呑み茶碗、さらには食器類を、あらかじめ用意したボックスに区分けして並べていく。へこんだままのドラム缶の中に、瓦礫に埋もれた木材を放り込み、たちまち火を起こし、湯を沸かし始めた。いったん熱湯で消毒した後に、軍服のポケットから取り出した紅茶を湯沸かしに入れ、カップに手早く注ぐ。それを別の兵士が、呆然と立ちすくむ島民たちに笑顔で配り始めたのだ。

いつの間にか島の元気な男の子たちも、はにかみながら海兵隊員を手伝うようになっていた。

「No Better Friend ―― これ以上の友はいない」

これこそが、海兵隊員のモットーだ。

もちろん、自衛隊員たちもこのような場面は目にしているはずである。

そして、島民・海軍兵・自衛隊のリレーによって、揚陸艇から物資を運び出す光景を、テレビのニュースで目にした人も多いだろう。陸上自衛隊の救援車両も、アメリカの揚陸艇によって大島に入っている。復旧のための民間工事車両もだ。海兵隊員は、シャワーの設備に取りかかった。それを不思議そうに見つめる子どもたちの姿も報道されている。

以後、救援作業のめどが立った四月六日ギリギリまで海兵隊の作業は続き、その日の午後遅く彼らは「大島」を離れたのであった。彼らが岸を離れる際には島民たちが見送りに繰り出し、目には別れの涙があふれていた。

岸辺では「エセックス」と「ひゅうが」が互いの健闘に敬意を表する「儀式」が行われていた。島民たちが用意した日の丸と星条旗に見送られながら、「エセックス」はゆっくりと南に針路を向けていった。

だが、その星条旗が悲しみに包まれるときが、すぐそこまで近づいていたのである。

強襲揚陸艦「エセックス」が、沖縄海軍施設のホワイトビーチに寄港したのは四月十二日のことである。

また、「ハーバーズ・フェリー」・「ジャーマン・タウン」は、一足早く到着していた。なぜ、この三隻に着目したのかというと、「トモダチ作戦」から一年を待たずして、各艦から「被ばく」の影響と思しき兵士たちの健康被害が出たからである。しかも、フクシマから放出された「放射性物質」は、「大島」で救援活動に励んだ兵士たちの身体を蝕み始めていたのだ。

このことに関してロバートは一切触れていない。少なくとも二〇一六年三月十一日の時点までは、である。二〇一六年三月、筆者は気仙沼湾に浮かぶ「大島」に滞在していた。先の三隻の足跡をたどりたかったからである。三月十一日の追悼を前に、「被ばく」で苦しみ、除隊を余儀なくされた兵士たちの足跡をたどっていたのだ（偶然なのか、ロバートも気仙沼にいた）。

島の人々は、自分たちを救済してくれた兵士たちが次々と「病」に倒れている現状を知り、驚きの声をあげた。まさか、そのようなことになっているなんて……と彼らは絶句しながら、当時のスナップ写真を次々と見せてくれた。その中に、筆者が知る海兵隊員が写っていた。思わず、声をあげた。

この年ロバートは三月十一日を前に、いまだ喪失の悲しみが癒えることなく、身体および精神の病気で亡くなる、いわゆる「関連死」が減少していないことを知って驚いている。だが、「トモダチ作戦」で被ばくした兵士たちについては、このときも一切触れてはいない。すでに、アメリカでは報道が続いていたにもかかわらずだ。

彼は「トモダチ作戦」がもたらした「大島」とアメリカ海兵隊の「絆」をアピールすると同時に、自らがその路線を敷いた立役者だと世間に認めさせようとしてきた。彼が示す「絆」とは、復旧にあたる海兵隊員たちと子どもたちが手を携えて、救援活動をする姿に涙する年老いた島民たちが、ボランティアの「あり方」を知ったところから芽生えていった「交流」である。もちろん海兵隊員たちも、任務とはいえ想像を絶する惨事に、「命令」されたからではなく「人」として涙を流しながらの行動が優っていた。彼らは、真心で作業にあたっていたのだ。戦後七十数年を経て、日本とアメリカが「トモダチ」になったことの証を若い海兵隊員は示したかった。これぞまさに「No Better Friend」である。

しかしその背景には、アメリカ軍の「策略」があることは否めない。つまり、兵士たちの「被ばく」を認めないアメリカ軍の「盾」（カムフラージュ）になることが彼の役目であったといっても過言ではないだろう。彼は作戦が終了したこの年の八月、震災で傷ついた子どもたちのために「ホームステイ」計画を立ち上げようとしていた。アメリカ軍が、作戦後も日本への「友情」を忘れていないことを知らせる一つの手段としてだ。そこで彼は手始めに、被災にあって練習のできないスポーツチームにスポットをあて、沖縄の基地

「感謝の碑」を訪れた小泉元首相

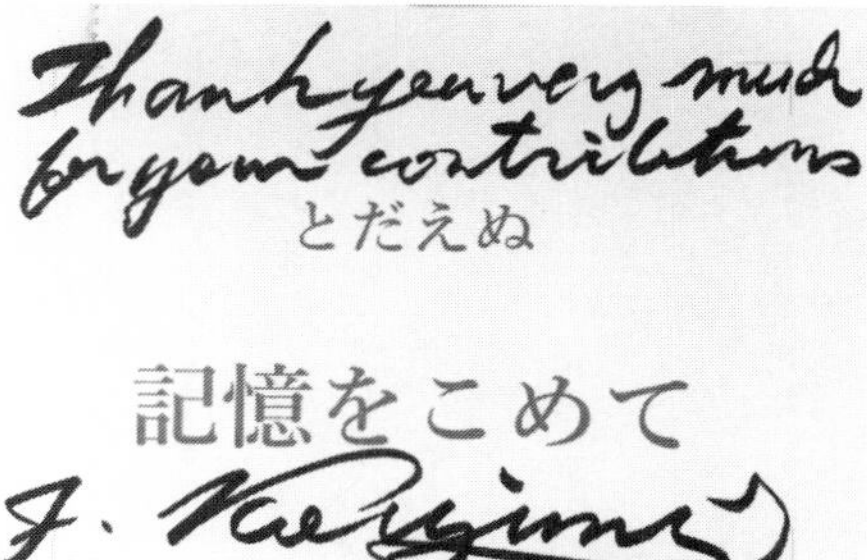
Thank you very much
for your contributions
とだえぬ
記憶をこめて

小泉元首相が捧げたカード

に招いて練習場を提供する案を打ち出した。このときすでに日本国内では「放射能」に対する懸念が拡大していたことは言うまでもない。このときのロバートには、「放射能」の危険性を把握していた感はある。ただし、それは「日本人」に限ってのことである。そうしたことから、温暖な沖縄の「アメリカ軍基地」を練習場に提供し、ときには海兵隊のチームなどと練習試合を行えば、少しでも子どもたちの精神的な苦痛を和らげることができるのではないかと考えた。だがこの計画は頓挫した。交渉していた宜野湾市が、実現に消極的な態度を示したからである。その後、アメリカ軍との交流計画は紆余曲折を経て「ホームスティ」計画は実現した。以後、その計画は続けられた。

筆者は三月十一日、大島での追悼式に参加した後、「エセックス」が出航したと思われる「小田の浜」に足を向けた。人道支援に「精魂」を傾けた、ひとりの若いアジア系兵士は、老人が発症するといわれる「奇病」を発し、二十八歳の生涯を終えた。彼は、星条旗を振り続ける島民たちにいつまでも手を振り、別れを惜しんだ兵士のひとりだった。

「空母レーガン」の士官であったスティーブ・シモンズは、病に倒れ、最初に運ばれた海軍病院で入院を余儀なくされたとき、医師から「おそらく放射能が原因であろう」と言われた。悲しみに沈んでいた彼のところにやってきた看護師は、「あなたと同じような症状の兵士」が隣の病棟にいると耳打ちして帰った。その後、彼に会わせてほしいとリクエストしたが願いはかなわなかった。彼はほどなくして死亡したからである。それがまさに先の海兵隊員であった。「トモダチ作戦」による最初の死者である。

二〇一二年十二月、八人で始まった「原告団」は、この二〇一六年に四百名を超えた。

言うまでもなく、大島で活躍した三隻からもかなりの兵士たちが訴訟に加わっていた。頑健だったはずの身体に異常をきたし、除隊を余儀なくされたからだ。だがアメリカ軍には、彼らに対し「医療」のサポートをする気配は、二〇二三年の今日に至っても何ら見られないままである。

本章で談話を挿入したネイザン・ペトウスキーは訴える。

「なぜ、海軍も東京電力もメルトダウンが起きていることを知らせてくれなかったのか。今も怒りが収まらない。作戦から十八カ月後、体重は激変・視力がいきなり衰え、ほぼ見えなくなった。医者からは、まず血液検査をすすめられ、その結果を見た医者たちは仰天した。

白血球が三十三万六千を超えていたのだ。ふつうは一万から二万くらいだといっていた。そんなことはどうでもいい。もうすぐ死ぬなんて嫌だよ。頭の真ん中に太い注射器を何度も刺され、自分を見失う。幹細胞を移植するなんて言われ、イヤイヤ治療を受けたが、どこまで生きられるのかわかったものじゃない！　どうしてくれるんだ、日本は」

終　章　パーフェクト・ストーム

爆発を起こした福島第一原発の一号機から四号機は、GE社によるアメリカ製の原子炉であり、『マークI』型といわれるものである。これらは設計上にミスがあり、GE社内部でもすでに議論が交わされていた。しかし、誰ひとりとして「ことの重大性」を受け止め、責任を取る姿勢を見せていないどころか、欠陥性を告発した「技師」たちは、社を去らなければならなかったのである。後に彼らは、「勇気ある男たち」として、賞賛されることになる。

「レーガン被ばく」の訴状では、メーカー各社側のミスに加え、東電の設計ミスも厳しく突いている。筆者が二〇一七年六月、当時の原告団代理人のひとりと交わした会話の記録を、以下に紹介する。

筆者　「設計ミス」について、どのように捉えておられるでしょうか。

代理人　一九六〇年代、後に福島第一原発が立地されることになる一帯の岩崖はおよそ一一五フィート（約三五メートル）あったといわれた。それをGEとエバスコの技師たちは、三〇フィート（約一〇メートル）にまで削り落としたのです。福島第一原発が設置される十年前までには大津波が三度もあり、それぞれ十三メートルを超えていたのです。それなのに、津波対策として建設した堤防はわずか四メートル。後に五・七メートルにあげられているとはいえ、二〇一一年三月十一日、津波が襲った高さは一四メートルだったのは、貴女だってご存知でしょう？

筆者　もちろんです。でも、いまさらそのことを話してもトゥー・レイト！　遅すぎます。しかし、（東電の）そのような無謀な姿勢がフクシマの人々に不幸をもたらしたばかりか、兵士たちをも犠牲にしている。そこが問題だと思うの。

代理人　そうなんだ。レーガンが人命救助や人道支援のために福島沖に到着する以前から、東電側はこのような設計ミスを認知しており、事故が起きても彼らの怠慢な姿勢によって、放射能が放出されていた事実。そのことは、空母レーガンの乗組員たちに知らせなければならなかった。そこが大問題なのだ。彼らこそが、水素爆発の要因となるすべてを知っているにもかかわらずだ！　レーガン側に知らせていれば、兵士たちも救われたはずだ。

筆者　（レーガンに知らせなかった）そこには何らかの理由がアメリカ軍にあったはずです。そのあたりを……。

代理人　確かに。だがもう少し東電の無謀さについて聞いて欲しいよ。歴史的に見ても津波が日本の沿岸を襲っていることを彼らは認知していた。知っているだろうけど、一八九六年には高さ四〇メートルの津波が襲い、一九二三年には一三メートルの津波、一九三三年には二八メートルの津波が襲っている。それなのに、海水ポンプを低く設置することで、運営コストを安く抑えることができると考えた。そこに東電の大過失があり、人命を軽視するどころか完全に無視した姿勢がある。

筆者　二〇一一年二月二十八日、東電は大惨事になるわずか十日ほど前に、これまで欠陥を指摘されながらも「偽り」の点検報告書を原子力安全保安院に提出してきたことを認めていますね。

代理人　そうだ。しかし、認めただけでは何の役にも立たない。貴女が言うように、トゥー・レイト！水素爆発の要因となるすべてを知りながら、レーガン側に知らせていれば、兵士たちも救われたはずなのに。

筆者　フクシマの原子炉はすべてがGE社製であり、日本の日立製作所をパートナーとして彼らが受け持った。一九六〇年、GE社は『マークⅠ』型の設計に欠陥があることを熟知していた。しかし、GE社の技師三人は壊滅的な事故を予知して辞職した。そのとき、彼らは言っているのですね。自分たちには、GE社の欠陥設計を中止させるだけの力がなかったのだと。しかし、日本側（日立）に、彼らと同様に熟知した技師たちはいなかったのでしょうか？

代理人　もちろんいた。日立製作所のエンジニアだったタナカ・ミツヒコという人だ。彼は福島の原子炉四号機に関して、圧力容器内の製造欠陥を同社が隠蔽した、と証言している。彼がこのような情報を公開したのは、チェルノブイリ事故の後のことだった。日立からは「あなたの家族のことを考えなさい」と警告されたそうだ。

筆者　つまり、脅しがあったということですね。告発者は他にもいましたか？

代理人　建設現場に立ち会った東電の関係者、トヨタ・マサトシ。彼はすでに九十歳近いが、コストを節減するために、エバスコは彼らの建設範囲をできる限り縮小しようと試みていたという。それによってやがては不具合が生じることは、関係者の目には明らかなことだった。トヨタを含め東電の誰もが、この（欠陥）事実を知りながら、何ら行動しなかった。また、「huge disappointed（大変に失望）」だと、わが身を振り返り嘆いている人もいる。

筆者　東電の技師の中からＧＥの「勇気ある三人」のような技師は出なかったのか？

代理人　トヨタが言うには、技師の多くが安全性を求めて様々なアイデアを持っていたそうだ。ただ、それを上層部に進言するだけの積極性や事故につながる指摘をする者がいなかった。なぜなら、もしも技師たちのアイデア、つまり安全性を提言するなら、ここでも莫大な費用がかかるからだと。

筆者　しかしアメリカでは、一九七二年、ときの原子力委員会安全部スティーブン・ハナウアーは、『マークⅠ』型の製造中止を模索していた。だが、同じ年に原子力委員会が原子力規制委員会と名を変更し、新たに登場してきたジョセフ・ヘンドリックは、ハナウアーの姿勢に一定の理解を示しつつも、製造を中止させようとはしなかった。もしも中止するような事態となれば、ＧＥ社の存亡に関わるばかりか、アメリカの原子力産業も大きな痛手を受けることを非常に心配した。つまり「人命」よりも「経済効率」といった姿勢が、日本の原子力村に受け継がれていくのに時間はかからなかった。日立のタナカやＧＥ社の技師たちが恐れおののき、今もなおある「原発企業（村）による人命軽視」は、一九七〇年フクシマ第一の一号機に点火された日から始まっていったのです。そして、人類史上初めての「被爆国」となったニッポンに、再び導火線を引いていったアメリカ企業の傲慢さというか、非情さがあのような大惨事を生み出す結果となった。しかも人命救助に向かっていた空母レーガン群をはじめ自国の兵士たちが、あらゆる放射性物質が飛び交うなかでプルームに遭遇し「被ばく」した。この現実を代理人として、法廷ではどのように主張なさるおつもりですか？

代理人　全く同感だ。二〇一一年六月東電の報告書から得た情報だと、地震が起こった最初の百時間の間にプルトニウム二三八、プルトニウム二三九、プルトニウム二四〇、プルトニウム二四一が空気中へ放出されたことが明らかになっている。それらのプルトニウムの総量は、一二〇〇億ベクレル（一二〇gbq）といわれている。同じ報告書の中で、ネプツニウム二三九の約一mg：七・六兆ベクレルが放出されたことに触れています。ネプツニウム二三九が崩壊すると、プルトニウム二三九になる。福島第一の一号機、二号機、三号機で放出されたセシウムは、チェルノブイリの三倍以上……。二〇一一年三月十一日の大惨事によって、日本の人々も空母レーガンやその打撃群に参加した兵士たちも、生涯において放射能の脅威に苦しまなければならない。しかも、病に侵され除隊を余儀なくされた兵士たちは、十分な医療も受けられず、社会の底辺でゆっくりと「死」に向かっていることを知っている。一九六〇年代に原子力発電所を建設する際も、四十年以上前にフクシマで原発が建設されたときも、違法に、しかも決して熟練工ではない労働者たちを、日本の貧しい地域で募集したと聞いている。彼らの健康被害も深刻だったはずだ。

筆者　その通りですね。だからこそ、原告団兵士たちは「炭鉱のカナリア」に相当する存在となっていきました。悲しい「たとえ」だけど、彼らが福島の人々に寄せる思いは、先の「勇気ある三人」を思い起こさせます。「風向き」が変わり、プルームが「海」へ流れたことで、フクシマ周辺の人々をはじめ、多くの日本人は「安堵」した（枝野の記者会見による証言から）はずです。でも海には「空母レーガン」だけでなく、自衛隊も活動していた。もっと言えば「魚貝類や海藻など」も生存していたのです。事故当時は、多くの国民が認識していなかったでしょうが。

以上の会話は、二〇一六年五月に取材した際のものである。

「トモダチ作戦」訴訟は、無残にも事実上消滅した。

二〇一九年三月四日、アメリカ巡回高等裁判所は、彼らの訴えを却下。翌年五月二十二日再度却下。健康上の因果関係が立証できれば交渉に応じなくはない、というのが東電側の主張であった。

事故から十二年経ってなお、フクシマ第一原発は「原子力緊急事態宣言」が続いたままである。三十年から四十年はかかるであろうといわれる「廃炉作業」は、燃料デブリの取り出しも頓挫したまま、汚染水を海に流そうとしている日本政府。そればかりではない。廃炉作業に関わる作業員たちに不可欠な「人材教育」に、早急に取り組む姿勢さえ見受けられないまま、今日まで来てしまっている。

事故当時誕生した赤ん坊はすでに小学校に入り、中学生、やがては大人となって「親」になる日がやってくるのだ。この間、私たち大人は何をしてきたのだろうか。事故を収束させる術を持ちながらも、「声」を上げるトーンさえ下がってしまっている。だが、福島を取り巻く汚染や汚染水処理・放射能による健康被害の不安など、果てしない恐怖のなかで人々は過ごしてきたのだ。十二年という「時の流れ」は瞬く間に過ぎ、「事故収束」作業はこれからも果てしなく続いていく。

当時、事故発生による放射能を含む「汚染水」はALPS処理をしたうえでタンクに貯蔵された。それを二〇二一年四月、日本政府は「海」に流す方針を決定した。「海」への放出は「放射性物質」の総量に規制がないためである。これを「解決案」とする政府の姿勢に、漁業を営む人々から反対の声が上がったのは当然のことである。環境への汚染をはじめ、人体への影響は誰もが知っている。だが「食物連鎖」の危険性を政府はどう捉えているのか。漁業関係者の「生業」も含め、問題が「風評被害」だけに矮小化されてはならない。あらためて東京電力や政府の姿勢に強く疑問を呈すところだ。

タンクに溜まる汚染水には「トリチウム」をはじめ遺伝子に影響を与えると危惧される放射性物質が多く含まれる。事故発生以後、「有識者」たちの間では、海洋放出・水蒸気放出・水素放出・地下埋設・地層注入などが検討された。しかし、日本政府は海洋への放出を決定した。費用が最もかからないからである。この一点をもってしても、日本政府に先のフクシマ事故からの「学び」はない。

東電は、津波の対策を怠った。言うまでもなく「費用」を抑えるために、である。

たとえ、ALPSで放射性物質を基準値以下にしようとも、「海」が汚染されるのは誰もが知る。ヨウ素一二九は、半減期が千五百七十万年という、気の遠くなる歳月、海の中にあり続ける。その間、海藻と化して魚介類に運ばれ、人々の食卓にのぼるのだ。

一九八〇年代には、トリチウムによる「染色体異常」が認められることが公表された。母親の母乳から子どもの体内に残留することも認識されている。成長過程で「骨髄」に損傷をきたし「がん」が発症。さらには寿命も縮まっているという。

アメリカでは原発がある地域に「乳がん」患者が増えている。体内にとどまるトリチウムは代謝の遅い「脂肪」にとどまり、乳がんを発症する。女性の乳房に脂肪組織が圧倒的に多いのが原因だといわれている。

二〇〇三年、ノーベル賞物理学者の小柴昌俊は、トリチウムの危険性として「核融合」は極めて重大な問題である、と当時の小泉純一郎首相に嘆願書を提出した経緯がある。だが、当時の小泉はその「認識」に至っていない。後年これについて「悔いる」姿を筆者は見ている。首相時代に「警鐘」を鳴らしてくれた人々に「敬意」を表したいというのが口癖である。二〇二二年末を最後に講演の舞台を去った彼だが、どのような場においてもこの言葉を繰り返し伝え続け、その姿勢に変わることはなかった。

渡米してトモダチ作戦に従事した兵士たちの苦しみに耳を傾けながら、小泉は健康被害のなかでとりわけ「甲状腺」問題がフクシマ、そしてレーガン兵士たちと共通していることに心を痛めている。横須賀基地配属の兵士と彼の息子が小泉との面会に応じているが、その際も当時十四歳だった息子に「甲状腺異常」が見つかったことに驚きの声をあげた。

一般的には子どもたちの甲状腺異常は珍しいケースで、百万人に一人か二人ぐらいだと専門家は言う。しかし成人すると増加の傾向にあり、特に女性に多く発症するといわれている。

チェルノブイリ事故によって、放射性ヨウ素と甲状腺がんが関連付けられたことで、フクシマの事故でも大いに危惧されてきた。「レーガン裁判」の証言台に立ったヘレン・カルディコット医師をはじめ医療関係者たちは、喉元を通り、血液に入った放射性ヨウ素は、甲状腺に取り込まれ蓄積されるとした。甲状腺では甲状腺ホルモンがつくられるのだが、その際にヨウ素が必要となる。(安定)ヨウ素剤を飲んで血液中のヨウ素の濃度を上げておくと、放射性ヨウ素の濃度は相対的に下がり、甲状腺に取り込まれる放射性ヨウ素が減るという。つまり放射性物質は甲状腺に吸収されずに排出されるというのだ。そのため、ヨウ素剤を飲む「タイミング」が重要であると主張する。もっと言えば、被ばくが予想される二十四時間前に飲んでいれば九〇％前後は危険をまぬがれる。時間が経てば経つほどその危険性が高まるため、事故を知らされたら直ちに飲んで避難することの重要性を説いている。

甲状腺がんに限って言えば、フクシマで事故が起きた二〇一一年以後「県民調査」が実施されている。検査対象は、事故当時十八歳以下の者と胎児である。検査は彼らがまず二十歳になるまでの二年ごと、それ以後は五年ごとに実施される。検査結果は「県民健康調査検討委員会」に報告されたうえで発表される仕組みだ。

これまでの報告では、まず一巡目・二巡目では通常の数十倍で多発していると発表された。事故当時、あるいはそれ以降に「甲状腺がん」の診断を受けた（当時）十八歳以下の若者には「手のひらサポート」という療養費を支援してきたという。しかし、筆者が出会ってきた若者たちには、そうした支援を受けてきた者はいない。一巡目で「甲状腺がん」が疑われた女性が、二巡目では「問題なし」と診断され、安堵する一方で新たな不安に襲われている。つまり事実を隠しているのではないか、というのである。

事故直後のフクシマで、ヨウ素剤の服用を実施したのは、（後の調査で判明するのだが）福島県三春町において町長の「独断」で町民たちに配布した一例だけだったようだ。では、なぜ福島では配布が遅れたのか。国会の事故調査委員会によると、原子力安全委員会から告知されていたが、各市町村には伝達されていなかったとのこと。

十三日には、フクシマ原発オフサイトセンターにファックスを送付したという。だが、このときセンターが機能不全に陥っていたことは言うまでもない。また、三日後の十六日には福島県知事にその旨を送付したといわれる。

筆者は、二〇二二年十一月十一日付けの「日刊スポーツ」で思わぬ記事を目にした。そこには前日の十日に開かれた文部科学相の原子力損害紛争審査会（原賠審）において、国が先の「中間指針」で示した東京電力福島第一原発事故による現時点での「賠償基準」を見直し、対象を拡大する方針で一致した、とあった。具体的な議論は今後の焦点になるだろうが、中間指針において示されていなかった事故当初のパニック状態に陥った避難の様子や、人々が住んだ地域を後にしなければならなかったことによる精神的ダメージなどが「対象」に含まれる見通しとなった。

また記事によれば、「原賠審」によって任命された弁護士を中心に、専門委員たちが事故をめぐる集団訴訟の判決を分析することになったとある。

「現在の中間指針の構造を維持しつつ、新類型化された損害を取り込む努力・工夫が求められる」と発表された内容には大いに期待を寄せるところである。

このとき、外務省は次のような声明を出した。

「わが国の周辺に米海軍の強固なプレゼンスが引き続き維持される。トモダチ作戦に従事した艦船でもあり、入港を歓迎する」

地震と津波は大自然界の活動、すなわち「天災」である。そこに人々の怒りを向けても「痛み」は消えない。だが「フクシマ」は明らかに「人災」であった。ツナミへの安全対策がおろそかであっただけでなく、備えを怠った東京電力に対する批判、さらには日本政府に迫る「フクシマ」の知事をはじめ住民の怒りはあまりある。だがそれで終わるのではない。

フクシマの原子炉格納容器は通称『マークⅠ』型と呼ばれ、GE社が一九六〇年代の後半に開発、販売し、使用開始されたものであることへの自覚。早くも一九七一年十一月十一日付けの政府機関AEC（原子力エネルギー委員会）内部において、同器の構造上の不安が浮上しはじめていた事実。欠陥を指摘した問題提起のメモが筆者の手元にある。さらにその翌一九七二年九月二十日、フクシマ事故を引き起こした『マークⅠ』型の安全性を懸念する声が上がっていたのだ。AEC委員のひとりスティーブン・ハナワーは『マークⅠ』型の安全性を調査した結果、強い懸念を示す報告書を上司のジョセフ・ヘンリーに提出した（資料編にあり）。概略は次の通りである。

「普段は正常に稼働するが、事故発生の際には、格納容器が小さいため破裂しやすく、水素爆発の可能性がある。そのため『マークⅠ』型による、さらなる原子力発電所の建設を許可すべきではない」

安全性を強く危惧したスティーブンに対し、AEC安全部門の総責任者ジョセフ・ヘンドリーの返答は、要約すると次のようになる。

「確かに、ある意味においてはスティーブンの指摘した通りである。だが、長年にわたり『マークⅠ』型が承認されていることから、万一今の時点でこの承認を取り下げるようなことになれば、原子力の将来はないであろう。なぜなら、これまで認可された発電所において今後の運営に問題が生じるだけでなく、GE社をはじめ『マークⅠ』型と同型の原子炉を製造する他社までが販売不可能となる。問題は大きい、リアクションを考えるだけでぞっとする」

問題は、このような無責任きわまる、いわゆる「もみ消し」を窺わせる返書が一九七二年九月二十五日付けで残されていることだ（資料編参照）。だが、つい最近まで世に出ることはなかった。ここに、アメリカ政府による原発に対する安全管理体制の責任を問わなければならない。それは同時に、そこには企業と官僚の癒着体制が浮きぼりになっていることも。そして、それは日本においても同様である。

次は製造会社GE社（GE）の功罪に移る。

一九七六年、GE内で三人の技術者たちが『マークI』型の危険性を強く危惧していた。彼らは以前からこの危険性を取り上げ、内部告発を続けていた。だがGE側は彼らの意見を受け入れず、結果としてこの三人は研究内容を発表したうえで抗議し、退社した。後にこの三人は「GEスリー」と呼ばれ、「フクシマ事故」を機にテレビに登場。当時の彼らの姿勢をあらためて明確にさせている。

その時点では大きな問題にはならなかったが、危険性が去ったわけではない。一九八五年になると、AECにかわってNRC（米原子力規制委員会）が新たに設けられた。委員のひとりハロルド・デントンは、「万一事故が発生した際、原子炉は九〇％の可能性でメルトダウンする危険性がある」と原子力関係会社の会議の席上で発言する。会議は混乱を来たし、数社の関係会社はGEを裁判に持ち込むとまでほのめかす。さらに彼らを刺激したのが「GE側には一九七五年以来、『マークI』型には欠陥があるとの認識があった」というGE内部の文書が明らかにされたこと。その結果一九八〇年代の終わりになると、アメリカにおいて『マークI』型の欠陥部分における若干の改善が計られた。そこで問題となるのは、この当時すでに建設済みの「フクシマ」で、はたして改善がなされたのか、ということである。ここまでの経緯をさかのぼり「フクシマ」の大惨事に目を向ければ、おのずと『マークI』型の問題点が最悪の事態を引き起こす一大要因であることは間違いない。さらには、その責任の所在である。

東電が『マークI』型の危険性を認識していなかったのであれば大問題である。だが認識があったのなら、どのような安全対策を講じようとしていたのであろうか。さらには、原子力を管理する日本政府が、どこまで『マークI』型の危険性を把握し、具体策をもって東電に対して指導をしてきたか、である。危険性を認識するアメリカ政府が、同盟国の日本に対し、どこまでAECの懸念を通告したのか。さらには、GE社は危険性を一九七五年から把握しながら、東電に対し、彼らが把握した危険性をどこまで伝えたのか。この点を、「フクシマ」県民をはじめ国民に知らせる義務がある。

彼らは家をなくし、放射能汚染に怯え、悪しき風評でいまだ厳しい毎日が続いていると聞く。フクシマ事故の際、サイバーメディアを通して窮状を訴えた南相馬市長の勇気に、世界は直ちに反応した。彼らは当時、食料の確保に奔走した。だが運搬状況においてさえ、苦難の道を強いられていたのだ。市自体が危険区域三〇km内にある関係上、隣の相馬市に救援物資センターを設けなければならない現状であった。

GE社による『マークI』型の開発は、資本主義の原理である「製造経費の節減による利潤の追求」にほかならないといわれる。だが、考えてみよう。事故発生の際の莫大な犠牲、人命と暮らしや環境の破壊、さらには隣国への汚染の波及等々。政府の指導者たちはこのようなリスクを踏まえてなお、それでも原子力発電を求めるべきだというのであろうか。ここに来てなお様々な意見を耳にする。政府管理だから安全だという声がなおも上がる。しかし先のメモにあるように、企業と一体の官僚たちは安全を管理するどころか、もみ消し作戦に転じた。そうしたアメリカ政府に国民を守る姿勢などかけらもない。

原子力発電は原爆とは異なると多くの人たちは言う。「大量殺人兵器」であるはずがないと主張する。だが、どの国の国民も惑わされてはならない。「原子力爆弾」も「原子力発電」も、物理的内容は基本的には全く同じ「核分裂」によるのだということを。違いがあるとすれば「原爆」においては、その破壊力をコントロールするどころか一挙に拡大させるところがねらいとなる。ところが「原発」の基本は、その同じ物理現象を抑えつつ、その熱量を発電のために利用できることを利点としている。だが「スリーマイル」や「チェルノブリ」さらには「フクシマ」が示したように、いったん事故が発生すると、制御できない最悪の事態が生じ、さらなる爆発により放射能は拡散するのだ。

スケールの是非はおいて、原発が原爆につながる事実はまぎれもない。あえていえば、日本には原爆は存在しないという声に対し、実際は日本各地五十四カ所に原爆（原発）を抱えている危険性。現在の原発はM八・五の地震に堪えうるものだといわれている。だが、ここでいかに最新の原子炉を開発し、M九・〇以上の地震や津波に堪えうる技術を主張しようと、忘れてはならないのは、放射性廃棄物を出し続けるということだ。これに至っては二万年以上もの気の遠くなる歳月を経てなお、放射能の完全消滅には至らない。そのため、その処分策はいまだ解明されないまま今日まできてしまっている。現代人の我欲のために、自分たちの子孫に対して犠牲を強いる現実を関係者は何と考えるのだろうか。事故の状況を究明中という菅直人元首相だが、「ツナミ」以後の事故解明だけに決して留まるのではなく、これまで述べたアメリカ政府および原子力会社の安全管理の「ずさんさ」、さらに日本政府に、このようなアメリカ側の「不行届」に対してどれほどの認識があったのか。さらに言えば「GE社三人の告発」を、政府関係者や東京電力が知らなかったはずはない。彼らこそが事実を知りながら何もしないままに、今回の大惨事を生み出した張本人たちなのである。

あの年、二〇一一年の復活祭（四月二十四日）を前に、ときのローマ法王ベネディクト十六世はバチカン・サン・ピエトロ広場での十七日のミサにおいて、人類の進歩に触れる一方、科学技術の過信を戒めた。さらには「人類は空を飛び、地球の反対側にいる人と会話するなど多くのことを成し遂げてきた。しかしいまだに限界もある」と述べたうえで「この数カ月間に起きた大災害で人々が被った苦しみに目を向けなければならない」と説いた。これは、津波による大震災とフクシマ事故の大惨事を念頭においての発言であった。

とき同じく「ニューヨーク・タイムズ」は、日本の各「原発村」には、官僚・政治家・原発企業への目に余るほどの癒着があり、すべてが金銭まみれとなって「パーフェクトストーム（完全なる嵐）」を生み出し、放射能汚染の「加害国」に転じさせただけでなく、膨大な国民を犠牲にしたと憤る。奇しくもチェルノブイリの事故（一九八六年四月二十六日）から二十五年目のことであった。今一度、「フクシマ」の現実に、そして被災者の方々の恐怖と嘆きに耳を傾け、政府の重鎮たちが小泉・細川・菅・鳩山元首相がそうであるように彼らもまた「原子力発電」の幻想から一刻も早く目覚めるときがやってくることを願いたい。同時に次世代の担い手となる若者たちの知恵と、結び合い行動する力を今後大いに期待するところである。

最後に、アメリカの人気雑誌「ザ・ニューヨーカ」の昨年二〇二二年八月十三日号から興味深い記事を紹介しておきたい。

タイトルがセンセーショナルで読者の関心を引いている。

『How Safe Are Nuclear Power Plants?――原発の安全性とはいかなるものなの?』

近年の新たな歴史として、アメリカ政府は十分な安全性を立証できないまま国民には、事故につながる危険性は極めて「最小」であると一貫していい続けてきたことを明らかにした。そして、この章に記載したＡＥＣの数字がいかにデタラメであったか、つまり当時のすべてはメイクアップ・ストーリーであるとすっぱ抜いたのだ。先の技師たちは、自分たちが提出した数字が正確でなかったことを認識。冷却施設の「フォーカス」を見誤るとメルトダウンを引き起こす危険性があると警告。しかしながら、あまりにも複雑な技術ゆえに万一電源喪失の事態に陥ったとき、直ちに復旧できる状況のみに集中すべきであるとして、ＡＥＣ関係者たちは、長時間電源復旧ができない場合のことをあえて無視し続けていたのだという。その結果の一つがスリーマイル事故でありチェルノブイリ事故へとつながっていったと告白する。それにもかかわらず技師たちは、自分たちの考えがあまりにも楽観的であったことによってフクシマ事故へとつながっていったことを悔悛する。だが、原子炉建屋を取り囲む頑強なコンクリートと鉄コンがあれば、たとえメルトダウンを引き起こしたとしても「放射能」の漏れは防げたはずだと。ところがチェルノブイリや福島は建屋そのものが吹っ飛んでしまった。この現実を目の当たりにし、彼ら技師たちはさらなる自分たちの甘さに打ちのめされる。しかも、フクシマの使用済み燃料プールは建屋の上にあり、火災が起こる寸前であった。それが燃えたならば放射能の放出は百倍以上となる。二〇一一年三月十二日以後のフクシマはそれほど「危険」が迫っていたのだ。風向きによって日本の総人口の四分の一が避難を余儀なくされた。首都東京までもである。アメリカ政府各省は、それぞれに歴史専門家を雇っている。彼らは数年ごとに配属された省庁のアクシデントを発表する義務と責任をおわされている。それによってＡＥＣ（Atomic Energy Commishion）は二〇一一年三月、第六回目のＡＥＣに関する歴史的事実を公表した。その時のタイトルは「Safe Enough? A History of Nuclear Power and Accident Risk ── 安全は充分なのか？　原子力と事故の危険性にまつわる歴史的観点」。そのなかで焦点となっているのは、言うまでもなくアメリカの原発がフクシマの二の舞になるのは時間の問題であることを立証したことである。当初アメリカは二十年の運転期間を許可していたが、四十年の延長となる動きがある。

驚くなかれ、日本の原発は六十年が経過したものまでさらに延長していることである。

エピローグ

令和という新しい元号を迎えてほどなく、アメリカからトランプ大統領が来日した。宮中晩餐会の席上で、天皇陛下は「トモダチ作戦」にふれ、感謝の意を述べられた。在日アメリカ軍の兵士たちも、陛下の言葉には頭を垂れたと聞く。

二〇一一年三月十一日当時、アメリカ国民はテレビから目が離せない状態が続いた。画面に繰り返し映し出される「ツナミ」の凄まじさに息を呑み、被災地に世界中が凝視、同情を寄せ、さらには我慢強い被災者たちに賛辞の声が寄せられた。外国人報道者の励ましや、わずかばかりの救援にさえ、人々が礼を尽くし頭を垂れる姿が映り、視聴者は胸打たれるばかりであった。

一方で、「福島第一原発事故」の報道には一喜一憂した。事故発生後菅内閣は安全保障会議を開かず、緊急事態の発令もなかった。観測史上最悪といわれる未曾有の災害に、対処すべき指揮のあり方さえ見えず、海外の人々は暗澹たる思いで事態の収拾の敏速さを願うばかりだった。世界中が緊張した。それ以上に「原発事故」では、対応が敏速さに欠け、後手に回るばかりの印象を受けた。すでに一カ月以上が過ぎた四月二十二日、ようやく東京電力の社長は福島県知事との面会にこぎつけ、「フクシマ」の原発事故について謝罪した。その際、知事は原発の運転再開を認めない姿勢を明確にした。

事故発生後、「県民の怒りと不安は極限に達している」と東電による二度の面会要請を拒否した知事の姿は、海外のメディアにも報道された。それと同時に、事故発生後も「原発依存」の政策変更の姿勢は見られない。当時の細野首相補佐官によると、事故の原因究明の終息後に「原発」の是非を問う国民投票の施行を主張したうえで、二〇三〇年までに計画通り十四基の新たな原子力発電所を建設すると四月二十三日付のウォールストリートジャーナル紙でのインタビューで言明した事実も残っている。

十二年前の二〇一一年三月十一日以後の日本は、広島、長崎の原爆投下に続き、自然災害をきっかけに未曽有の「人的災害」がもたらされ、再び放射能の「被害国」になったとアメリカでは日夜報道された。事故当時のアメリカで、日本が報じられない日はなかった。無情にも増え続ける死者や行方不明者の数に市井の人々からも、悲しみや同情、思いが届けと、全米の至るところに「義援金箱」が設けられたことは、今も筆者の記憶に新しい。全米各州の電話会社は、日本向けの「電話」を無料にした。

「フクシマ」の連続的爆発から始まる放射性物質の飛散は、海外の人々を震撼させ、「最悪の事態」を防ぐべく冷却作業の一挙一動に世界の目は釘付けとなった。それ以後、世界中の人々は「フクシマ」に収束の兆しが一向に見られないばかりか、危機レベルが増し続ける現状を注視した。農業や漁業への放射能汚染、さらには「放射能汚染水」を海へ流そうとしたことに周辺の国々が憂慮した。

放射線対策にとヨウ素剤の買い占めに走るアメリカ市民の姿が、わたくしの住むアメリカ東部の小さな村にまで恐怖の波となって轟いていた。

皮肉にも唯一の被爆国であるはずの、六十六年後の日本が、自国民、さらには周辺の国々にも、放射能被害を拡散させる「加害国」へと転じつつある現実に、自身被爆二世としての身が切なく、悲しみとともに頭の中にあらゆる思考が交錯し、いまさらに原子力のコントロールの可能性を夢に見る人間の浅はかさに打ちのめされていた。

だが、事故現場において命がけで作業を続ける人々の姿にアメリカ中が感動し、被ばくすることがないようにと祈り続ける素直な姿に励まされたことも事実である。

メディアを通して伝わる日本の現状に、人々は自然災害がもたらした「被害国」としての日本、同時に原発災害による危機管理の対応に「加害国」としての日本という両面性に目を向ける兆しが出始めるのはレーガンの被ばくが報道されたころからだろう。ようやく良識あるアメリカ人のなかから、「被害」から「加害」へと突き進む時代の変遷に「痛み」を覚え始めるようになっていった。

無情にも流れゆく歳月のなかで諦めることなく、福島の人々は東京電力そして日本政府に対し、「ツナミ」対策を怠ったことで大惨事を引き起こしたとして、訴訟を続けてきた。東京電力も日本政府も繰り返し無罪を主張し、裁判所の判決も被害者たちの訴えを退けてきた。関係者の証言が、明白であったにもかかわらずである。

当時の経営陣、勝俣恒久・武黒一郎・武藤栄の三者は、業務上過失致死傷罪で強制起訴をされながら、東京地方裁判所が「無罪」としたのは二〇一九年九月十九日のことである。この判決を東京高等裁判所も「追認」したのが二〇二三年一月十八日だった。旧経営陣の彼らが、いかに対策を先送りにしたか裁判中の証言や証拠が揃っていた結果がこの様である。

アメリカでの「レーガン裁判」も同様であった。メーカー訴訟であったが「証言」や「証拠」が揃っていた。だが、「国際礼譲」を盾に、アメリカでの裁判権を最終的に却下した。それをもって東京電力は、いかにも「裁判」に勝訴したかのような文面を「プレスリリース」し、関心ある人たちを煙に巻いている。アメリカでの訴訟が不可能になったことで、兵士たちの「訴訟」は事実上終わりを告げた。

日本政府も東電の立場を支持して日本での裁判を主張していたことが注目された。米国で判決が出た場合に、その内容が日本での原発訴訟における判決と食い違いが生じる懸念があるという理由からである。確かに、米兵士たちの健康被害と低線量被ばくの因果関係が立証された場合、同様の被害は日本にはもたらされていないと主張し続ける政府の見解が困難になることは大いに予想される。同時に、米国での損害賠償や精神的苦痛に対する高額な賠償が認められた場合、福島に対して前例となりかねないという懸念もあるだろう。

だが、筆者が平静でなくなるのは、裁判管轄権を争う以前に、国会では「レーガン裁判」を取り上げていた事実があったことだ。当時の外務大臣が、現首相の岸田文雄であることがなんとも皮肉である。

小泉元首相は渡米前、外務省北米課に自ら出向き「兵士たちの被ばく」の認識があるのか、問いただしている。「知っているが、自分たちは何もできない」との返答に憤慨した、とサンディエゴに向かう機中で語っている。

二〇一一年三月十二日に始まる福島原発の「水素爆発」以後、世界は日本が「原発放棄」を決定するのではないか、と固唾を呑んで見守った。三度にわたる「放射能」大惨事を経験した日本国民は、もはやこれ以上政府に欺かれることはないだろうと考える外国人も多くいた。だが実際は、秘密裏にアメリカの戦略である「原子力の利用」、すなわち「原爆から原発」への転用のために、多くの日本国民がその流れの渦中に放り込まれたあげく「捨て石」にされていった。

事故直後、当時の菅直人首相は「専門家」が少なすぎた、と猛省の弁を外国メディアに伝えている。ならば、今あらためて専門家に聞きたい。

GE社の『マークI』型は、一万年に一度の大事故になるかならないか、と大口をたたきながらも、使用からわずか四十年近くで「メルトダウン」の大惨事が発生した。その責任を取ることもなく、日本国民のみならず人道支援に奔走したアメリカ兵たちも「捨て石」にする無責任さ。もっといえば原発の「安全神話」の欺瞞を世にさらし、不信感だけを残しただけで何の責任も取ろうとはしない。

確かに原子力の知識や放射能など、国の内外を問わず一般国民には少々難解な面もある。だが、日本に限っていえば「非核三原則」という掟があるはずだ。すでに明らかとなっている米軍の「核持ち込み」もさることながら、少なくとも日本は自ら「原爆」を製造してはいないと公言するが、フクシマ事故が明白にした放射能の危険性においては、現に五十四基の原子炉を持つこと自体が「原爆所蔵」に匹敵するといわれても、過言ではない。あるいはそれ以上に重要なこととして、「放射能汚染」に関して言えば、実に様々な論評が世界中を飛び交い「原爆」と「原発」は違うのだ、と反論する人々も多い。だが、「被ばく」した人々にとってはまったく「同じ」こと、なのである。

「原爆を製造した物理学者たちは放射能の有害性は百も承知であった。だからこそ彼らは、広島・長崎への投下によってもたらされた心の奥底に沈む『後ろめたさ』は、人類の『平和利用』によって解消できるはずだ、と希望をもったが、フクシマの惨事を前に、結果として彼らの『後ろめたさ』は解消されるどころか、単に延期されたに過ぎないものとなった……」

このように友人の女医は、声を震わせながら水素爆発直後に電話をかけてきてきた。だが、原爆製造者たちの「後ろめたさ」を延長させたきっかけは、二度も被爆体験をした日本という国なのではないかと疑念を抱きながら、筆者自身ここまできた。「原子力エネルギー」という科学技術がもたらした人類の発展は、いったん壊れたが最後、「原発」区域周辺に住む人々だけでなく、いかなる生き物に至るまで死滅させる可能性があるのだ。現に二〇一一年三月以後、その現実を如実に示して今日がある。

科学的発展を面前に、その「平和的」利用からはたして人間はどれだけの「恩恵」を受けたというのであろうか。すべての生き物の「生命」を前に「原子力エネルギー」がどれほど命あるものに必要不可欠とされるというのだろうか。「原子力」を生み出し、さらにはそれの平和的利用と銘を打つ人間の英知など、チェルノブリに続くフクシマの大惨事を前にすれば、人間の傲慢以外の何者でもない。

もっと言えば、二万年以上もの気の遠くなる歳月を経てなお、放射能の完全消滅には至らない。そのため「核のゴミ」の処分はいまだ解決されないまま、今日まで至ってしまっている。

少数の現代人の我欲のために、自分たちの子孫に対して犠牲を強いる現実を、「原発村」の関係者はなんと考えるのか。事故当時、事態の状況を究明中といった菅首相であるが、「ツナミ」以後の事故解明のみに決して留まるのではなく、これまで述べたアメリカ政府および原子力会社の安全管理の「ずさんさ」、日本政府はこのようなアメリカ側の「不行き届き」に対しどれほどの認識があり、その「不手際・危険性」をどこまで迫ったのか。以後の報告はまったく見られない。さらに言えば、「GE三人の告発」を政府関係者や東京電力が知らないはずはない。ほおかむり続ける彼らこそ、世界中を震え上がらせたフクシマの大惨事を生み出した張本人なのであることを決して忘れてはならない。

また、同時に現代を生きる日本の人々は「子孫」への「負の遺産」を考えたことはあるのだろうか、と自問自答する。

万が一にも、原発問題は専門家に任せて、という意識があるのならどうか打ち消してもらいたい。もはや前時代の姿勢として打ち破る時代がきたと認識すべきではないだろうか。今もなお世界の空と海を汚染しているのだ。

二〇二三年、世界が震撼した日本はフクシマの事故から十二年目を迎える。

だが、岸田首相は原発の増設や老朽化した原発の再稼働や運転の延長を推し進めようとする。「核のゴミ」の始末ができない状況下でもなお、原発にしがみつく無責任さと罪深さ。世界で唯一の被爆国が、アメリカとともに開発した小型原発を日本で配置しようとする動きまで高まってきている。もはや十二年前の大惨事が遠い日の出来事であるかのように「原発」の新開発に回帰していく傲慢な姿勢。東京電力が引き起こした大事故の「責任」や「被災者」さらには「被ばく」したアメリカ兵の苦しみを置き去りにしたまま、日本政府は「見切り発車」寸前である。これを暴挙と言わずしてなんというのだろうか。


そしてこの夏、母国日本は戦後七十八年目を迎える。

この間、日本人の「国家」に対する「(曖昧な) 従順さ」にメスを入れる必要性をどれだけの人々が訴えてきたのだろうか。ただし、この「従順さ」によって敏速に戦後の復興を成し遂げた結果、今日の日本があるのだという現実を見据えたうえで、である。その「従順さ」から脱却し、過ちを正すたゆみない努力をともなってこそ、先祖を敬い、子孫を思いやる日本人特有の歴史的伝統の実践になるのではないだろうか。

その昔、筆者はシアトルで放課後に通った寺院が経営する日本語学校の壁に書かれた「第一歩を誤れば、天地より遥かに隔たりがある」という文言に胸を打たれた記憶がある。

原子力発電の将来は、科学的な見地以上に、個人の立場で「原発」の論理や将来性を見据えるまでもなく、いまや「命」ある者の「生死」に向き合い、真摯に佇もうとする道徳的観点、視点が中心となっていかなければならない時代になったはずだ。世界が知る地震国日本が、ドイツのように「原発」と決別する日が一刻も早く訪れるよう、やがて日本の指導者たちがその「道標」を示してくれるものと信じてやまないことを最後にご報告してこの稿を閉じることにする。

あとがきにかえて

二〇二三年三月十一日、東日本大震災から十二年――東北各地では十三回忌を迎え、犠牲者の家族たちによる「祈り」の姿が映し出された。十二年ひとめぐりしたとはいえ、今なお大惨事の記憶が生々しい人々に、「時には悲しみから目を離してください」などと語りかけることもためらわれる。彼らにとって家族や仲間、普通にあった日常、そして風景が一瞬にしてかき消されていったあの日以来、どれだけの喪失感にさいなまれてきたことか。だが、離れた土地に住む者にとっては、当時の記憶は薄れがちになる。それでも報道に携わる者は伝え続けることが、第一の責務だと今もって考える。

かつて気仙沼に浮かぶ小さな島、「大島」でトモダチ作戦に従事したアメリカ兵たちの足跡を訪ねたときのことだ。新築の店舗でコーヒをごちそうになったとき、筆者がアメリカ人だと知って、同席した一人のご老人の語った言葉が忘れられない。

「途方に暮れ、呆然と海岸べりに立ちつくしているわしらの前で、若い兵隊さんが黙々と瓦礫を片付けてくれとる。それが見事なものよ。自分たちが用意したプラスチックの箱に使えそうな湯呑み茶碗や皿などをそれぞれ分けながら入れてくれてね」

ふと、一人の兵士と目があって「サンキュー」とヘタクソな英語で言ったという。

驚いて顔を上げた若い兵士はアジア系だった。彼の目には涙が光っていた。

何事か言われたが意味がわからなかった。「わからん、わからん」と手を横に振ると、彼も身振り手振りで「目の前のことは（×）ぺけ、それから遠くを指差し、大きな（◯）まるを両手で……」と私に説明しながら涙ぐんだその老人。

きっと兵士は「目の前のことはもはや問題ではないのです。もっと遠くを見てください」と言いたかったのでしょう、と彼の心境を勝手に想像して話した私だったが、老人は黙ってうなずき、店を出ていった。忘れがたい不思議なひとときを体験した。

フクシマ事故をめぐって、日本は脱原発の時代を迎えようとする方針を、国民のコンセンサス（総意）としてめざしたかのように思われた。たとえそれが一時的にせよ、である。原発に頼らなくても電力は足りていると小泉元総理が繰り返し国民に主張したように。

だがその後、不幸にしてウクライナ戦争が勃発し、ロシアに対するＮＡＴＯ（北大西洋条約機構）に加盟する国による経済規制により、天然ガスや石油をはじめとするエネルギー価格は高騰した。日本政府はそれを口実に、原発再稼働を許したのみならず、老朽化した期限付きの原発さえも期限の延長を平然と宣言した。それればかりではない、新技術による「より」安全性が高いとされるＳＭＲ（Small Modular Reactor：小型モジュール炉）の開発も日米協力のもとで推し進められている。その安全性については、さまざまな見方があるが、何万年にもわたって危険を伴う「廃棄物」の処理に至っては従来と何ら変わりはない。これでは「もとの木阿弥」ではないか。まさに、世界を震撼させた十二年前の原発事故を経て、元の鞘に収めようとする日本政府の姿そのものである。その影で福島の人々の多くが今なお故郷に帰れず、健康状態は悪化の一路をたどるばかりだ。汚染水の処理も然りである。海に囲まれた日本は、太古の昔から海の恵みに支えられ今日まできたはずだ。その「母なる」海さえも汚染しようとしている。それでも日本の司法は政府をかばい、東北の人々を「捨て石」にした。加えていえば、「トモダチ作戦」の被害者までも、だ。日米両政府の利益と兵士たちの「命」を天秤にかけ、アメリカの最高裁までが切り捨てた。

世界中の人が、自然災害の多い日本国では地震・ツナミ・火山活動、さらには「海」の温暖化にいたるまでさまざまな要素によって、ふたたび原発事故が起きることを危惧している。そうなって初めて、日本の全国民がめざめ「東京電力のフィクション」に気がつき、真の意味での「脱原発」運動がわき起こることを大いに期待するところである。言うまでもなく、「原発」イコール「核」なのである。

本年五月十九日、筆者は広島にいた。G7首脳陣らが平和記念公園を訪れ、「慰霊碑」に花を手向け、弔意と敬意（カナダ首相）のために瞑目した姿に嫌悪感を抱いたのは筆者だけではないだろう。核兵器をもつ国の指導者然り、二つの原爆を落とした我が母国アメリカの大統領バイデンに至っては、記念公園に足を踏み入れるときでさえ「フットボール（核のボタン）」を空軍女子兵士に持たせてやってきた。厚顔無恥とはこのことだ。

もっと言おう。平和記念館を訪れた際に記帳した「芳名録」には、〝世界から核兵器を最終的には、いや永久になくなる日に向けて共に歩もう〟などと記帳した。

これが、原爆投下の犠牲になった人々への思いだとするなら、広島・長崎の人々は怒りの声をあげてほしい。さらに言えば、二〇一六年、現職のアメリカ大統領として初めて広島を訪れた当時のバラク・オバマは〝戦争の苦しみを共に経験した我々は、ともに平和を広め核兵器のない世界を追求する勇気をもとう〟と記した。だが、そのときでさえ「フットボール」は持ち込まれていたのだ。

極めつけは岸田首相である。

「歴史に残るG7サミットの議長として各国首脳と共に『核兵器のない世界』を目指すべくここに集う」

広島の被爆者たちは、怒る。

「広島出身だからと言って被爆者のふりするな」と。まったくそのとおりだ。

彼らは年老いて、怒りや悲しみを言葉に出すことさえままならなかった。

イギリスのスナク首相は、いみじくも自国の文豪シェークスピアを引用して、「悲しみを言葉に出せ」と説く。しかし原爆の閃光に照らされた広島・長崎の人々の恐怖と苦しみは、どのような言葉でも言い表すことはできない。だが、わたしたちが魂を込めて言えるのは『繰り返さない』ということなのだ。

そうなのだ、『過ちは繰り返しません』。

二〇二三年五月十九日、閃光の犠牲になった人々の魂が広島の空に集結し、この日の首脳たちを取り囲んでいた。戦争がもたらす最大の代償とは「核」の犠牲者であることを、日本中の何人が理解できているのだろうか。被爆者の非業・非命の歴史は広島・長崎だけで終わらせなければならないのだ。

そして、最後に言いたいことがある。

近隣諸国の危惧さえ無視して、汚染された「原発処理水」の放出がせまっていることに強い危機感と怒りを覚える。「空母レーガン」兵士たちの証言が物語るように、被ばくの被害は甚大なものなのである。それにもかかわらず、岸田政権は、原発を推進するためのＩＡＥＡ（国際原子力機関）を後ろ盾に海洋放出させるという。彼らは「処理水」に含まれるのはトリチウムのみというが、それだけではない。海洋生物が体内に取り込みやすいストロンチウム90や炭素14など多くの放射性物質が含まれていると専門家たちが言う――それがたとえ低濃度とはいえ。

しかも日本政府の言い分が正しかったとしても、現在我が母国アメリカのニューメキシコ州・ロスアラモス（広島・長崎に投下した原爆の製造地）においてトリチウムを「空気中」に放出しようとして大反対が起こっている。日本が海洋生物であれば、アメリカは陸上生物によって食物連鎖がはじまっていくのだ。そして、最後に人々は「空母レーガン」の兵士たちに象徴される病の発症に苦しむようになる。

二〇一五年、東電は漁業者に対し、地下水をコントロールするためにサブドレンからくみ上げた水を浄化して放出する、と説得した。その結果、漁業者は承諾せざるを得ないという事態があったことを漁業にたずさわる人々は忘れていない。その際、東電は関係者の合意なくして放出はしないと約束した。それを臆面もなく、破ったのだ。

二〇一一年三月十一日以来、東北の人々は「復興」に全身全霊を捧げてきた。これは彼らに対する人権無視そのものの姿勢である。まさにアメリカ政府が「被ばく」した兵士を置き去りにしたように。さらに言えば、福島の復興費をカットし、「トマホーク」（巡航ミサイル）を購入しようとしている。一基につき二百万ドルである。四百基の購入予定だと、今年二月二十七日付け日経新聞に掲載がある。これを使用するようなことになれば「核戦争」にエスカレートすることは紛れもない。

二〇二一年三月三日付けの産経新聞朝刊では、二〇一一年三月十一日当時の駐日アメリカ大使のインタビューを掲載している。そのなかに「自分の足で被災地を回ってみて強く印象に残ったのは、悲劇的な出来事を乗り越えようとする東北の人々の強さや回復力だ」と語っている。

汚染水放出の強行策は、放射性物質に満ちた「災害」となり、まさにエンドレスの「災難」である。日本は古来より「母なる海」の恩恵をうけてきたはず。その海に恩を仇で返すとはこのことだ。この脅威に、人々は一刻も早く目覚めるべきではないだろうか。

ここまで書かせてくださったたえにし書房社長塚田敬幸氏をはじめ、訴訟用語は横須賀在住の呉東正彦弁護士さらには軍関係に関してはブライアン・ヴィクトリア博士によるアドバイスによって完成にこぎつけることができた。心より感謝の意を表したい。

本書を完成するにあたり協力して下さった人たち
吉原毅　河合弘之　林茂紀　水口保　大倉弘之　藤原晋　澤園昌夫　湯川二朗　国松薫　牛丸さやか
故渡辺悦司氏には、早くからレーガン兵士たちの放射能汚染に関する分析データを作成いただいた。ここに哀悼の意をささげたい。

二〇二三年七月一日

エィミ・ツジモト

資 料 編

資料編　目次

UNITED STATES
ATOMIC ENERGY COMMISSION
WASHINGTON, D.C. 20545

September 20, 1972

J. F. O'Leary, L
F. E. Kruesi, RO
L. Rogers, RS

Here is an idea to kick around. Please let me have your reactions.

S. H. Hanauer, DRTA

cc: E. G. Case, L
J. M. Hendrie, L
D. F. Knuth, L
R. L. Tedesco, L
V. Stello, L
G. Lainas, L

近年のいくつかの出来事を鑑みた際、安全性の欠陥が明らかになった。確かに安全上のメリットはあるが、デメリットはそれ以上にあることが判明している。アメリカ原子力委員会（AEC）はこれ以上、（マークⅠ型などの）圧力抑制型格納容器を使用しない方針に転換するべきことを提案する。さらにいえば一定の期日を定めた上で、以後は設立を許可してはならない（たとえこの方針を受諾したとしても、2年間の猶予にかぎる）。

これは、1972年9月25日に遡るAEC（アメリカ原子力委員会）安全部のスティーブン・ハナワーが上司のジョゼフ・ヘンドリーに対し送った「オフィシャル・ドキュメント」である。最重要箇所である「結論」のみを和訳した。

米国原子力委員会の公式文書

DRAFT

Pressure-Suppression Containments

1. Conclusions and Recommendations

Recent events have highlighted the safety disadvantages of pressure-suppression containments. While they also have some safety advantages, on balance I believe the disadvantages are preponderant. I recommend that the AEC adopt a policy of discouraging further use of pressure-suppression containments, and that such designs not be accepted for construction permits filed after a date to be decided (say two years after the policy is adopted).

2. Discussion

A pressure-suppression containment system has some means of absorbing the heat of vaporization of the steam in the fluid released to the containment volume. In all three GE models, the steam is forced to bubble through a pool of water and is condensed. In the Westinghouse design, the steam is condensed by flowing it over ice cubes. The objective is to reduce the pressure in the containment through "suppressing" the partial pressure of the steam by condensing it. To be effective, pressure suppression must take place concurrent with the flow of steam into the containment, and its effectiveness is therefore dependent on the rate at which steam is generated or released. If some unexpected event should result in steam generation or flow greater than the suppression capability, then the steam that is not condensed would add an increment of containment pressure. Since the objective of pressure suppression is to permit use of a smaller containment, rated at lower pressure than would be required without suppression, then incomplete suppression would lead to overpressurizing a pressure-suppression containment so designed.

It may be noted that the Stone and Webster "subatmospheric" design has little effect on the initial containment pressure rise due to an accident, and is therefore not a "pressure-suppression containment" for the present discussion. In this design, chilled water sprays are used to reduce the containment pressure, and therefore the containment leakage, quickly after a postulated LOCA. The pressure capability and volume are designed to take the full accident, without credit for condensation.

Like all containments, the pressure-suppression designs are required to include margins in capability. Experiments have been conducted by GE and Westinghouse to establish the rate of steam generation that can be accommodated. The pressure-suppression pools, ice condenser, etc., are then sized for the double-ended break steam flow, with margins for unequal distribution of steam to the many modular units of which the condenser is composed. The rate and distribution margins are probably adequate.

More difficult to assess is the margin needed when applying the experimental data to the reactor design. Recently we have reevaluated the 10-year-old GE test results, and decided on a more conservative interpretation than has been used all these years by GE (and accepted by us). We

now believe that the former interpretation was incorrect, using data from tests not applicable to accident conditions.

We are requiring an independent evaluation of the ice condenser design and its bases to make less probable any comparable misinterpretation of this design.

Since the pressure-suppression containments are smaller than conventional "dry" containments, the same amount of hydrogen, formed in a postulated accident, would constitute a higher volume or weight percentage of the containment atmosphere. Therefore, such hydrogen generation tends to be a more serious problem in pressure-suppression containments. The small GE designs (both the light-bulb-and-doughnut and the over-under configurations) have to be inerted because the hydrogen assumed (per Safety Guide 7) would immediately form an explosive mixture. The GE Mod 3 and the Westinghouse ice condenser designs (they have equal volumes) require high-flow circulation and mixing systems to ensure even dilution of the hydrogen to avoid flammable mixtures in one or more compartments (see following for an additional serious disadvantage of this needed recirculation and its valves). By contrast, the dry containments only require recombination or purging starting weeks after the accident.

All pressure-suppression containments are divided into two (or more) major volumes, the steam flowing from one to the other through the condensing water or ice. Any steam that flows from one of these volumes to the other without being condensed is a potential source of unsuppressed pressure. Neither the strength nor the leakage rate of the divider (between the volumes) is tested in the currently approved programs for initial or periodic inservice testing. Some effort is now underway to devise a leakage test, but none has so far been accomplished.

Because of limited strength against collapse, the "receiving" volume has to be provided with vacuum relief. In all designs except GE Mod 111, this function is performed by a group of valves. Such a valve stuck open is a large bypass of the condensation scheme; the amount of steam that thus escapes condensation can overpressurize the containment.

Valves do not have a very good reliability record. Recently, five of the vacuum relief valves for the pressure-suppression containment of Quad Cities 2 were found stuck partly open. Moreover, these valves had been modified to include redundant "valve-closed" position indicators and testing devices, because of recent Reg concerns. The redundant position indicators were found not to indicate correctly the particular partly open situation that obtained on the five failed valves. We have only recently begun to pay serious attention to these valves, so previous surveillance programs have not generally included them. The GE Mod 111 design has an elegant water-leg seal that obviates the need for vacuum relief valves.

The high-capacity atmosphere recirculation systems provided for hydrogen mixing involve additional valves which, if open at the wrong time, would constitute a serious steam bypass and thus a potential source of containment

over-pressurization. These valves are large, and must open quickly and reliably when recirculation is needed. In other engineered safety features, no single valve is relied on for such service, yet redundancy has not been provided even for single failures, open and closed, of these valves. This is a serious mission, since opening at the wrong time leads to over-pressurization, while failure to open when needed inhibits recirculation.

The smaller size of the pressure-suppression containment, plus the requirement for the primary system to be contained in one of the two volumes, has led to overcrowding and limitation of access to reactor and primary system components for surveillance and in-service testing. Separate shielding of components has tended to subdivide into compartments the volume occupied by the primary system. (Some compartmentation of dry containments also occurs.) A pipe break in one of these compartments creates a pressure differential; each compartment must be designed to withstand this pressure. A method of testing such designs has not been developed.

What are the safety advantages of pressure suppression, apart from the cost saving. GE people talk about a decontamination factor of 30,000 from scrubbing of iodine out of the steam by the water. This is hard to swallow, but some decontamination undoubtedly occurs. One wonders why GE doesn't do an experiment to measure it, and get credit for it. The ice condenser decontamination is measurable but not significant.

Recirculation of the containment atmosphere through the ice has the potential for rapidly reducing the containment pressure by cooling its atmosphere. But in the present design there's not enough ice for that, so containment sprays are furnished (in both volumes), just as in dry containments. Recirculation through the water in the GE designs seems not to have been tried, but may be necessary in Mod 111 for hydrogen control. We have no analysis whether any significant cooling will result.

It is by no means clear that the pressure-suppression containments are, overall, significantly cheaper than dry containments when all costs are included. Information on this point would be useful in evaluating costs and benefits, and should be obtained.

September 25, 1972

Note to John F. O'Leary

With regard to the attached, Steve's idea to ban pressure suppression containment schemes is an attractive one in some ways. Dry containments have the notable advantage of brute simplicity in dealing with a primary blowdown, and are thereby free of the perils of bypass leakage.

However, the acceptance of pressure suppression containment concepts by all elements of the nuclear field, including Regulatory and the ACRS, is firmly imbedded in the conventional wisdom. Reversal of this hallowed policy, particularly at this time, could well be the end of nuclear power. It would throw into question the continued operation of licensed plants, would make unlicensable the GE and Westinghouse ice condenser plants now in review, and would generally create more turmoil than I can stand thinking about.

Joseph M. Hendrie

RECEIVED
1978 JUN 23 AM 10: 35
OFFICE OF THE SECRETARY
D.C.

FOIA
78-9

B-43

米国原子力委員会の公式文書について報告した書類

〈314頁米国原子力委員会の公式文書について報告した書類の訳〉

ヘンドリーは、同日ハナワーから受け取った書簡に対して彼の上司であるジョン・オデーリーに報告したメモが残る。以下、要約する。

『圧力抑制型格納容器システムの「認可」を停止せよというスティーブの提言に対して、いくつかの点は確かに「魅力的」である。

だがすでに「承認」されている原発の稼働そのものが問題となり、これまでの方針を撤回する事態となれば原子力発電そのものを終息させる結果になりかねない。

ましてやすでに「承認」した稼働は問題視される。

GE社やウエスチングハウス社などの今後の計画を「不認可」にせざるを得なくなる。これらを想像するだけで、我々にたいして騒然とする事態となるだろう。

ゆえに、彼の意見を受けつけるわけにはいかない。』

THE ASSISTANT SECRETARY OF DEFENSE

1200 DEFENSE PENTAGON
WASHINGTON, DC 20301-1200

HEALTH AFFAIRS

The Honorable Richard J. Durbin
Chairman
Subcommittee on Defense
Committee on Appropriations
United States Senate
Washington, DC 20510

JUN 19 2014

Dear Mr. Chairman:

This letter provides a final report (enclosed), as requested in the Joint Explanatory Statement accompanying the Consolidated Appropriations Act, 2014, page 90, "Radiation Exposure," to the congressional defense committees on the number of sailors serving on the USS RONALD REAGAN during Operation Tomodachi who were potentially exposed to increased levels of radiation during the humanitarian mission. Our interim report, submitted on March 27, 2014, promised a final report by June 30, 2014.

Some sailors who developed cancer and other serious health conditions allege radiation exposures while serving on the USS RONALD REAGAN during Operation Tomodachi may be the cause. There is no objective evidence that the sailors on the USS RONALD REAGAN during Operation Tomodachi experienced radiation exposures that would result in an increase in the expected number of radiogenic diseases over time. The estimated radiation doses for all individuals in the Operation Tomodachi registry, including sailors on the USS RONALD REAGAN, were very small and well below levels associated with adverse medical conditions. A detailed explanation of the data collection, methodologies, analyses, and conclusions are included in the enclosed report.

Thank you for your interest in the health and well-being of our Service members, veterans, and their families. A similar letter is being sent to the other congressional defense committees.

Sincerely,

Jonathan Woodson, M.D.

Enclosure:
As stated

cc:
The Honorable Thad Cochran
Vice Chairman

米国国防総省（ペンタゴン）次官補から国防相分科会・会長宛ての書簡

〈312頁米国国防総省（ペンタゴン）次官補から国防相分科会・会長宛ての書簡の訳〉

前頁の書類は国防総省（ペンタゴン）次官補より、アメリカ上院国防相分科会・会長にあてた書簡である。「原子力空母レーガン」による「被ばく」に関する回答を「要約」した日本語訳は、以下である。

トモダチ作戦中のUSSロナルド・レーガン（など）人道的支援にあたり、放射線レベルの上昇によって癌やその他の重篤な健康状態を発症した乗務員の中には、放射線の影響を主張する人もいる。作戦中の被ばくは調査の結果、放射能汚染により被害をもたらしたという客観的な証拠はない。なぜならば被ばく線量の差は非常に少ないからである。（結論の詳細は本文中にあり）

〈筆者注〉

言うまでもなく、甲板で作業した乗組員やヘリコプターの乗員たちと、各艦船の艦内にいた乗組員とは被ばくした線量に大差があることは明白である。にもかかわらず、この書簡においてはその「差」を認めようとはしていない。

STATEMENT OF INTEREST OF AMICUS CURIAE

Since the accident at the Fukushima Daiichi Nuclear Power Station, the Government of Japan has acted to ensure that individuals and entities injured as a result of the accident receive fair compensation. Through laws passed by the Japanese Diet, the Government of Japan provided extraordinary financial support for Defendant-Appellant Tokyo Electric Power Company Ltd. ("TEPCO") and thereby secured TEPCO's solvency and ability to pay damage claims. The Government of Japan also designed and implemented a framework for the just resolution of all damage claims associated with the accident under a universal set of guidelines, and established Government-financed funds for the payment of damages.

The Government of Japan has a direct and substantial interest in protecting the viability of this carefully wrought claims-resolution and compensation system, which is threatened if Fukushima-related damage claims, like those in this case, are adjudicated outside of Japan.

ARGUMENT

1. The Government of Japan Has Developed a Comprehensive System to Ensure Compensation for Victims of the Fukushima Nuclear Accident.
Since the Fukushima nuclear accident in 2011, the Government of Japan has taken unprecedented steps to ensure that funds will be available to compensate victims, and that victims will have access to a fair system for deciding their claims under a universal set of guidelines.

The Government of Japan has provided billions of dollars' worth of financial support to TEPCO, ensuring that TEPCO remains solvent. Within a comprehensive system developed by the Government of Japan as a result of this financial support and other legislative steps taken by the Japanese Diet, victims seeking nuclear damage compensation can submit a claim either directly to TEPCO, to the Nuclear Damage Claim Dispute Resolution Center (which provides ADR services), or to a court in Japan.

Compensation payments by TEPCO are financed by the Government of Japan through funds raised by the issuance of government bonds.

アミカスキュリエ　日本政府による法廷助言書

The Government of Japan's financial support of this important claims-resolution and compensation system has been substantial, and the system has worked well. To date, approximately 2.4 million claims have been resolved, with total payments equivalent to more than $58 billion – an amount exceeding one percent of Japan's GDP.

2. Damage Claims Brought in Tribunals Outside of Japan Threaten the Continuing Viability of the Compensation System Established by the Government of Japan.

Victims of the Fukushima nuclear accident are numerous and diverse. The viability of Japan's nuclear damage compensation system depends upon all victims having confidence that they will be treated fairly and equally.

Thus, the Government of Japan has striven to provide equal and just treatment of similar claims, developing a universal set of guidelines for adjudicating all claims, and also extending the statute of limitations on Fukushima-related claims from three years to ten years. The Government of Japan also has ensured that claimants are treated fairly and equally regardless of their nationality or residence. Substantial compensation has already been paid to citizens of foreign countries, including the United States, United Kingdom, and China.

In the meantime, not a single case for compensation – other than this one – has been brought in a foreign country's court system. The Government of Japan has serious concerns that this suit, and perhaps others like it, could result in the application of different legal standards to adjudicate Fukushima-related claims and, as a result, disparate outcomes for similarly situated claimants. This could prove highly corrosive to the integrity of the compensation system established by the Government of Japan.

U.S. courts should not undermine the carefully calibrated public policy reflected in the legislation passed by the Japanese Diet establishing the nuclear accident compensation system. The irony of the situation is that this U.S. lawsuit against TEPCO is possible only because the Government of Japan, as part of its compensation system, ensured TEPCO's solvency, including by providing ongoing funds for damage payments. Plaintiffs-Appellees here are thus using one core component of the Government of Japan's plan as the basis for evading and

undermining the Government of Japan's overall framework.

For the foregoing reasons, in order to maintain the integrity, fairness and equality of the process for compensating those affected by the Fukushima nuclear accident, this suit should be dismissed, with Plaintiffs-Appellees left free to pursue their claims in Japan.

DATE: February 3, 2016

Respectfully submitted,

HUNTON & WILLIAMS LLP

By: Djordje Petkoski

Attorneys for amicus curiae the Government
of Japan

アミカスキュリエ　日本政府による法廷助言書

福島第一原子力発電所の事故以来、日本政府は事故によって損害を被った個人および法人が公正な補償を受けられるよう取り組んできた。

日本政府は国会で可決された法律を通じて、被告東京電力に特別な財政支援を提供した。これによって、東京電力の支払能力および損害賠償請求能力を確保した。

日本政府はまた、東京電力福島第一原子力発電所事故に関連するすべての損害賠償請求を公正に解決するための計画を作成、実施してきた。また、普遍的なガイドラインの下で、事故に関連するすべての損害賠償請求を公正に解決するための枠組みを設計し、実施した。損害賠償支払いのための政府出資基金を設立した。

日本政府は、この丁重に練られた損害賠償請求を可能にし、保護することに対し、直接的かつ実質的な関心を持っている。

本件のような福島関連の損害賠償請求が日本国外で裁かれることになれば、この制度は脅かされることになる。日本政府は、この慎重に練られた損害賠償請求解決および補償制度の存続を守る直接的かつ実質的な利益を有している。

主張は以下の通りである。

1. 日本政府は、次のような包括的な補償制度を構築してきた。

福島原発事故の被害者に対する補償を確保するための包括的なシステムを構築してきた。

2011 年の福島原発事故以来、日本政府は以下のような前例のない措置を講じてきた。

被害者への補償を確実にするため、また被害者が、普遍的な世界共通のガイドラインのもとで賠償請求を決定する公正なシステムを設置し、東京電力に数十億ドル相当の財政支援を提供し、支払能力を維持できるようにしている。日本政府による金融支援の結果、日本政府によって開発された包括的なシステムの中で、東京電力は支払能力を維持している。

この財政支援と日本の国会によるその他の立法措置の結果、日本政府によって開発された包括的な制度の中で、原子力損害賠償を求める被害者は、賠償請求書を提出することができる。原子力損害賠償を求める被害者は、東京電力に直接請求するか、原子力損害賠償支援機構に請求することができる。原子力損害賠償を求める被害者は、東京電力、原子力損害賠償紛争解決センター（ADR サービスを提供）または裁判所に請求することができる。東京電力による賠償金の支払いは、日本政府が国債の発行によって調達した資金によって賄われている。

日本政府によるこの重要なクレーム解決・賠償制度に対する財政支援は相当なものであり、この制度はうまく機能してきた。現在までに約 240 万件の請求が解決された、

支払総額は580億ドル以上に相当する。これは日本のGDPの 1%を超える額である。

2. 日本国外の裁判に持ち込まれた損害賠償請求は、日本の賠償制度の存続を脅かす。

日本政府によって確立された補償制度の継続的な存続可能性を脅かす。

福島原発事故の被害者は多数かつ多様である。

日本の原子力損害賠償制度の存続させる可能性は、すべての被害者が、自分たちが公平に扱われるという確信を持てるかどうかにかかっている。それには公平かつ平等に扱われるという確信をすべての被害者が持つことである。

従って、日本政府は、同様の請求に対して平等かつ公正な扱いを提供するよう努力してきた。すべての請求を裁くための普遍的なガイドラインを策定し、また、賠償請求の時効を延長することで、同様の請求に対して平等かつ公正な扱いを提供することに努めてきた。

さらには、福島原発事故の賠償請求権の消滅時効を3年から10年に延長した。
日本政府はまた、請求者が国籍や居住地に関係なく公平かつ平等に扱われるようにした。多額の賠償金がすでに外国の市民に支払われている、アメリカ、イギリス、中国などである。

その一方で、補償を求める裁判は、この裁判を除いて1件も起こされていない。
外国で裁判が起こされたことは一件もない。

日本政府は、この訴訟が、そしておそらくこのような他の訴訟が、異なる法的基準を適用して裁かれることになるのではないかという深刻な懸念を抱いている。

日本政府は、この訴訟やおそらく他の訴訟によって、福島原発関連の賠償請求の判決に異なる法的基準が適用され、その結果、不公平な結果がもたらされることを深刻に懸念している。これは、日本政府によって確立された補償制度の整合性を著しく損なうものである。

これは、日本政府によって確立された補償制度の完全性を大きく損なうことになりかねない。米国の裁判所は、日本が成立させた法律を慎重に調整された公共政策を損なうべきではない。日本の国会で可決された原発事故補償制度を確立する法律に反映された、慎重に調整された公共政策を、米国の裁判所は損なってはならない。

皮肉なことに、この東京電力に対するアメリカの訴訟は日本政府が賠償制度の一環として、東電に賠償を保証したからこそ可能なのである。損害賠償のための資金を継続的に提供するなど、東京電力の支払能力を保証したからこそ、このような米国による東電への訴訟が可能になったのである。このように、原告・被控訴人は、日本政府の賠償制度の中核的な要素の一つである日本政府の全体的な枠組みを回避し、弱体化させることを根拠としている。

以上の理由により、日本政府による補償プロセスの完全性、公平性、平等性を維持するため福島原発事故の影響を受けた人々への補償プロセスの完全性、公平性、平等性を維持するために、本訴訟は却下されるべきである。それによって原告被控訴人らは日本国内での賠償請求を自由に行うことができる。原告被控訴人らは日本での賠償請求に専念すべきである。

日付：2016年2月3日

ハントン&ウィリアムズ法律事務所
代表　ジョルジェ・ペトコスキー
アミカスキュリエ　日本政府代表

2016年２月３日に日本政府がパサディナ高等裁判所に提出したアミカスキュリエには以下の誤りがあるので説明する。

1. 日本政府は「1. 日本政府は、福島原発事故による犠牲者への補償を確実にする包括的保証制度を既に設立し、実施している。」と述べている。しかし、これは事実に反する。

日本政府が言う「犠牲者への補償を確実にする包括保証制度」とは原子力損害賠償紛争解決センター（以下ADRという）のことであるが、ADRは文部科学省の下に設けられた調停機関であって、この機関は東京電力に和解を勧告できるが、この勧告には強制力がない。すなわちADRには判決を出す権限がないのである。

したがってADRが和解勧告案を提示しても東京電力が承諾をしないと和解が成立せず、犠牲者は救済されない。現に浪江町や飯舘村の蕨平地区の例では東京電力は和解案を拒否し、結局救済はされなかった例がある。東京電力がこの機関の示した和解案を拒否した実例は多数にのぼる。よって、ADRが犠牲者への補償を確実にする制度であると言う日本政府の陳述は事実に基づかず、虚偽である。

また、政府と東京電力は「東京電力福島第一事故による放射線被ばくと健康被害（甲状腺がんや白血病等）との因果関係があるとは考えにくい」との見解を堅時しているので、ADRにおいても放射線被ばくによる健康被害の賠償を一切容認していない。ADRの勧告事例において、事故による自殺に賠償が勧告された事例はあるが、放射線に起因する白血病や甲状腺ガンなどの健康被害が認められた例はない。よって、本件訴訟の原告達が仮に日本においてADRの申立をしても、それが容認される可能性は絶無である。

したがって、ADRが「包括的な」救済制度だという日本政府の主張は虚偽である。

2. 日本政府は「2. 日本国外の裁判所に提起された損害賠償請求は、すでに日本政府が設立した保証制度の継続的実行の可能性を脅かすことになる。」と述べている。しかし、そのようなことはない。

このADRによらないで、裁判所に訴えることは法律的に認められている。

現にそのような訴訟は、日本国内においても、多数提起されており、ADRが容認するであろう金額より多い金額の損害賠償が裁判所により認められている例がある。その実例が事故後の自殺に関する裁判例である。

福島第一原発の事故で、川俣町から避難生活を余儀なくされた女性が一時帰宅中に焼身自殺したのは東電に責任があるとして、女性の遺族が東京電力に約9100万円の損害賠償を求めた裁判で、福島地方裁判所（潮見直之裁判長）は2014年8月26日、「自殺と原発事故の間には相当な因果関係がある」として遺族の訴えを認め、東電に約4900万円の支払いを命じる判決を言い渡した。訴えていたのは、亡くなった渡辺はま子さんの遺族であった。この判決は、原発事故が原因で自殺したとして東電に賠償を求めた訴訟では、初の判決となった。この賠償金額は、ADRが類似例について提示していた和解勧告案の数倍のレベルである。この判決については、東京電力は控訴せず確定し、賠償金を支払った。

また、ADRで一定金額を得たあとに、その金額では不満な場合は、その不足額を訴訟によって請求する事が法律上認められている。なぜなら、ADRで和解成立した場合でも、和解条項には清算条項（「これ以上の請求はしない」という約束）は入れないことになっているからである。このように、日本国内においては、ADRと裁判所による救済は併存しており、相互に不干渉である。この理は外国での裁判による救済についても同じである。外国での判決があっても、ADRの継続性が害されるようなことはありえない。

弁護士　河　合　弘　之
同　　　海　渡　雄　一

「トモダチ作戦」により放射能被害を受けた元アメリカ兵士のため、多くの国民のご協力をお願いいたします。

2011年3月11日の東日本大震災により、我が国は未曽有の被害を受けました。この時、アメリカ合衆国は、空母ロナルド・レーガンをはじめとする多数の艦艇を東北沖に急派して、大震災当日から2ヵ月にわたって「トモダチ作戦」という大規模な救援活動を全力で遂行してくれました。

東北沖合で懸命の救援活動に従事していた米軍の艦艇には、東京電力福島第一原子力発電所の爆発事故による大量の放射性物資の流出状況が伝えられず、不幸にも、多くの乗組員が高濃度の放射能プルーム(雲)の直撃を受け、さらに汚染された水で、シャワーを浴び、飲食にも使用した結果、被ばくをしてしまいました。すでに7名が命を落とし、現在もなお4百名を超える方々が、ガンや白血病等の健康被害に苦しめられています。

今般、私は、アメリカを訪問し、被ばくした元兵士や現役兵士、軍属など十名の方々と面談し、直接、健康被害の状態等を伺ってきましたが、彼らは皆「自らの任務を果たすため、精一杯救援活動を行った。日本が好きだ」と述べていました。

彼らの大半は、軍隊に志願した若者であり、特に健康面は厳格な検査を受けており、人一倍健康で頑健でした。しかし事故後、その多くが様々な深刻な病気に現在も苦しめられています。これは放射能汚染による健康被害だと思わざるを得ません。彼らは、健康保険の適用がないため、十分な治療を受けることもままならず、健康を害して満足に働けないため、日々の暮らしにも辛い思いをしています。

「トモダチ作戦」により放射能被害を受けた元アメリカ兵士のため、日本国民として、何らかの支援をしたいと思います。「トモダチ作戦」で彼らが示してくれた熱い救援活動に、日本国民として心から敬意と感謝の念をもって、「トモダチ作戦被害者支援基金」を設立いたします。

原発に対する賛否を超えて、多くの国民のご協力をお願いいたします。

元内閣総理大臣

小泉 純一郎

小泉元首相による「トモダチ作戦被害者支援基金」への協力呼びかけ文

小泉元首相、下京で講演

「原発頼らず生活発展を」

「原発ゼロ」の即時実施を主張している小泉純一郎元首相が8日、京都市下京区のひと・まち交流館京都で講演した。「生きているうちに原発ゼロを実現したい。原発に頼らず、自然を大事にしながら生活を発展させる方がはるかにいい」と原発政策の転換を訴えた。

小泉氏は、東日本大震災での救援活動「トモダチ作戦」に参加した米兵らが放射性物質の影響で病気に苦しんでいるとして支援基金を設立した。講演で「救援活動をしてくれた兵士が放射能汚染に苦しみ除隊せざるをえない。病が重い兵士がいるのに、米国防総省は被ばくによる健康被害と断定できないと言う。東京電力と同じだ」と断じ、既に基金が1億円を超えたと報告した。

福島第1原発事故を受けた賠償や廃炉作業で政府に巨額の支援を要請する東京電力について「コストが安いと言うのはうそだった。金まみれの産業が原発だ」と批判した。「事故後、原発はゼロか1、2基しか動いていないが、（大規模な計画）停電は起きていない」とし、自然エネルギーへの転換を呼び掛けた。

講演は、原発のない社会づくりを訴えるNPO法人「市民環境研究所」（左京区）が主催し、市民ら約350人が参加した。

（吉永周平）

講演で原発ゼロを訴える小泉元首相（京都市下京区・ひと・まち交流館京都）

京都新聞 2016年11月9日付

小泉純一郎、トモダチ作戦の健康被害に涙「見過ごせない」

朝日新聞デジタル ｜ 執筆者：田井中雅人、平山亜理（カールスバッド（米カリフォルニア州））

投稿日：2016年05月19日 08時47分 JST　　更新：2016年05月19日 08時49分 JST

小泉氏が涙　トモダチ作戦の健康被害「見過ごせない」

東日本大震災の「トモダチ作戦」に従事し、福島第一原発沖で被曝（ひばく）したとして、東京電力側を相手に集団訴訟を起こした米海軍の元兵士らが４００人に達した。「原発ゼロ」を唱える小泉純一郎元首相（７４）が訪米して健康被害の訴えに耳を傾け、「見過ごせない」と涙を流した。

小泉氏は訴訟支援者の求めに応じ、１５日から原告の元兵士ら１０人と面会。窮状を聞き、１７日（日本時間１８日）に現地で記者会見を開いた。「救援活動に全力を尽くしてくれた米国の兵士たちが重い病に苦しんでいる。見過ごすことはできない」。感極まって泣き、訴えた。「原発推進論者も反対論者も、何ができるか共同で考えることだ」

また、オバマ米大統領の広島訪問の意義に触れ、「核兵器の削減、廃絶にどうつなげていくかが大事だ」と指摘。「原発も原爆もゼロに」と呼びかけた。米国防総省は１４年に公表した報告書で、被曝は「極めて低線量」として健康被害との因果関係を否定した。

朝日新聞デジタル 2016年5月18日 19時57分

小泉元首相とトモダチ作戦関連記事

TO ALL PARTICIPANTS IN OPERATION TOMODACHI

Koizumi Medical Fund Availability 2021

The Koizumi Fund, created by former Japanese Prime Minister Koizumi Junichiro, invites military service members who participated in Operation Tomodachi from March 2011 who have not yet received their initial $1,000 in appreciation for your assistance to apply for these funds by regular postal airmail (or by internet). Although ten years have elapsed since Operation Tomodachi, the Japanese people remain grateful for your assistance and continue to contribute to this fund to insure that all service members who participated in Operation Tomodachi receive their initial $1,000 allotment.

小泉基金からトモダチ作戦で健康を害した兵士たちに、

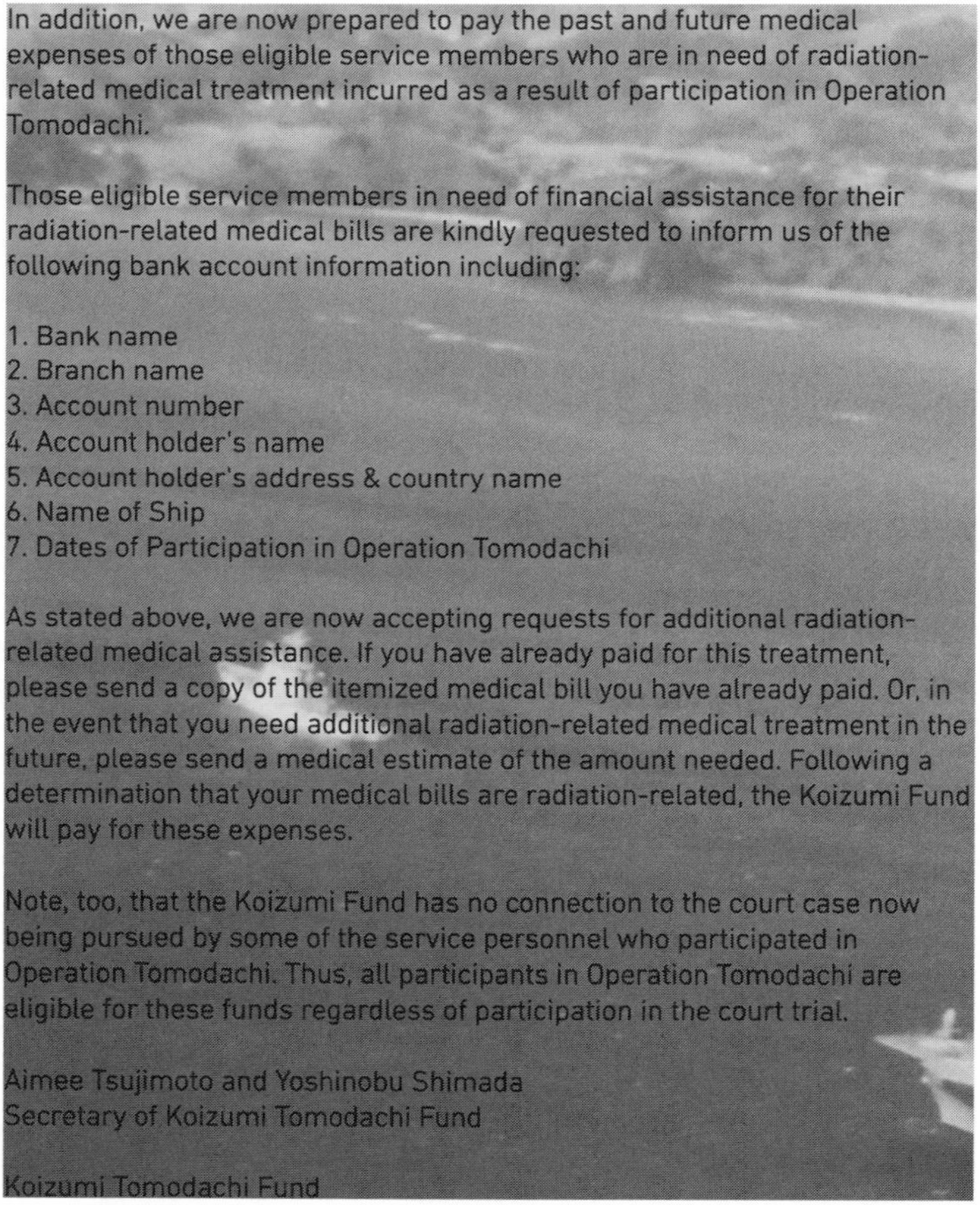

In addition, we are now prepared to pay the past and future medical expenses of those eligible service members who are in need of radiation-related medical treatment incurred as a result of participation in Operation Tomodachi.

Those eligible service members in need of financial assistance for their radiation-related medical bills are kindly requested to inform us of the following bank account information including:

1. Bank name
2. Branch name
3. Account number
4. Account holder's name
5. Account holder's address & country name
6. Name of Ship
7. Dates of Participation in Operation Tomodachi

As stated above, we are now accepting requests for additional radiation-related medical assistance. If you have already paid for this treatment, please send a copy of the itemized medical bill you have already paid. Or, in the event that you need additional radiation-related medical treatment in the future, please send a medical estimate of the amount needed. Following a determination that your medical bills are radiation-related, the Koizumi Fund will pay for these expenses.

Note, too, that the Koizumi Fund has no connection to the court case now being pursued by some of the service personnel who participated in Operation Tomodachi. Thus, all participants in Operation Tomodachi are eligible for these funds regardless of participation in the court trial.

Aimee Tsujimoto and Yoshinobu Shimada
Secretary of Koizumi Tomodachi Fund

Koizumi Tomodachi Fund
Johnan Shinkin Bank
Johnan Research Institute
Tokyo, Japan

1000ドルの支払いPRと、支援者への寄付を募る広告

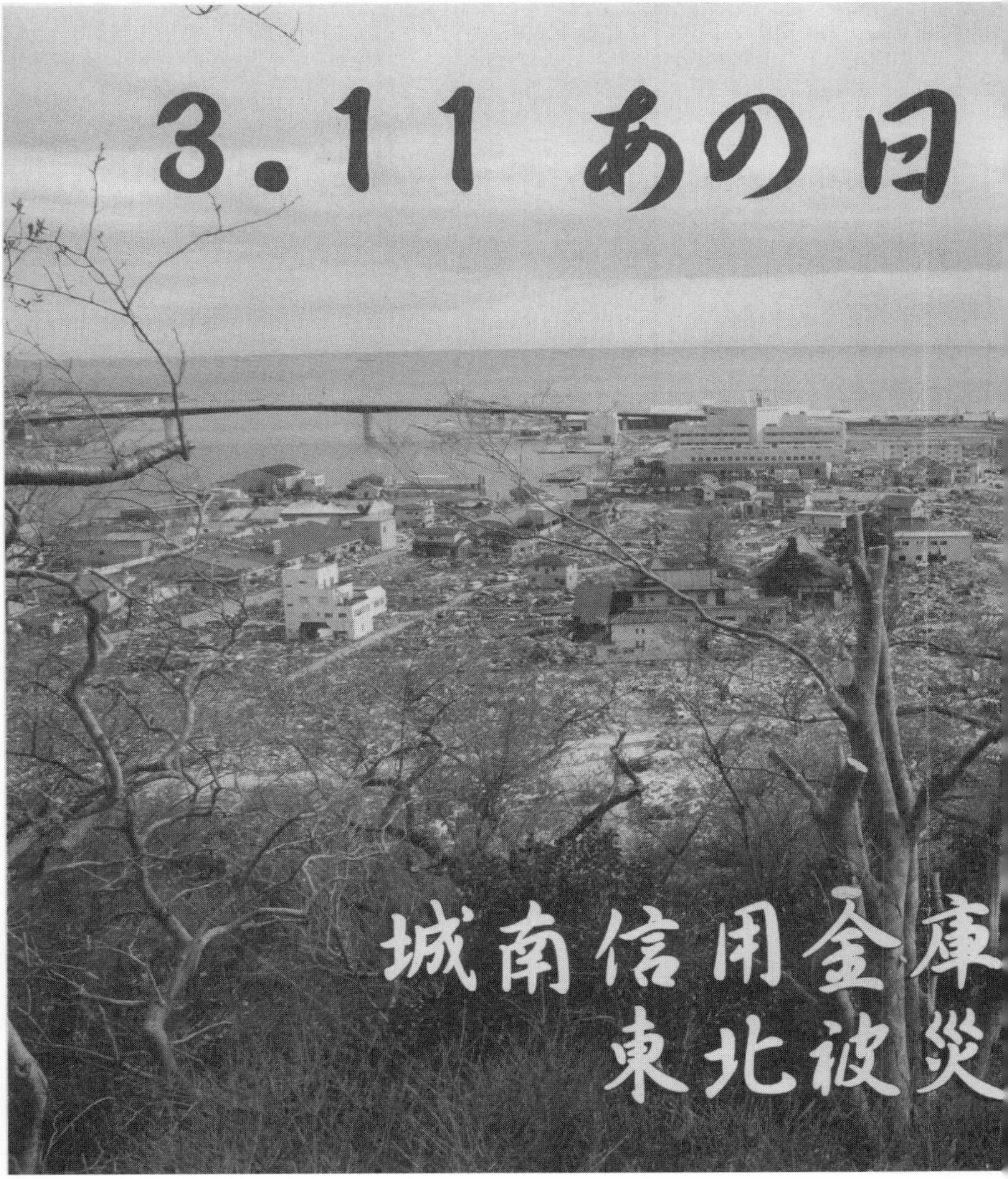

城南信金による東日本大震災の被災地応援ポスター

東日本大震災と福島第一原発事故を前にした、当時の城南信用金庫理事長吉原毅は「重要な電源という名のもとに、政府がリスクとコストの高い原発の再稼働を決して許しはならないと訴え続ける。「私たちは権威に負けず、安全で効率のいいエネルギーが何なのか正しく議論すべき」だ、

を忘れない
はこれからも
地を応援していきます

という。原発がなくなると日本の経済は立ち行かなくなると思っている人が多くいる、だが世論誘導の情報に振り回されるのではなく国民一人ひとりが考え、またマスコミはジャーナリズムの矜持を失うことなく正確な事実と情報を発信しなければならないと、筆者に苦言を呈してきた。そして、「日本には中小企業を含めて技術がある。金融機関として、健全な未来を作る活動を今後も支援していきたい」と語る。

トモダチ作戦兵士・士官の症状群と放射線影響との関連ーーエイミ・ツジ モトさんのために

2018年11月27日 渡辺悦司

トモダチ作戦被曝米軍兵士・士官に現れた主な症状とグローバルな被曝症状群との 関連

分類	トモダチ作戦従軍兵士・士官の症状（表31-2）	広島・長崎原爆被爆者（表4）	核実験による被曝者＊（表6、7、8）	チェルJブイリ（表9）	酸化ストレス関連（表13）	その他の考え得る理論的機序＊＊（表14、16、18）
がん・腫瘍	骨膜肉腫	骨腫瘍		骨腫瘍	全がん	全がん（炎／ミ）
	腫瘤			記載	全がん	全がん（炎／ミ）
	白血病・急性白血病	記載	記載（米／漁／マ）	記載	記載	記載（炎／ミ）
	甲状腺腫瘍、がん	記載	記載（米／マ）	記載	全がん	全がん（炎／ミ）
	脳腫瘍	記載	記載（漁）	記載	記載	全がん（炎／ミ）
	精巣腫瘍	萎縮		精巣炎	全がん	全がん（炎／ミ）
	心臓がん				全がん	全がん（炎／ミ）
	結腸ポリープ	大腸潰瘍	大腸がん（漁）	結腸がん	大腸がん	記載（炎）
	皮膚腫瘍、がん	潰瘍	記載（マ）	記載	記載	記載（炎）
神経系	頭痛・偏頭痛	記載	記載（漁）	記載		記載（炎／ミ／チ）
	意識喪失・意識不明		記載（漁）	記載		
	不眠、睡眠障害			記載		
	筋肉・全身痙攣		関連症状（米）	関連症状		記載（ミ／チ）
	背中・首・右半身まひ					記載（チ）
	記憶喪失・記憶障害	記載		記載		知能低下（ミ）
	うつ・気分の滅入り	精神衰弱	ノイローゼ（漁）	記載		示唆（チ）
	不安感・不安障害	精神症	ノイローゼ（漁）			示唆（チ）
	パニック障害					
	疲労・脱力	記載	記載（米／漁／マ）	記載		記載（ミ）
	運動機能障害	記載	記載（マ）			記載（チ）
	脊髄損傷	記載		腫瘍		記載（チ）
血管・循環器系	精索静脈瘤→血管障害	記載	記載（米／漁）	記載	記載	記載（炎）
	頻脈・心臓に圧迫感		不整脈（マ）	記載		不整脈（マ／ミ／チ）
感覚系	耳鳴り・聴覚障害・痛み	記載	難聴（漁／マ）	難聴		難聴（ミ／チ）
	鼻異常					記載（チ）
	目まい	記載	記載（漁）			記載（炎）
	視力低下・失明	記載	記載（漁／マ）	記載	視力障害	記載（炎／チ）

	目に刺激・瞼の腫れ	腫れ	眼痛（漁／マ）		腫れ	炎症（炎／ミ／チ）
	目尻から膿		膿（漁）	化膿		
筋肉・骨	股やかかと関節異常	関節炎	記載（米／マ）	記載	記載	記載（炎）
	脊柱炎			側湾		示唆（炎）
	大腿部・みけん異常					骨格筋異常（チ）
	肩甲骨肥大	骨腫瘍	骨がん（米）	骨腫瘍		骨異形成（炎）
	右半身や足の痛み	記載	記載（米／漁／マ）	記載	腰痛	記載（炎）
	ひざ障害・膝に異常	関節炎	記載（米／マ）	関節疾患	関節炎	関節炎（炎）
	膝・胸・足の腫れ		記載（漁）	皮膚炎	炎症	炎症（炎）
	足の壊疽（足病変）	壊死性疾患		汎血管炎	動脈硬化	動脈硬化（炎）
	骨粗鬆症			記載	記載	記載（炎）
消化器系	潰瘍	記載	記載（漁）	記載	記載	記載（炎）
	腹痛		記載（漁／マ）			
	吐き気		記載（漁／マ）			
	体重減少			記載		
	胆のう摘出			胆嚢炎／石		胆嚢がん（炎）
	食欲不全		記載（漁）			
	直腸出血		合がん（漁／マ）	直腸がん		
	胃痙攣		胃障害（漁）	胃障害		記載（ミ／チ）
	下痢	記載	記載（漁／マ）			
	頻繁な嘔吐	記載	記載（漁）			記載（ミ）
	消化不全			消化不良		
	食道炎	感染				
	胃腸炎	記載		記載		
	嚥下困難					
	吐血		記載（漁）			
代謝系	甲状腺障害・バセドウ病			記載		
	甲状腺機能不全		記載（米／マ）	記載		
	甲状腺異常		記載（マ）	機能亢進		
	体重増加・肥満			記載	記載	記載（炎）
	高血圧		記載（漁／マ）	記載	記載	記載（ミ）
	様々な肝臓疾患	記載	記載（漁）			記載（炎）
呼吸器系	呼吸障害			記載	呼吸不全	記載（炎）
	鼻血		記載（漁）	記載		
	アレルギー、咳（せき）		記載（米）	記載	記載	
	睡眠時無呼吸			呼吸困難		

海流に乗るトリチウム汚染水

東京近海の太平洋沿岸まで汚染の可能性

渡辺悦司訳

ティム・ディア=ジョーンズ氏は、英国の海洋放射能の研究者・コンサルタント。英国原子力産業によって海に放出された海洋放射能の挙動とその必然的結果を集中的に研究して30年以上のキャリアがあります。今回、福島原発敷地内に溜められている高濃度トリチウム水を本州近海に投棄するという日本政府の計画に関してDays Japan誌に寄稿。同誌編集部の特別のご好意により、以下に同記事のベースとなった同氏の原論文の翻訳を皆さまに送付いたします。私見では、本論文は非常に重要な内容であり、トリチウムの海洋放出の危険性について、本論文を読むことなしに議論することは事実上できないと確信します。本論文には省略されている、トリチウムによる健康被害については、同誌掲載の河田昌東氏の記事に指摘があり、こちらも合わせてぜひお読みいただければ幸いです。公開を許諾していただいた同誌編集部に深謝すると共に、本翻訳が皆さまにもぜひ11月号をお買い求めいただく契機になれば紹介者・翻訳者として非常な光栄です。(渡辺悦司)

計画されている福島事故原発からのトリチウム水放出

原発事故の初期から、放射能に汚染された地下水と事故時に使用された緊急冷却水の残留水は、福島原発の敷地内に集められ、貯留されてきた。現在、約92万トンの放射能汚染水が蓄積され、およそ900基のタンクに貯蔵されている。国際原子力機関（IAEA)、日本の原子力規制委員会および東京電力は、汚染水を海洋に放出することによって、このますます積み上がる悩みの種から逃れようと圧力を強めている。

しかし、そのような行動をとれば、漁業関連産業に深刻な経済的損害をもたらすだけでなく、貯留水に含まれることが明らかになっている、健康にとって有害な高濃度のトリチウムやその他の放射性核種に、沿岸住民とくに本州太平洋沿岸の住民を、被曝させることになるであろう。このように主張できる強固な根拠がある。

核施設からの液体放射性廃棄物の海への放出が最初に認可された1950年代初め以来、「液体トリチウムの（トリチウム水としての）生物学的な重要度は低い」というのが、原子力産業の一種の信仰表明であった。

この仮説が登場したのは原子力産業の歴史の初期である。当時は、あらゆる分野で基礎

1

研究が不足していたので、海洋環境における放射能の挙動やその必然的結果に関する知見も、海洋にある種々の諸要因がどのように放射能一般の拡散と挙動に影響を及ぼすかについての理解も、極めて限られていた。

原子力産業とその支持者たちは、今日にいたるまで、海洋環境でのトリチウムの挙動に関する科学的研究をほとんど行なっていない。だから、トリチウムについての彼らの仮説もまた、何十年ものあいだ問題視されることもなかったのである。

しかし、1990 年代以降、原子力産業の影響下にない独立の研究者たちの研究により、科学的で実証的な証拠が新たに解明されてきた。それは、原子力産業が長い間固守してきた仮定と全く相反する。日本の原子力規制当局と原子力産業は、IAEA の方針に沿って、明らかに、1990 年代以降のこれらの研究を無視するという方針を選択した。

1993 年に、英国の査読のある専門誌は、環境中に放出されたトリチウムが、放出の「後に」環境中の有機物質に取り込まれると報告した。それは、植物性生物による光合成（トリチウム水と二酸化炭素からの炭水化物の合成）と産生された有機結合型トリチウム（有機トリチウム）が植生物の食用部分に移行する結果であるとした。さらに同誌は「有機トリチウムが･･･生体内にとどまる期間はトリチウム水より長期となり、したがって被曝線量の評価が重大な影響を受けることになる」と評価した。この研究はまた、有機トリチウムが、二つの食物経路を介して、すなわち、①一次的に有機トリチウムを産生する植物から、②食物連鎖のより高次のレベル（動物性食品）から、人体内に侵入してくると報告した。

1999 年までには、海洋放出トリチウムをモニタリングしていた英国の政府機関でさえ、調査をさらに積極的に進める姿勢を打ちだし、予防的な方向への論調が現れ始めた。英国の原子力規制機関の報告では、周辺の海水において全トリチウムの濃度が 9.2Bq/kg から 10Bq/kg の範囲にあったにもかかわらず、有機物を豊富に含む潮間堆積物（干潮と満潮の間の海岸の沈殿物）においては全トリチウム濃度は 2,500Bq/kg のピークを示したケースが記載されていた。これは全トリチウム（有機トリチウムとトリチウム水の合計として）の生物濃縮の程度が極めて高いことを表していた。海水が打ち寄せることのある牧場では、牧草の有機トリチウム濃度は最高 2,000Bq/kg に上ったという実測結果も報告された。有機トリチウムが、海岸に現存する種々の諸過程に影響されて、海から陸に移動する可能性が高いことが明らかに立証された。

そのほか英国の研究では、現地の魚貝類に高レベルの有機トリチウムが存在することが報告された。最高値はタラで 33,000Bq/kg、イガイで 26,000Bq/kg であった。水鳥（カモ、ガンなど）では、有機トリチウムの濃度は、最低で 2,400Bq/kg、「最高の数値は、ツクシガモで見つかり、トリチウム全体でおよそ 61,000Bq/kg であった」（すなわち生物濃縮係数はおよそ 6,000 倍）。

2001 年のトリチウムの挙動に関する追跡調査では、トリチウムの最高濃度は、核施設の液体排水地点の近傍だけでなく「遠く離れた下流地点」でも観測された。この 2001 年の調査が見出したのは、トリチウムがトリチウム水として細胞の有機物質に取り込まれて有機

2

トリチウムに変化するだけでなく、トリチウムと結合した食物を餌とする生物が、トリチウム水だけに被曝している生物よりも、速い速度で有機トリチウムを蓄積し、生物濃縮によっていっそう高い濃度に達することであった。

2002年の研究では、英国の全海域をカバーした環境モニタリングの結果、以下の二点が実証されたことが報告された。①トリチウムに高度に汚染された海域に生息する魚介類のトリチウム濃度は、英国の他の（つまり海水トリチウム濃度の高くない）海域におけるよりも有意に高い。②海底生物と底生魚におけるトリチウムの生物濃縮は、まず最初に、堆積物中に生息する微生物および海底に生息する小型動物が有機トリチウムを摂取し続けて生物内にトリチウムが移行することを介して生じている。

これに関連して観測されたのは、草食の生物種や外洋性の魚類のトリチウム濃度が、肉食動物と底生魚（海底あるいは海底近くに住む魚）より低かったことであった。この事実によりトリチウムが（有機トリチウムとして）実際に海と沿岸の食物連鎖を通して生物濃縮されていることが立証された。

2009年の研究は査読を経て専門誌に掲載され、原子力産業の主張とは真逆のことを実験的に証明した。すなわち、トリチウムは環境中の有機物質に対して親和性があり、海洋環境での有機トリチウムの存在はこの親和性の作用を受けている。放出されたトリチウムは、海洋に放出された「後に」、海洋環境中にすでに存在する有機タンパク物質に対するトリチウムの親和性の結果として、有機物と結合するようになるのである。

この研究結果は、海岸線沿いおよび沿岸海域で、海に流れ込む有機物質のレベルを高めるような条件がある場合とりわけ重要となる。つまり、海岸線が侵食されていたり、核物質以外でも廃棄物放出パイプラインがあったり、河口部からの河川の流れ込みがある場合、それらの近傍で海の有機物質濃度が高まるからである。福島の海岸と海流の下流領域（すなわち福島よりも南の太平洋に面した沿岸）には、沿岸海域にこのような有機物の流入源が数多く存在する。

この2009年の研究は、英国で行われてきたいろいろな研究において「これらの特質がこれまで報告されて来なかった」ことに留意し、以下のように結論している。「トリチウムがもっぱらトリチウム水としてのみ存在し、したがって無限に希釈されるという見解は、明らかに注意深く検討されなければならない。自然の水の中でトリチウムが分配される機構や性質をさらに研究することが求められている。現在IAEAによって推奨されている単位数量（またはサブ単位数量）あたりの分配係数や濃縮係数は、明確に定義された測定結果に裏付けられておらず、その採用は再考を要するであろう。」

査読のある科学雑誌では抑制された言葉遣いが通例である。その文脈で見たとき、この表現は、海洋放出されたトリチウムとその影響に関するIAEAと原子力産業の基本姿勢への強い批判を表すものである。研究の要約からはっきり見えてくるのは、海産物の消費者が有機トリチウムとしてのトリチウムへの被曝があるような場合、魚介類からの食事被曝があったことが明確に示唆されるだけでなく、人体内での有機トリチウムの生物濃縮もか

なりの程度あった可能性も想定されることである。

前述した研究から明らかなことがある。トリチウム水の挙動は水とほとんど同一であるので、水としてはおよそ 10 日で人体から排出される。しかし、有機分子と結合して有機トリチウムとなれば、それは長期間体内に滞留する可能性がある。その場合、体内滞留が長期化すれば、その期間中に放射能の摂取が繰り返されることとなり、生物濃縮の過程が促進される。しかも、有機トリチウムが高レベルで存在する場合、すでにかなりのレベルの生物濃縮も存在している可能性が高いので、魚介類食品の消費者にとっては食事を介した経路によってさらに高い被曝量がもたらされるであろう。

イアン・フェアリー博士は、独立の研究者で英国を拠点に活動し、トリチウム被曝の危険性に関して幅広く論考を発表している。同氏によれば、現在の原子力産業および政府の基準は、有機トリチウムの真の危険性を過小評価しているという。フェアリー博士は、有機トリチウムの危険性については長く続く論争があるが、危険性が政府基準が認めているレベルよりも高いと考えている研究者が多いという。一部の政府機関、フランスの放射線防護原子力安全研究所（IRSN）でさえ、今や、これらの基準が不確実だと警告する報告書を公表している。フェアリー氏の確信するところでは、最近の研究調査結果を踏まえれば、有機トリチウムの被曝の危険度はトリチウム水と比較して少なくとも 5 倍にするべきであるという。

福島原発からトリチウム水を海洋放出する計画にある重大な問題の一つは、その重要性に比してトリチウムの（いかなる形態のトリチウムについても）海洋環境における挙動と必然的結果に関して、ほとんど研究調査が行われていないという点である。

これは、トリチウムは環境中で無限に希釈されていくので放射線学上の重要度は低いという当初の仮説に支配されているからである。トリチウムに関して必要なデータが不足している結果、政府・原子力産業から独立した研究は、同じように海水に溶解して、海水と同じようにふるまう、セシウム 137 など他の「可溶性」核種についての利用可能なデータから推定しなければならない。

セシウム 137 など他の可溶性核種と同様に、「海洋の」トリチウム（また放出後に海洋環境中で生成する有機トリチウム）もまた、海から陸への拡散の過程で、陸上環境と食料用農産物を汚染する高い可能性があると考えなければならないのである。

紙枚の関係で省略するが、セシウム 137 に関するデータは、ここまで述べてきたトリチウムの生物濃縮に関する結論を支持している。

人間がトリチウムに被曝する複数の経路

海洋放射能の海から陸への拡散に関するすべての利用できる証拠が強く示唆するのは、海洋放射能が波の飛沫や海洋エアロゾルなど大気中を運ばれる形で、少なくとも 10 マイル（約 16 キロメートル）の内陸に浸透して、食物連鎖に入る物質に沈着する可能性である。

また、沿岸地帯住民にとっては、肺からの呼吸による被曝経路も強く示唆される。しかし、これらの点を、原子力産業と政府規制機関は今に到るまで調査しないままに放置している。

人間にとって安全あるいは危険な「環境中の」トリチウムおよび有機トリチウムの量について、今まで多くの論考が書かれてきた。しかし、そのような論考はすべて仮定的でモデル化されたシナリオに基づいており、人体への影響に関する基本的な実証データが提示されることはなかった。私が現在まで調べたところでは、有機トリチウムがトリチウム水よりもはるかに深刻な影響を及ぼす可能性か高いことについてコンセンサスが広がりつつあるが、その論拠となるような、海洋放出トリチウムあるいは有機トリチウムが人体の全体系に与える影響に関する具体的な研究は見出すことができなかった。しかし、本論考においてすでに引用した動物での研究が強く示唆するように、沿岸の住民もまた、動物と同じように有機トリチウムの食物連鎖による高度の生物濃縮を受け、相当長期の反復する吸入被曝を受けている可能性がある。

原子力産業は、海洋放射能が無限に希釈されて沿岸の住民と海洋の利用者（漁業者・船員など）に何らの脅威を与えないとの仮説を、長年にわたって主張してきた。だが、最近現れている新しい証拠はそのような仮説を否定している。海に放出されたトリチウムの脅威についても同じである。海洋放出されたトリチウムは、最近の研究が示唆するところでは、放射線被曝量を計測する上で重大な意味をもち、少なくとも海岸から 10 マイル（約16km）以内の陸上環境に住んでいる人々の被曝量は、①エアロゾル・波しぶき・水蒸気・高潮による海から陸への拡散などの環境的な諸過程と諸経路、②海洋および陸上で採れる食材の摂取による食事の諸経路、③呼吸による吸入経路によって与えられる。

福島沖の海流が向かう南方向の海岸線の諸条件は、放出されたトリチウムと有機トリチウムによる沿岸住民の被曝を強力に促すものとなっている。つまり、海流の動きは最大の人口密集地帯に向いており、本州の太平洋岸における有機沈殿物の堆積は相対的に高いレベルにあり、年間を通じて繰り返しもたらされる周辺の気象状況は、陸方向に吹く風、季節特有の暴風雨、それによる沿岸の氾濫・高潮によって、砕ける大波の海岸線での挙動による海水飛沫やエアロゾルの生成を促進し、海から陸への放射能拡散を促しているからである。

親潮と黒潮という二つの海流が、海洋汚染を移送し東日本の太平洋岸の沖合いにおいて混ぜ合わせる上で重要な影響を及ぼしている。通常、福島沿岸地域ではこれら二つのうち親潮がより支配的なものである。親潮は、南方向に流れる強力な海流で、冷たく栄養豊富な極地の海水を運んでおり、北から、本州の東海岸沖の全線を通って、南は東京の近くまで流れ、そこで黒潮と出会う。親潮には有機物が豊富に含まれるので、トリチウム水が親潮に放出された場合、有機トリチウムの形成が促進されることになろう。

黒潮は本州の南の海岸に沿って東および北に熱帯の温かい水を運び、その後親潮と衝突して合体する。合体した二つの海流は、その後、東および北東に向きを変え、日本の海岸から離れて、北太平洋海流として太平洋を流れる。福島原発事故以来、北太平洋海流は、

放射性物質を日本から北アメリカに運ぶ可能性があるため、大いに注目されてきた。福島事故により海洋に放出されたセシウム 137 の研究の結果、放射能が北太平洋海流によって実際にカナダの大陸棚海域に運ばれたことが立証された。環境中のセシウム濃度は事故から約二年以内に事故前の二倍となるレベルに上昇した。

事故を起こした福島原発からは、事故後もトリチウム水の放出が続いているが、定量的な測定はなされていない。このことと連動して、海洋と沿岸地帯のトリチウムについて詳細で広範囲にわたる調査も報告もまったく行われていない。太平洋沿岸の海水、野生生物と海産食品、潮間環境、沿岸地帯の陸上環境や住民などについても未調査である。今までに放出されたトリチウムによっては海岸地帯に住む住民の被曝は「なかった」とする主張には、すべて、重大なデータの欠落があり立証がなされていない。このような状況下で、非常に大量かつ高濃度の貯留トリチウム水を、極めて大量の放射能が含まれると推定されているにもかかわらず放出するという今回の計画は、まさしく禁忌（決して行ってはならない処方）である。このことは明確である。

私は、海洋放射能の分野での 30 年以上の研究に基づき、強い確信を持って以下の結論に達しないわけにはいかない。すなわち、t 福島から海流の流れる下流の沿岸住民は、食事による摂取から、海産食品と陸上農産物から、トリチウム水および有機トリチウムとしてのトリチウムに被曝し、海洋および沿岸の「危機的住民集団」となる危険性が高い。海から陸への拡散により空気中を運ばれるトリチウムおよび有機トリチウムを吸入してその放射能に被曝する可能性のある住民もまた、福島事故による「危機的沿岸住民集団」となることがが強く示唆されている。

トリチウムの危険性についての科学的な証拠が明らかになる中で、前述したように重要データが提示されないまま 90 万トンを超える高濃度のトリチウム水の放出が計画されている状況の中で、私は結論せざるを得ない。この計画には、科学的な厳密さも正当性もなく、本州海岸部（福島からの海流の下流側）および陸上部の沿岸地帯住民が被るであろう被曝の健康影響に対してあまりにも無責任である、と。

DAYS JAPAN 2018 年 11 月号（10 月 20 日発売）所収記事の原論文

6

「トモダチ作戦」巨額賠償訴訟に関する質問主意書

東日本大震災の救援活動「トモダチ作戦」に従事した元米軍兵士らが、東京電力株式会社（以下「東電」という。）に対して、福島第一原子力発電所の事故で被曝したとして損害賠償などを求めている訴訟（以下「本件訴訟」という。）で、米国カリフォルニア州サンディエゴの連邦地裁が同州での訴訟を認める判断を下した、と現地メディアが十月三十日付けで報道している。東電側は司法権の問題を理由に米国での集団訴訟ではなく日本での審理を求めていたが、連邦地裁はこれを退けた。同訴訟は、被災地の支援活動に参加した人たちが中心となって当初は二十六人の原告団で構成されたが、提訴の時点で約八十人、その後約二百人まで膨れ上がっており、弁護団は「千四百人にまで拡大する」と意気込んでいるという。損害賠償の金額は未定とされ、それとは別に健康診断や治療を行うための十億ドル以上の基金創設などを求めている。これに関して、以下質問する。

一　原子力損害賠償・廃炉等支援機構は、九月三十日時点で東電株約五十四パーセントを保有する大株主であり、政府は公的資金を注入した当事者である。過去に米国の裁判所で顧客らに訴えられた昭和電工株式会社やトヨタ自動車株式会社（以下「トヨタ」という。）は、いずれも十億ドル以上の和解金に応じる形

一

質問第五八号

「トモダチ作戦」巨額賠償訴訟に関する質問主意書

右の質問主意書を国会法第七十四条によって提出する。

平成二十六年十一月五日

浜　田　和　幸

参　議　院　議　長　山　崎　正　昭　殿

果的に両国の外交問題に発展する可能性が生じており、政府としては大統領来日に当たって何らかの対策をする余地があったと思われるが、外交交渉の議題として取り上げた記録はあるのか。なければ、将来の外交問題となり得る事案をなぜ事前に摘み取る努力を怠ったのか、政府の見解を示されたい。

右質問する。

二

で訴訟を終結させており、訴訟が受理された時点で審理は不利に働く可能性が高い。また、本件訴訟は賠償金額が未定の上に基金創設だけで十億ドルを請求されており、仮に和解勧告された場合でも、莫大な国富の喪失が懸念される。個別訴訟とはいえ国庫に関わる重要な訴訟であり、政府は国民への説明責任がある。政府は本件訴訟のために、どのような対策を考えているのか示されたい。

二　トヨタのリコール訴訟においては、韓国系米国人が集団訴訟を起こし、ロビー活動を活発に行った。今回もそうした反日勢力が、健康被害と原発事故の因果関係を科学的に立証するよりも、日本の国際的な信用の毀損や、反日世論工作を扇動する目的で今後活動する可能性がある。日本としては、これまで以上に米国国内での高度な世論対策や、健康被害に関する情報提供を国内外に積極的に行う努力が必要と思われるが、本件訴訟受理を受けて新たな取組を考えているのか、具体的に示されたい。

三　本年三月十一日の参議院予算委員会で、本件訴訟の対応について質問した際、岸田外務大臣は事故当初から情報発信を積極的に行っており、今後も広報活動に取り組む旨の答弁をされた。しかし、四月に入りオバマ大統領が国賓で来日した際、本件訴訟について話し合われた記録はなく、今回の連邦地裁による訴訟受理となった。個別訴訟とはいえ、米国が日本の「トモダチ」として救援してくれた善意の作戦が、結

「トモダチ作戦」で被ばくした元米兵に関する質問主意書

本年五月十九日付東京新聞によると、平成二十三年の東日本大震災の際に「トモダチ作戦」に参加した米軍の兵士が、「福島第一原発事故で被ばくした」として訴訟を起こし、原告弁護士によると、これまでに白血病などで七人が死亡したとあります。

以上を踏まえて、以下質問します。

一　政府は「トモダチ作戦」に参加し、被ばくした米兵の人数、それぞれの状態について把握をしていますか。

二　訴訟は東電を相手に提訴されていますが、政府には全く責任が無いと考えていますか。

三　小泉元総理が、被ばくした元米兵らを支援する基金の創設を表明していますが、政府として同様の基金等を創設するつもりはありませんか。

右質問する。

318

平成二十八年五月三十日提出
質問第三一八号

「トモダチ作戦」で被ばくした元米兵に関する質問主意書

提出者　初鹿明博

衆議院議員初鹿明博君提出「トモダチ作戦」で被ばくした元米兵に関する質問に対する答弁書

一から三までについて

お尋ねについては、私人間の係属中の訴訟に関連する事項であることから、政府としてお答えすることは差し控えたい。

平成二十八年六月七日受領
答弁第三一八号

内閣衆質一九〇第三一八号
平成二十八年六月七日

内閣総理大臣　安倍晋三

衆議院議長　大島理森殿

衆議院議員初鹿明博君提出「トモダチ作戦」で被ばくした元米兵に関する質問に対し、別紙答弁書を送付する。

更新日：2018年12月12日

YOKOSUKA NEWS RELEASE

トモダチ作戦により生じた低レベル放射性廃棄物の米海軍横須賀基地からの搬出・処理について（2018年12月12日）

本日、外務省北米局日米地位協定室から標記について、下記のとおり情報提供がありましたので、お知らせします。

記

1.外務省からの情報提供内容（詳細は別紙（PDF：67KB）のとおり）

(1)米軍はトモダチ作戦により生じた低レベルの放射能を有する廃棄物を米海軍横須賀基地に保管しているが、本年10月までに発生したものにつき次のとおり搬出した。当該廃棄物は、廃棄物処理法に従い適切に処分される予定。

搬出日：平成30年12月10日（月曜日）、11日（火曜日）

廃棄物：断熱材等

処理法：東京電力（株）が契約した産業廃棄物処理業者による処理

(2)本年10月までに施設内で保管していた廃棄物は、今般の搬出によって全て処分される。なお、搬出された廃棄物は適切に管理されており、周辺の放射線レベルはいずれも著しく低く、人の健康及び環境に懸念を生じさせるものではない。

2.情報提供に対する本市の対応

本市からは、今後トモダチ作戦に参加した米国艦船の整備過程で改めて廃棄物が発生した場合の適正な管理と、速やかな処理、処理した後の情報提供を重ねて要望しました。

お問い合わせ

渉外部基地対策課
横須賀市小川町11番地　本館1号館3階＜郵便物：「〒238-8550　基地対策課」で届きます＞
電話番号：046-822-8140
ファクス：046-827-8878

横須賀市
〒238-8550 神奈川県横須賀市小川町11
電話番号：046-822-4000　ファクス：046-822-7795

トモダチ作戦により生じた在日米軍保管廃棄物
（横須賀海軍施設）

令和４年１１月１０日
外　　務　　省

処分された廃棄物

１　搬出日
　令和４年１１月９日（水）

２　廃棄物の概要
・段ボール箱（断熱材等）１個
・冷却ファン　４個
・ブーストジョイント　１個

３　放射線レベル
・保管容器周辺の空間線量率（コンテナから１m，地上から１m）：
０．０３～０．０６　μSv/h

（了）

引用・参考文献

高嶋博視『武人の本懐 FROM THE SEA 東日本大震災における海上自衛隊の活動記録』講談社、二〇一四年

舟橋洋一『原発敗戦 危機のリーダーシップとは』文春新書、二〇一四年

朝日新聞特別報道部『プロメテウスの罠――明かされなかった福島原発事故の真実』学研パブリッシング、二〇一二年

NHKスペシャル『メルトダウン』取材班『福島第一原発事故――7つの謎』講談社現代新書、二〇一五年

海上自衛隊幹部学校兵術同好会『波涛』第三九巻二号（通巻二二五号）二〇一三年七月

国立国会図書館経済産業調査室・課「ISSUE BRIEF 福島第一原発事故と4つの事故調査委員会」、『調査と情報』第七五六号、二〇一二年八月

笠松誠「トモダチ作戦 米兵はシャワーすら浴びなかった」日経ビジネスオンライン、二〇一五年三月十日

中日新聞社会部『日米同盟と原発 隠された核の戦後史』東京新聞二〇一四年三月

田井中雅人 エィミ・ツジモト『漂流するトモダチ アメリカの被ばく裁判』朝日新聞出版、二〇一八年一月

大鹿晴明『メルトダウン ドキュメント福島第一原発事故』講談社、二〇一二年二月

《著者紹介》

エィミ・ツジモト
フリーランス国際ジャーナリスト
米ワシントン州出身の日系４世

著書に『満州天理村「生琉里」の記憶――天理教と七三一部隊』（えにし書房、2018 年）、『満州分村移民と部落差別――熊本来民開拓団」の悲劇』（えにし書房、2022 年）、共著に『漂流するトモダチ――アメリカの被ばく裁判』（朝日新聞出版、2018 年）がある。

隠《かく》されたトモダチ作戦《さくせん》

ミナト／ヨコスカ／サンディエゴ

2023 年 7 月 31 日 初版第 1 刷発行

■著者　エィミ・ツジモト
■発行者　塚田敬幸
■発行所　えにし書房株式会社
〒102-0074 東京都千代田区九段南 1-5-6 りそな九段ビル 5F
TEL 03-4520-6930　FAX 03-4520-6931
ウェブサイト　http://www.enishishobo.co.jp
E-mail　info@enishishobo.co.jp

■印刷／製本　株式会社 厚徳社
■ DTP・装幀　板垣由佳

　ISBN978-4-86722-117-4　C0036

周縁と機縁のえにし書房　3.11 関連書

いまこそ問い直したい 3.11 以後の日本

雨ニモマケズ

外国人記者が伝えた東日本大震災

ルーシー・バーミンガム／
デイヴィッド・マクニール 著
PARC 自主読書会翻訳グループ 訳

定価：2,000 円＋税／四六判／並製
ISBN978-4-908073-31-1 C0036

外国人は東日本大震災を
どう捉え、伝えたのか？

日本在住の外国人記者２人による迫真のルポ。６人の証言者（タイ系アメリカ人英語教師、保育園の調理師、漁師、高校生、桜井勝延南相馬市長、原発作業員）への震災直後のインタビューを中心に、外国人ならではの視点からバランスよくまとめ、震災の状況と日本社会の姿をわかりやすく的確に伝えた書として 2012 年アメリカで出版され話題となる。
「民」の驚くべき底力と「官」の脆弱さが、淡々とした筆致によって鮮やかに浮かび上がる。要所に記された宮澤賢治の詩が、大事なことを忘れかけた日本人の心に歳月を超えて訴えかける。

〈目次〉